PHILOSOPHISCHES KOLLEG

Arbeitsmaterialien für den Philosophieunterricht
Sekundarstufe II

herausgegeben von
Erwin Menne und Werner Trutwin

5

SPRACHPHILOSOPHIE

ausgewählt und bearbeitet
von
Rudolf Bensch

PATMOS VERLAG DÜSSELDORF

PHILOSOPHISCHES KOLLEG

Heft 1: Wissenschaftstheorie
Heft 2: Einladung zur Philosophie
Heft 3: Ethik
Heft 4: Anthropologie
Heft 5: Sprachphilosophie
Heft 6: Metaphysik

© 1979 Patmos Verlag Düsseldorf
Alle Rechte vorbehalten

Auflage 4 3 2 / 82 81 80

Die letzten Zahlen bezeichnen die Auflage
und das Jahr des Druckes

Satz: Dieter Fitzek, Dortmund
Druck: Lengericher Handelsdruckerei, Lengerich
ISBN 3 - 491 - 75505 - 0

INHALT

Vorwort

I Über Sprache sprechen — Von der Sprache zur Sprachwissenschaft und Sprachphilosophie

Einführung *11*
1. Sentenzen — Redewendungen — Aperçus — Geschichten 12
2. Martin Heidegger: Erst als Sprechender ist der Mensch Mensch 18
3. Johann Gottfried Herder: Möglichkeiten und Grenzen der Sprache 18
4. S. I. Hayakawa: Mehr Leben und Erfahrung durch Sprache 20
5. „Sprache" als Stichwort im Lexikon 21
6. Lutz Mackensen: Vielerlei Kontexte des Wortes „Sprache" 22
7. Walter Porzig: Der Beginn der Sprachphilosophie 23
8. Thomas Keutner: Sprachphilosophie und Sprachwissenschaft 25
9. Beispiele der Sprachforschung 29
   a) Sprachgeschichte. Lutz Mackensen: Das Wort „Freiheit" 29
   b) Sprachpsychologie. Jean Piaget: Die „Warum" — Fragen des Kindes 32
   c) Sprachsoziologie. Carl Friedrich Graumann: Sprache als Merkmal von
      Gruppenzugehörigkeit und sozialer Schicht 34

II Wie die Sprache aussieht — Abgrenzungen und Klassifikationen

Einführung *39*
10. Jürgen Habermas: Umgangssprache, Fachsprache, Wissenschaftssprache und
    Bildungssprache 40
11. Ferdinand de Saussure: Die Unterscheidung zwischen Sprache, Sprechen und
    menschlicher Rede 42
12. Noam Chomsky: Die Unterscheidung zwischen Sprachkompetenz und
    Sprachperformanz 43
13. Rudolf Carnap: Pragmatik — Semantik — Syntax 44
14. Harald Weinrich: Vier Hauptsätze der Semantik 47
15. John Langshaw Austin: Performative und konstatierende Äußerungen 52
16. Walter Porzig: Kunstsprachen als internationale Verkehrssprachen 54
17. Irenäus Eibl — Eibesfeldt: Möglichkeiten und Grenzen der Tiersprache 57
    a) Kontrollierte und erlernte Ausdrucksformen 57
    b) Sprache zur Kenntnisvermittlung: Die Tänze der Bienen 59

III Was man mit Sprache alles machen kann — Funktionen der Sprache

Einführung *63*
18. Zum Beispiel kann man mit Sprache 64
19. Hellmut Dempe: Die Funktionen der Sprache nach Karl Bühler 69
20. Arnold Gehlen: Entlastungsfunktion der Sprache 72
21. S.I. Hayakawa: Sprache ermöglicht menschliche Kooperation 74
22. Josef Wissarionowitsch Stalin: Ist die Sprache ein Überbau der ökonomischen
    Basis? 76

5

23. Bertolt Brecht: Die List, die Wahrheit unter vielen zu verbreiten 78
24. Friedrich L. Bauer / Gerhard Goos: Information — Nachricht — Sprache 79
25. Helmut Gipper: Denken ohne Sprache? 81
26. S.I. Hayakawa: Sprache dient der Herstellung von Gemeinsamkeit 85
27. Desmond Morris: Stöhnen, Kreischen, Schreien, Lachen 88
28. Beredtes Schweigen: 90
   a) Otto Friedrich Bollnow: Das Schweigen als Form des Sprechens 90
   b) Werner Kemper: Arten des Schweigens 91

IV   Wie die Sprache entstanden ist — Genese der Sprache

Einführung 93
29. Erzählungen aus der Bibel 94
   a) Genesis 11, 1-9: Die Babylonische Sprachverwirrung 94
   b) Apostelgeschichte 2, 1-13: Pfingsten — Jeder hört die anderen in
      eigener Sprache reden 95
30. Zwei antike Erklärungsversuche 95
   a) Diodor von Sizilien: Entstehung der Sprache zur gemeinsamen Verteidigung 95
   b) Lukrez: Sprache entstand wie bei den Kindern 96
31. Wilhelm von Humboldt: Die Sprache ist unmittelbar und von Anfang in den
    Menschen gelegt 96
32. Arnold Gehlen: Zwei Gedanken zum Ursprungsproblem der Sprache 97
33. Hajim Steinthal: Ein Kind lernt Sprache 100
34. Carl Friedrich Graumann: Sprachentwicklung aus psychologischer Sicht 101
   a) Nativismus versus Empirismus 101
   b) Lerntheoretische (behavioristische) Auffassungen zum Spracherwerb 102
35. Wolfgang Stegmüller: Chomskys Theorie der angeborenen Sprachstruktur 105

V   Wie die Sprache die Welt erfaßt — Der Wirklichkeitsbezug der Sprache

Einführung 111
A. DIE SPRACHE BILDET DIE WIRKLICHKEIT AB 111
36. Genesis 2, 18-20: Der Mensch benennt die Tiere 112
37. Platon: Über die Richtigkeit der Namen 112
38. Walter Porzig: Wie läßt sich eine „natürliche" Beziehung eines Wortes auf
    seinen Gegenstand denken? 116
39. Moritz Schlick: Wie können Sätze Tatsachen ausdrücken? 120
40. Ludwig Wittgenstein: Wir machen uns Bilder der Tatsachen 123

B. DIE SPRACHE GESTALTET DIE WIRKLICHKEIT 129
41. Ludwig Wittgenstein: Unsere Sprache umfaßt viele „Sprachspiele" — Das
    Benennen von Gegenständen ist nur eines 129
42. Leo Weisgerber: Wo gibt es das Sternbild „Orion"? 135
43. Wilhelm Kamlah / Paul Lorenzen: Die sprachliche Erschließung der Welt 138
44. Benjamin Lee Whorf: Verschiedene Sprachen — Verschiedene Denkweisen 141
   a) Das „linguistische Relativitätsprinzip" 141
   b) Ein Beispiel: Die Einteilung in Verben und Substantive 143
   c) Die Fragwürdigkeit der hervorragenden Stellung
      unserer europäischen Sprachen 146

VI Wie die Sprache verwirrt und aufklärt — Aspekte der Sprach-analytischen Philosophie

Einführung *149*
45. George Pitcher: Wie entsteht philosophische Verwirrung? 150
46. Gilbert Ryle: Philosophische Probleme als Kategorienverwechslung 153
   a) Der Begriff der Kategorienverwechslung 153
   b) Ein Beispiel: Das Leib — Seele — Problem 155
47. Ludwig Wittgenstein: Der Begriff der Familienähnlichkeit 157
48. Friedrich Waismann: Kann dieselbe Fläche zugleich rot und grün sein? 160
49. Ludwig Wittgenstein: Das Programm der Sprachanalytischen
   Philosophie — Kampf gegen die Verhexung des Verstandes durch die Sprache 162

Themenbereiche — Stichworte 165
Stellennachweise 166

VORWORT

Schon immer war die Schule ein Ort, an dem der Sprache eine zentrale Rolle zukam. Grammatikunterricht, Stilübungen und Lektüre, Analysen und Interpretationen, Aufsätze und Übersetzungen sollten den Schüler befähigen, mit der Sprache umzugehen. Auch heute vollzieht sich der größte Teil des Unterrichts im Medium der Sprache. Trotzdem ist es immer noch nicht selbstverständlich, über die Sprache selbst nachzudenken, sie selbst zum Gegenstand der Reflexion im Unterricht zu machen. Dies ist um so erstaunlicher, als die Sprachphilosophie in unserer Zeit zu einer der wichtigsten und anregendsten philosophischen Disziplinen geworden ist. Ja, es fehlt nicht einmal an Versuchen, diese zur Grundlage aller Philosophie zu machen, bzw. alle philosophischen Probleme als Sprachprobleme zu interpretieren.

Die Gründe dafür, daß der Sprachphilosophie immer noch kein gesicherter Platz im Philosophieunterricht zukommt, mögen zahlreich sein. Hier sei nur auf zwei aufmerksam gemacht. Zuerst wäre die mangelnde Vertrautheit vieler Lehrer mit diesem Bereich zu nennen. Anders als in den angelsächsischen Ländern gab und gibt es bei uns kaum durchgängig die Gelegenheit, sich während des Studiums mit diesem Problemfeld zu befassen. Hinzu kommt, daß sich die Sprachphilosophie selbst oft sehr theoretisch, abstrakt und formal gibt und deshalb einer lebendigen unterrichtlichen Vermittlung beträchtliche Widerstände entgegensetzt.

Für das philosophische Kolleg durften solche nicht zu leugnende Schwierigkeiten nicht Anlaß sein, auf eine Sprachphilosophie zu verzichten, zumal in den Richtlinien und Curricula vieler Bundesländer dieser Bereich mehr und mehr vorkommt. Bei der Auswahl der Texte kam es vor allem darauf an,

— das schwierige Gebiet sinnvoll zu gliedern bzw. aufzubauen, ohne die Kurse durch die Reihenfolge der einzelnen Abschnitte und die darin vorgeschlagene Textfolge im einzelnen festzulegen;

— die Lebendigkeit der Sprache, die Vielfalt der „Sprachspiele" (Wittgenstein) nicht zu unterdrücken, sondern zu zeigen;

— nicht einer einzigen philosophischen Schule zu folgen, sondern einen ersten Einstieg in unterschiedliche Positionen zu ermöglichen.

In das vorliegende Heft wurden darum nicht nur philosophische Texte im engeren Sinn aufgenommen, sondern auch viele Texte aus anderen literarischen Gattungen, die als Sprachzeugnisse Gegenstand philosophischer Reflexion werden sollen. Insbesondere konnte auf Texte aus den Sprachwissenschaften nicht verzichtet werden. Alle Texte wurden unter dem Gesichtspunkt ausgewählt, daß sie anschaulich und lebendig Sprachprobleme darstellen bzw. erkennen lassen. Die Gliederung des Heftes und die Einführungen zu den sechs großen Kapiteln zeigen mögliche Wege und Alternativen.

Wir hoffen, daß so eine Sammlung entstanden ist, die die Schüler nicht mit abstrakten Texten abschreckt, sondern sie zum Lesen, Nachdenken und Sprechen anregt und sie auf den Weg schickt, auf dem sie mit der Sprache auch den Menschen und schließlich sich selbst besser verstehen lernen. Verknüpfungen mit der „Wissenschaftstheorie" (Heft 1) und der „Anthropologie" (Heft 4) wird der Lehrer leicht herstellen können.

Bei den Textauszügen ist auf folgendes zu achten: Auslassungen der Autoren in den Originaltexten sind durch einige Punkte ... gekennzeichnet. Kürzungen, die von dem Bearbeiter dieser Sammlung vorgenommen wurden, sind an den eckigen Klammern [...] erkennbar. Anmerkungen der Autoren bzw. Übersetzer wurden als solche gekennzeichnet. Die übrigen Anmerkungen stammen vom Bearbeiter.

Herausgeber und Bearbeiter sind für Kritik und Anregungen dankbar.

Bonn, im Mai 1979   Werner Trutwin

I ÜBER SPRACHE SPRECHEN —
VON DER SPRACHE ZUR SPRACHWISSENSCHAFT

Einführung

Sprache ist das umfassendste und differenzierteste Ausdrucksmittel des Menschen, sie durchdringt alle Lebensbereiche, sie wird überall benutzt und gebraucht — meist allerdings unreflektiert, weil das, wozu sie benutzt wird, viel mehr im Blick und viel wichtiger ist als die Sprache selbst. Gelegentlich aber denkt man auch über die Sprache nach, zum Beispiel dann, wenn der gewohnte Umgang mit Sprache nicht mehr so reibungslos funktioniert, und es zeigt sich dann, wenn man seine Gedanken über die Sprache zu artikulieren versucht, daß man nicht nur in allen möglichen Situationen Sprache einfach bloß sprechen kann, sondern daß man auch über sie sprechen kann, daß sie selbst Gegenstand des Nachdenkens und Theoretisierens wird.

Die beiden Bereiche, die sich in dieser Weise mit Sprache beschäftigen und Sprache benützen, um über Sprache zu sprechen, sind die Sprachphilosophie und Sprachwissenschaft, wobei es allerdings kaum möglich ist, diese beiden Bereiche scharf voneinander zu trennen. Außerdem reichen beide Bereiche in viele Wissenschaften hinein, viele Wissenschaften beschäftigen sich in Teilgebieten mit Sprache: Psychologie, Soziologie, Biologie, Verhaltensforschung, Ethnologie, Kommunikationswissenschaft, Anthropologie, Physiologie u.a. (vgl. Text 8). Im Sinne dieser Vorüberlegungen wird in Kapitel I zunächst versucht, über bloße Sprachbetrachtung hinaus das Phänomen Sprache selbst allmählich in den Blick zu rücken und die Thematik von Sprachphilosophie und Sprachwissenschaft zu umreißen.

In Text 1 werden Sentenzen, Redewendungen und kleine Geschichten aneinandergereiht, die durch ihre Pointiertheit und Bündigkeit für die Beschäftigung mit dem Thema Sprache motivieren sollen, und die darüberhinaus die verschiedenen Aspekte des Themas anklingen lassen, die in der folgenden Textsammlung angesprochen werden, etwa: Sprache als Charakteristikum des Menschen, die Gemeinschaftsbezogenheit der Sprache, Sprache und Wirklichkeit, Magie der Sprache, Grenzen der Sprache, Sprache und Denken usf.; die einzelnen Aussprüche sollten daher bei der Bearbeitung der zugehörigen Themenaspekte hinzugezogen werden (gelegentlich wird in den folgenden Einführungen darauf aufmerksam gemacht). — Die Allgegenwart der Sprache und ihre auszeichnende Bedeutung für den Menschen hebt der kleine Text von Heidegger hervor und gibt so dem Gegenstand der folgenden Betrachtung das ihm gebührende Gewicht (2). Ähnlich der folgende Text von Herder (3), in dem die Sprache als eines der größten Wunder der „Erdschöpfung" bezeichnet wird, ohne welche „die ganze Geschichte der Menschheit mit allen Schätzen ihrer Tradition und Kultur" nicht möglich wäre; er zeigt aber auch die Grenzen der Sprache, die eben nur ein „leichtes, flüchtiges" Band zwischen den Menschen darstellt und nicht die Dinge selbst ausdrückt. Auch Text 4 von Hayakawa hebt die große Bedeutung der Sprache für den Menschen hervor, wenn er darauf verweist, wieviel mehr Leben und Erfahrung über Zeit und Raum hinweg durch Sprache vermittelt wird.

Die beiden folgenden Texte beschäftigen sich mit dem Wort „Sprache": In einem Lexikonartikel werden vier Bedeutungen des Wortes „Sprache" konstatiert (5), im Text von Mackensen (6) werden verschiedene Kontexte von „Sprache" aus verschiedenen Zeiten aufgezählt, um deutlich zu machen, daß wir mit einem Wort „sehr verschiedene Dinge begreifen". Text 7 von Porzig schildert den Beginn der Sprachphilosophie: Ausgangspunkt des Nachdenkens über Sprache war die Frage, warum die Dinge so hießen, wie sie hießen, eine Frage, die im Griechenland des fünften vorchristlichen Jahrhunderts verknüpft wurde mit einer generellen Problematisierung überlieferter Sitten, Gebräuche und Denkweisen. — In Text 8 umreißt Keutner die Aufgabenbereiche von Sprachphilosophie und Sprachwissenschaft und deren geschichtlichen Wandel. — Den Abschluß dieses Kapitels bilden drei Beispiele aus drei verschiedenen Bereichen moderner Sprachforschung: Ein Beispiel aus der Sprachgeschichte

(9a) schildert die Bedeutungsveränderungen des Wortes „Freiheit" in Abhängigkeit von den jeweiligen politisch-ideologischen Interessen und stellt damit auch ein Beispiel dar für die Manipulationsmöglichkeit durch Sprache (vgl. Text 23); ein Beispiel aus der Sprachpsychologie (9b) analysiert die „Warum"— Fragen des Kindes und klassifiziert sie in drei Gruppen: als Frage nach einer Erklärung, nach einer Motivation bzw. nach einer Begründung; ein Beispiel aus der Sprachsoziologie (9c) diskutiert,inwieweit Sprache die Menschen bestimmten sozialen Gruppen und Schichten zuordnet und sie darin gefangenhält. Weitere Beispiele aus den Wissenschaften finden sich unter den folgenden Texten (etwa Text 17, 24, 27, 32, 34).

1. Sentenzen — Redewendungen — Aperçus — Geschichten

Im Anfang war das Wort, und das Wort war bei Gott, und das Wort war Gott. Dieses war im Anfang bei Gott. Alle Dinge sind durch dasselbe geworden, und ohne das Wort ist auch nicht eines geworden, das geworden ist. In ihm war Leben, und das Leben war das Licht für die Menschen.

5   *Anfang des Johannesevangeliums (Joh 1,1-4)*

★

Die wahre Heimat (des Menschen) ist eigentlich die Sprache.

Wilhelm von Humboldt

★

Daß aber der Mensch mehr noch als jede Biene und jedes schwarm- oder herdenweise lebende Tier ein Vereinswesen ist, liegt am Tage. Die Natur macht, wie wir sagen, nichts ver-
10   geblich. Nun ist aber einzig der Mensch unter allen animalischen Wesen mit der Sprache begabt. Die Stimme ist das Zeichen für Schmerz und Lust und darum auch den anderen Sinnenwesen verliehen, indem ihre Natur so weit gelangt ist, daß sie Schmerz und Lust empfinden und beides einander zu erkennen geben. Das Wort aber oder die Sprache ist dafür da, das Nützliche und das Schädliche und so denn auch das Gerechte und das Unge-
15   rechte anzuzeigen. Denn das ist den Menschen vor den anderen Lebewesen eigen, daß sie Sinn haben für Gut und Böse, für Gerecht und Ungerecht und was dem ähnlich ist. Die Gemeinschaftlichkeit dieser Ideen aber begründet die Familie und den Staat.

Aristoteles, aus der „Politik"

★

Jedem Sprecher fehlt die Sprache,
20   Fehlt dem Hörenden das Ohr.

Franz Grillparzer

★

Friedrich II. von Hohenstaufen wollte die Ursprache der Menschen finden. Er glaubte, sie entdecken zu können, wenn beobachtet werde, in welcher Sprache Kinder zu reden anfangen, mit denen vorher niemand spricht.»Und deshalb empfahl er den Ammen und Pflege-

12

rinnen, sie sollten den Kindern Milch geben, daß sie an den Brüsten säugen möchten, sie baden und waschen, aber in keiner Weise mit ihnen schön tun und zu ihnen sprechen. Er wollte nämlich erforschen, ob sie die hebräische Sprache sprächen, als die älteste, oder griechisch oder latein oder arabisch oder aber die Sprache ihrer Eltern, die sie geboren hatten. Aber er mühte sich vergebens, weil die Knaben und anderen Kinder alle starben. Denn sie vermöchten nicht zu leben ohne das Händepatschen und das fröhliche Gesichterschneiden und die Koseworte ihrer Ammen und Nährerinnen.«

Chronik des Salimbene von Parma aus dem Jahre 1268

★

Für gewöhnlich stehen nicht die Worte in der Gewalt des Menschen, sondern die Menschen in der Gewalt der Worte ... Wenn wir den Mund aufmachen, reden immer zehntausend Tote mit.

Hugo von Hoffmannsthal

★

Der Sprecher steckt in der Sprache, ist mit Wörtern ausgestattet; sie sind die Verlängerungen seiner Sinne, seine Scheren, seine Fühler, seine Brille; er setzt sie von innen her in Bewegung, er fühlt sie wie seinen Körper, er ist von einem Wortkörper umgeben, der ihm kaum bewußt ist und der seine Aktionsfähigkeit über die ganze Welt ausdehnt.

Jean Paul Sartre

★

Ein Kind wird gefragt:
— Hätte die Sonne auch „Mond" und der Mond „Sonne" genannt werden können?
— Nein.
— Und warum nicht?
— Weil die Sonne heller scheint als der Mond.
— Wenn aber jeder die Sonne „Mond" und den Mond „Sonne" genannt hätte, hätten wir dann gewußt, daß es falsch ist?
— Ja, weil die Sonne immer größer ist, bleibt sie immer wie sie ist und so auch der Mond.
— Ja, aber die Sonne wird nicht verändert, nur ihr Name. Könnte man sie auch ... nennen und so weiter?
— Nein ...weil der Mond am Abend aufgeht, und die Sonne am Tag.

Jean Piaget, Die Vorstellung des Kindes von der Welt

★

Den dritten Tag kam der Bote wieder zurück und erzählte: „neue Namen habe ich keinen einzigen finden können, aber wie ich an einen hohen Berg um die Waldecke kam, wo Fuchs und Has sich gute Nacht sagen, so sah ich da ein kleines Haus, und vor dem Haus brannte ein Feuer, und um das Feuer sprang ein gar zu lächerliches Männchen, hüpfte auf einem Bein und schrie:

»heute back' ich, morgen brau' ich,
übermorgen hol' ich der Königin ihr Kind;
ach, wie gut ist, daß niemand weiß,
daß ich Rumpelstilzchen heiß"!«

★

Da könnt ihr denken, wie die Königin froh war, als sie den Namen hörte, und als bald hernach das Männlein hereintrat und fragte: „nun, Frau Königin, wie heiß' ich?" fragte sie erst: „heißest du Kunz?" — „Nein." — „Heißest du Heinz?" — „Nein." — „Heißt du etwa Rumpelstilzchen?" „Das hat dir der Teufel gesagt, das hat dir der Teufel gesagt", schrie das Männlein und stieß mit dem rechten Fuß vor Zorn so tief in die Erde, daß es bis an den Leib hineinfuhr: dann packte es in seiner Wut den linken Fuß mit beiden Händen und riß sich selbst mitten entzwei.

Gebrüder Grimm, Rumpelstilzchen

★

Liaba bin i doch der blödste Hund und hab mei Sprach als daß i koa Sprach net hab und blöd daherred.

Herbert Achternbusch in seinem Roman „Die Alexanderschlacht"

★

Ich glaube, [...] daß das Wort ein elender Notbehelf, ein schäbiges Werkzeug ist, und das eigentliche und letztliche Wissen wortlos ist und bleiben muß. Es ist den Menschen gegeben als Kleingeld zur Bestreitung ihrer Bedürftigkeit und maßt sich immer wieder die Ordnung absoluter Dinge an, ein irdischer Topf der Zeitlichkeit, der aus der Ewigkeit schöpfen möchte.

Ernst Barlach

★

Denn eben wo Begriffe fehlen,
Da stellt ein Wort zur rechten Zeit sich ein.
Mit Worten läßt sich trefflich streiten,
Mit Worten ein System bereiten,
An Worte läßt sich trefflich glauben,
Von einem Wort läßt sich kein Jota rauben.

Johann Wolfgang von Goethe, Faust

★

Wem das Herz voll ist, dem läuft der Mund über.

★

Reden ist Silber, Schweigen ist Gold.

14

Wessen Lippen schweigen, der schwätzt mit den Fingerspitzen; aus allen Poren dringt ihm Verrat.

Sigmund Freud

★

Das Augenspiel gestattet einen äußerst mannigfaltigen Ausdruck. Die übrigen Gesichtsgebärden, oder Mienen, sind nur die Konsonanten zu den Augenvokalen. Physiognomie ist also die Gebärdensprache des Gesichts. Langer Umgang lehrt einen die Gesichtssprache verstehn. [...] Man könnte die Augen ein Lichtklavier nennen. Das Auge drückt sich auf eine ähnliche Weise, wie die Kehle, durch höhere und tiefere Töne (die Vokale), durch schwächere und stärkere Leuchtungen aus.

Friedrich von Hardenberg (Novalis), Fragmente

★

FISCHES NACHTGESANG

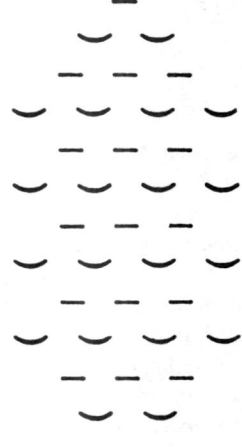

Christian Morgenstern

★

Wenn ich nicht weiterkomme, bin ich *an die Sprachwand* gestoßen. Dann ziehe ich mich mit blutigem Kopf zurück. Und möchte weiter.

Karl Kraus

★

Der Mensch spricht, weil er denkt.

Jakob Grimm

15

Ich glaube wirklich, daß die Sprachen der beste Spiegel des menschlichen Geistes sind und daß eine genaue Analyse der Bedeutung der Wörter besser als alles andere zeigen würde, wie der Verstand funktioniert.

Gottfried Wilhelm Leibniz

★

5   Die Lehre eines Denkers ist das in seinem Sagen Ungesagte, dem der Mensch ausgesetzt wird, auf daß er darauf sich verschwende.

Martin Heidegger

★

Manche sagen zur Entschuldigung, sie könnten sich nicht richtig ausdrücken; sie geben sich den Anschein, als hätten sie den Kopf voll guter Gedanken, könnten sie aber nicht
10 recht zur Geltung bringen, weil ihnen die Worte fehlten. Das ist nur Getue. Wollt ihr wissen, woher das kommt? Das sind Schattenideen; diese gehen aus Vorstellungen hervor, in die sie innerlich keine Ordnung und Klarheit bringen und die sie infolgedessen auch nicht nach außen projizieren können; sie verstehen sich selber noch nicht.

Michel de Montaigne, Die Essais

★

15 Wenn du etwas wissen willst und es durch Meditation nicht finden kannst, so rate ich dir, mein lieber, sinnreicher Freund, mit dem nächsten Bekannten, der dir aufstößt, darüber zu sprechen. Es braucht nicht eben ein scharfdenkender Kopf zu sein, auch meine ich es nicht so, als ob du ihn darum befragen solltest, nein! Vielmehr sollst du es ihm selber allererst erzählen. [...]
20 Der Franzose sagt: l'appétit vient en mangeant, und dieser Erfahrungssatz bleibt wahr, wenn man ihn parodiert und sagt: l'idée vient en parlant. Oft sitze ich an meinem Geschäftstisch über den Akten und erforsche, in einer verwickelten Streitsache den Gesichtspunkt, aus welchem sie wohl zu beurteilen sein möge ... Oder ich suche, wenn mir eine algebraische Aufgabe vorkommt, den ersten Ansatz, die Gleichung, die die gegebenen Ver-
25 hältnisse ausdrückt, und aus welcher sich die Auflösung nachher durch Rechnung leicht ergibt. Und siehe da, wenn ich mit meiner Schwester davon rede, welche hinter mir sitzt und arbeitet, so erfahre ich, was ich durch ein vielleicht stundenlanges Brüten nicht herausgebracht haben würde.

Heinrich von Kleist, Über die allmähliche Verfertigung der Gedanken beim Reden

★

30 Die Sprache ist ein großer Überfluß. Das Beste bleibt doch immer für sich und ruht in seiner Tiefe wie die Perle im Grunde des Meeres.

Friedrich Hölderlin

Wenn ich in den Worten der Menschen redete und sänge in der Sprache der Engel und hätte keine Liebe in mir, ich wäre nur eine tönende Glocke oder eine gellende Schelle.

Paulus, 1 Kor 13, 1

★

Das *erlösende* Wort

★

Und Gott sprach: Es werde Licht! und es ward Licht. ⁵

Genesis 1, 3

2. MARTIN HEIDEGGER ⟨ 1 2 3 ⟩

Erst als Sprechender ist der Mensch Mensch

Der Mensch spricht. Wir sprechen im Wachen und im Traum. Wir sprechen stets; auch
dann, wenn wir kein Wort verlauten lassen, sondern nur zuhören oder lesen, sogar dann,
wenn wir weder eigens zuhören noch lesen, stattdessen einer Arbeit nachgehen oder in der
Muße aufgehen. Wir sprechen ständig in irgendeiner Weise. Wir sprechen, weil Sprechen
5 uns natürlich ist. Es entspringt nicht erst aus einem besonderen Wollen. Man sagt, der
Mensch habe die Sprache von Natur. Die Lehre gilt, der Mensch sei im Unterschied zu
Planze und Tier das sprachfähige Lebewesen. Der Satz meint nicht nur, der Mensch besit-
ze neben anderen Fähigkeiten auch diejenige zu sprechen. Der Satz will sagen, erst die
Sprache befähige den Menschen, dasjenige Lebewesen zu sein, das er als Mensch ist. Als
10 der Sprechende ist der Mensch: Mensch.

3. JOHANN GOTTFRIED HERDER

Möglichkeiten und Grenzen der Sprache

[Zu seinem „künstlichen Geschlechtscharakter, der Vernunft" kommt der Mensch] allein
durch Sprache. — Lasset uns bei diesem Wunder einer göttlichen Einsetzung verweilen: es
ist außer der Genesis lebendiger Wesen vielleicht das größte der Erdschöpfung.
Wenn uns jemand ein Rätsel vorlegte, wie Bilder des Auges und alle Empfindungen unsrer
15 verschiedensten Sinne nicht nur in Töne gefaßt, sondern auch diesen Tönen mit inwohnen-
der Kraft so mitgeteilt werden sollen, daß sie Gedanken ausdrücken und Gedanken erregen, ohne Zweifel hielte man dies Problem für den Einfall eines Wahnsinnigen, der höchst
ungleiche Dinge einander substituierend, die Farbe zum Ton, den Ton zum Gedanken, den
Gedanken zum malenden Schall zu machen gedächte. Die Gottheit hat das Problem tätig
20 aufgelöst. Ein Hauch unsres Mundes wird das Gemälde der Welt, der Typus unsrer Gedanken und Gefühle in des andern Seele. Von einem bewegten Lüftchen hängt alles ab, was
Menschen je auf der Erde Menschliches dachten, wollten, taten und tun werden. Denn alle
liefen wir noch in Wäldern umher, wenn nicht dieser göttliche Atem uns angehaucht hätte
und wie ein Zauberton auf unsern Lippen schwebte. Die ganze Geschichte der Menschheit
25 also mit allen Schätzen ihrer Tradition und Kultur ist nichts als eine Folge dieses aufgelö-
sten göttlichen Rätsels. Was uns dasselbe noch sonderbarer macht, ist, daß wir selbst nach
seiner Auflösung bei täglichem Gebrauch der Rede nicht einmal den Zusammenhang der
Werkzeuge dazu begreifen. Gehör und Sprache hängen zusammen, denn bei den Abartun-
gen der Geschöpfe verändern sich ihre Organe offenbar mit einander. Auch sehen wir, daß
30 zu unserem Consensus der ganze Körper eingerichtet wurde: die innere Art der Zusam-
menwirkung aber begreifen wir nicht. Daß alle Affekte, insonderheit Schmerz und Freude, Töne werden, daß, was unser Ohr hört, auch die Zunge regt, daß Bilder und Empfindungen geistige Merkmale, daß diese Merkmale bedeutende, ja bewegende Sprache sein

18

können — das alles ist ein Konzent so vieler Anlagen, ein freiwilliger Bund gleichsam, den der Schöpfer zwischen den verschiedensten Sinnen und Trieben, Kräften und Gliedern seines Geschöpfs ebenso wunderbar hat errichten wollen, als er Leib und Seele zusammenfügte.

Wie sonderbar, daß ein bewegter Lufthauch das einzige,wenigstens das beste Mittel unrer Gedanken und Empfindungen sein sollte! Ohne sein unbegreifliches Band mit allen ihm so ungleichen Handlungen unsrer Seele wären diese Handlungen ungeschehen, die feinen Zubereitungen unsres Gehirns müßig, die ganze Anlage unsres Wesens unvollendet geblieben, wie die Beispiele der Menschen, die unter die Tiere gerieten, zeigen.

[...] Ein Volk hat keine Idee, zu der es kein Wort hat: die lebhafteste Anschauung bleibt dunkles Gefühl, bis die Seele ein Merkmal findet und es durchs Wort dem Gedächtnis, der Rückerinnerung, dem Verstande, ja endlich dem Verstande der Menschen, der Tradition einverleibt: eine reine Vernunft ohne Sprache ist auf Erden ein utopisches Land. Mit den Leidenschaften des Herzens, mit allen Neigungen der Gesellschaft ist es nicht anders. Nur die Sprache hat den Menschen menschlich gemacht, indem sie die ungeheure Flut seiner Affekte in Dämme einschloß und ihr durch Worte vernünftige Denkmale setzte...

Was je der Geist der Menschen aussann, was die Weisen der Vorzeit dachten, kommt, wenn es mir die Vorsehung gegönnt hat, allein durch Sprache zu mir. Durch sie ist meine denkende Seele an die Seele des ersten und vielleicht des letzten denkenden Menschen geknüpft: kurz Sprache ist der Charakter unsrer Vernunft, durch welchen sie allein Gestalt gewinnt und sich fortpflanzt.

Indessen zeigt eine kleine und nähere Ansicht, wie unvollkommen dies Mittel unserer Bildung sei, nicht nur als Werkzeug der Vernunft, sondern auch als Band zwischen Menschen und Menschen betrachtet; so daß man sich beinah kein unwesenhafteres, leichteres, flüchtigeres Gewebe denken kann, als womit der Schöpfer unser Geschlecht verknüpfen wollte. Gütiger Vater, war kein andrer Kalkül unsrer Gedanken, war keine innigere Verbindung menschlicher Geister und Herzen möglich?

1. *Keine Sprache drückt Sachen aus, sondern nur Namen: auch keine menschliche Vernunft also erkennt Sachen, sondern sie hat nur Merkmale von ihnen, die sie mit Worten bezeichnet;* eine demütigende Bemerkung, die der ganzen Geschichte unseres Verstandes enge Grenzen und eine sehr unwesenhafte Gestalt gibt. [...]

Unsre arme Vernunft ist also nur eine bezeichnende Rechnerin wie auch in mehreren Sprachen ihr Name sagt.

2. Und womit rechnet sie? Etwa mit den Merkmalen selbst, die sie abzog, so unvollkommen und unwesenhaft diese auch sein mögen? Nichts minder! *Diese Merkmale werden abermals in willkürliche, ihnen ganz unwesenhafte Laute verfaßt, mit denen die Seele denkt.* Sie rechnet also mit Rechenpfennigen, mit Schällen und Ziffern: denn daß ein wesentlicher Zusammenhang zwischen der Sprache und den Gedanken, geschweige der Sache selbst sei, wird niemand glauben, der nur zwei Sprachen auf der Erde kennt. [...]

Wer seinen Sinnen nicht traut ist ein Tor und muß ein leerer Spekulant werden; dagegen wer sie trauend übt und eben dadurch erforscht und berichtigt, der allein gewinnt einen Schatz der Erfahrung für sein menschliches Leben. Ihm ist sodann die Sprache mit allen ihren Schranken genug: denn sie sollte den Beobachter nur aufmerksam machen und ihm zum eignen, tätigen Gebrauch seiner Seelenkräfte leiten. Ein feineres Idiom, durchdringend wie der Sonnenstrahl könnte teils nicht allgemein sein, teils wäre es für die jetzige Sphäre unserer gröbern Tätigkeit ein wahres Übel. Ein gleiches ist's mit der Sprache des Herzens: sie kann wenig sagen und doch sagt sie genug; ja gewissermaßen ist unsre menschliche Sprache mehr für das Herz, als für die Vernunft geschaffen. Dem Verstande kann die Gebärde, die Bewegung, die Sprache selbst zu Hilfe kommen; die Empfindungen unsres Herzens aber blieben in unserer Brust vergraben, wenn der melodische Strom sie nicht in sanften Wellen zum Herzen des andern hinüber brächte. Auch darum also hat der Schöpfer die Musik der Töne zum Organ unsrer Bildung gewählt; eine Sprache für die Empfindung, eine Vater- und Mutter-, Kindes- und Freundessprache. Geschöpfe, die sich einander noch nicht innig berühren können, stehn wie hinter Gittern und flüstern einander zu das Wort der Liebe; bei Wesen, die die Sprache des Lichts oder eines andern Organs sprächen, veränderte sich notwendig die ganze Gestalt und Kette ihrer Bildung.

4. S. J. HAYAKAWA

Mehr Leben und Erfahrung durch Sprache

In einem sehr wirklichen Sinn kann man [...] sagen, daß Leuten, die gute Literatur gelesen haben, mehr gelebt haben, als Leute die nicht lesen können oder wollen. Gulliver's Reisen gelesen zu haben, heißt, mit Jonathan Swift erfahren zu haben, wie sich einem der Magen umdreht, wenn man sieht, wie sich die Menschen aufführen. Huckleberry Finn (Mark Twain, Übs.) zu lesen, heißt zu empfinden, wie es ist, auf einem Floß den Missisippistrom hinunter zu treiben. Byron gelesen zu haben, heißt, mit ihm seine Rebellionen und Neurosen erlitten zu haben und sich mit ihm darüber gefreut zu haben, der Gesellschaft eine lange Nase zu machen. Native Son (ein bekannter Negerroman, Übs.) gelesen zu haben, heißt, zu wissen, wie es ist, in der besonderen Weise hoffnungslos zu sein, wie es bei vielen Negern in Chicago der Fall ist. Dies ist die große Aufgabe, die affektive Kommunikation leistet: sie setzt uns instand zu empfinden, wie andere das Leben empfunden haben, selbst wenn sie tausende von Meilen entfernt und vor Jahrhunderten gelebt haben. Es ist nicht wahr, daß wir nur ein Leben zu leben haben. Wenn wir lesen können, dann können wir so viele andere und so viele Arten Leben erleben, wie wir es wünschen.
Hier mag der Leser mit der Frage Einspruch erheben, ob wir nicht die Sprache etwas verdrehen, wenn wir davon sprechen, andere Leben als das eigene zu „leben". In einem Sinne ist der Einwand berechtigt. Zwei verschiedene Bedeutungen des Wortes „Leben" sind in den Ausdrücken „das eigene Leben leben" und „anderer Leute Leben in Büchern zu erleben" enthalten. Das menschliche Leben wird indessen auf mehr als einer Ebene „gelebt". Wir bewohnen sowohl die extensionale Welt als auch die Welt der Worte (und anderer Symbole). „Anderer Leute Leben in Büchern zu erleben" bedeutet, wie wir den Ausdruck hier verwenden werden, eine *symbolische Erfahrung,* manchmal „stellvertretende Erfahrung" genannt.
Beim Genuß und der Betrachtung eines Werkes der Literatur oder der dramatischen Kunst — eines Romans, eines Schauspiels, eines Filmes — empfinden wir die größte Freude, wenn die führenden Charaktere der Geschichte in gewissem Grade uns symbolisieren. Jes-

20

sie Jenkins im Kino, die beobachtet, wie Elisabeth Taylor von einem schönen Mann geküßt wird, seufzt so befriedigt, als ob sie selbst geküßt würde — und symbolisch wird sie es
auch. Mit anderen Worten, sie identifiziert sich mit Elisabeth Taylor und ihrer Rolle in der
Geschichte. Kirk Douglas, der gegen einen Schurken kämpft, wird von tausenden von
Männern beobachtet, die ihre Faust zusammenballen, als ob sie kämpften — was sie auch   5
symbolisch tun. Indem wir uns mit den Figuren der Geschichte identifizieren, führt uns der
Dramatiker oder der Romanschreiber durch zusammenhängende Folgen symbolischer Erfahrungen.
Die Unterschiede zwischen tatsächlichen und symbolischen Erfahrungen sind groß. Man
wird nicht verwundet, wenn man eine Schlacht im Film erlebt, noch wird man ernährt,   10
wenn man sieht, wie Leute in einem Stück zu Abend essen. Weiterhin kommen tatsächliche Erfahrungen in höchst ungeordneter Weise über uns: Mahlzeiten, Auseinandersetzungen mit der Wirtin, Besuche beim Arzt wegen Plattfüßen und so weiter unterbrechen den
wundervollen Gang der Romanze. Der Romanschreiber abstrahiert jedoch nur die Ereignisse, die für seine Geschichte erheblich sind, und verbindet sie dann zu einer sinnvollen   15
Folge. Diese Tätigkeit, Ereignisse zu abstrahieren (auszuwählen) und sie so organisch miteinander zu verbinden, daß sie in gewissem sinnvollen Zusammenhang miteinander und
mit dem zentralen Thema des Romans oder Schauspiels stehen, ist die Kunst des Geschich-
tenerzählers.
[...] Leser, die mit zunehmendem Alter reifer werden, vergrößern [...] ständig die Tiefe,   20
die Weite und die Feinheit ihrer symbolischen Erfahrungen. Unter der Anleitung fähiger
Schriftsteller, die die Welt genau beobachtet haben und fähig waren, ihre Erfahrungen in
echter Weise darzulegen, vermag ein reifer Leser Mord, Schuld, religiöse Erhebung, Ban-
krott, den Verlust von Freunden, die Entdeckung von Goldminen oder neuen philosophischen Prinzipien oder die Vorstellung der Verwüstung, die einer Invasion von Heu-   25
schrecken in Nord-Dakota folgt, symbolisch zu erfahren. Jede neue symbolische Erfahrung bedeutet Bereicherung seines Verständnisses für Menschen und Ereignisse.

5. „Sprache" als Stichwort im Lexikon[1]

Sprache, die; -, -n
1. historisch entstandenes und sich entwickelndes System verbaler Zeichen, das einer be-
stimmten Einheit, Gliederung der menschlichen Gesellschaft als Kommunikationsmittel   30
sowie als Instrument des begrifflichen Denkens dient und das die Fixierung und Speiche-
rung des erworbenen Wissens ermöglicht: die deutsche, russische, englische S.; germani-
sche, romanische, slawische, afrikanische, indoeuropäische Sprachen; lebende *(noch ge-*
sprochene) Sprachen; außer dem klassischen Griechisch kennt er noch mehrere tote Sprachen; eine natürliche, künstliche *(auf bewußter Konvention beruhende, systematisch auf-*   35
gebaute) S.; d. Wortbestand, Regeln, Grammatik einer S.; eine (fremde) S. (er)lernen,
sprechen, verstehen, beherrschen, umg.[2] können; in einer fremden S. sprechen; sich in der

1 Aus: Wörterbuch der deutschen Gegenwartssprache, Ruth Klappenbach und Hrsg. von Wolfgang Steinitz, Akade-
mie Verlag, Berlin 1976, 5. Bd. S. 3508.
2 „umg." = umgangssprachlich

russischen S. gut ausdrücken können; er übersetzt, dolmetscht aus allen slawischen Sprachen: er ist der ungarischen S. mächtig; in der dänischen S. kann er nur radebrechen; */übertr./ System von Zeichen mit feststehender Bedeutung, das der Kommunikation dient:* die S. der Taubstummen

5 *2. /ohne Pl./ das Sprechen, die Fähigkeit zu sprechen:* er hat durch einen Schlaganfall die S. verloren; erst einige Zeit nach dem Schreck fand sie die S. wieder; etw. verschlägt, raubt jmdm. die S. *etw. überrascht jmdn. so sehr, daß er nichts mehr sagen kann:* diese Mitteilung seines Sohnes verschlug ihm die S.; umg. da bleibt dir glatt die S. weg!
3. /ohne Pl./ Art des Sprechens, der Artikulation: eine wohllautende, kultivierte, lispeln-
10 de S.; an seiner S. erkannte man sofort den gebürtigen Berliner, den Ausländer; die mundartliche Färbung seiner S. gewann ihm die Sympathie des Publikums
4. Ausdrucksweise, Stil: eine lebendige, anschauliche, bildhafte, natürliche, klare, sachliche, nüchterne, schöne, gepflegte, gewählte, dichterische, gehobene, gesuchte, geschwollene, gespreizte, geschraubte S.; die S. Goethes, der Klassiker, des 18. Jahrhunderts; das
15 ist die S. der Wahrheit, Leidenschaft; *er ist ein Meister der S.;* Was ist das für eine Sprache? [...]
5. eine deutliche S. reden *deutlich reden, sich deutlich äußern:* er redete eine unmißverständliche S.; geh. sie führten eine anmaßende S.; umg. sie wollte nicht recht mit der S. heraus, herausrücken, herauskommen *(sie wollte sich nicht äußern, nicht reden);* heraus
20 mit der S.! */Aufforderung, etw. mitzuteilen, zu gestehen/:* Heraus mit der Sprache, junger Mann! Machen sie endlich zweckdienliche Angaben [...]; etw. zur S. bringen *veranlassen, daß etw. besprochen, diskutiert wird:* er wollte den Fall in der Gruppe zur S. bringen; dieses Problem wird auf der nächsten Sitzung zur S. kommen; */übertr./ Ausdruck:* die S. der Augen, der Gebärden; *Aussage:* die S. der Tatsachen ist eindeutig; diese Zahlen sprechen
25 eine beredte S. *(sind aussagekräftig)*

6. LUTZ MACKENSEN

Vielerlei Kontexte des Wortes „Sprache"

Zweiundeinhalbtausendjähriges Grübeln über die Sprache hat uns nicht weitergebracht, als daß auch ernsthafte und nüchterne Forscher sie noch in unsern Tagen als „Geheimnis", gar als „Wunder" bezeichnen. Dabei liegt für uns Deutsche eine besondere Schwierigkeit, in der Erhellung des Problems voranzukommen, auch darin, daß wir mit *einem* Worte
30 („Sprache") sehr verschiedene Dinge begreifen. Wir sprechen von den *Regeln,* der *Struktur einer Sprache,* aber auch davon, daß es einem *die Sprache verschlagen* habe; wir sagen, jemand habe eine *blumenreiche Sprache,* aber wir unterscheiden auch *lebende* und *tote Sprachen;* wir zweifeln nicht daran, daß die *Sprache des jungen Goethe* auf eine andere „Sprache" zielt als jene, die wir in der gestrigen Sitzung *zur Sprache kommen* ließen. *Mei-*
35 *ne Sprache* ist zwar die deutsche; doch ein Buch über die *deutsche Sprache* befaßt sich keineswegs mit der meinen, aber auch nicht mit jener „Sprache", die, allgemeinem Vernehmen nach, den Menschen hauptsächlich oder neben anderen Eigenschaften vom Tier unterscheidet. Ein *Sprachforscher* beschäftigt sich augenscheinlich oft mit einer anderen

„Sprache" als ein *Sprachlehrer,* aber ein *Sprachrohr,* wie es der Engländer Morland 1670 erfunden hat und wie es in unserm Lande etwa um die Wende des 17. zum 18. Jahrhundert in Gebrauch kam, hat im modernen Megaphon, nicht in unserm *Sprachlabor* seinen Nachfahrn. Da überschneiden sich, scheint's, biologische und historische, statische und dynamische Gegebenheiten, Erscheinungen, die einem Einzelnen, einer Vielzahl der ganzen Menschheit eignen. In früheren Jahrhunderten war die Verwirrung geringer; im Mittelhochdeutschen, mehr noch davor im Althochdeutschen spürte man in dem Wort stärker, eindeutiger den Vorgang des Sprechens, den Hergang eines Gespräches, einer Besprechung, wie er etwa in den Ableitungen *Absprache, Rücksprache, Fürsprache* in der Wendung *etwas zur Sprache kommen lassen* lebendig blieb; *sproechic* hieß einer, der gern redete, reden wollte; erst viel später nannte man jemand, der nicht reden konnte, *sprachlos.* Möglicherweise wurde die Vermengung der Begriffe angestoßen oder doch beschleunigt durch den Wunsch unserer Humanisten, der *ars grammatica* einen deutschen Namen zu finden; Bezeichnungen wie *Sprachkunst (1573),* später, nach Wolfgang Ratkes[1] Vorschlag, *Sprachlehre* zielten auf eine andere Art von „Sprache", als noch die Väter meinten, wenn sie ihr Rathaus *sprâchhûs,* Stätte der Besprechungen, der Absprachen benannten. Heute ist die Palette in ihrer Breite schwer zu überschauen, schwerer im einzelnen zu definieren; dennoch spürt jeder, daß Goethe mit seinem *Sprachsinn* etwas anderes meinte als wir, wenn wir einem Bekannten *Sprachbegabung* unterstellen, und daß die *Sprache der Bienen,* die *Gebärdensprache,* die *poetische Sprache* eines Festredners und die *drohende Sprache* eines Gläubigers kaum etwas miteinander zu tun haben.

7. WALTER PORZIG

Der Beginn der Sprachphilosophie

Alle Wissenschaft beginnt damit, daß sich jemand über Alltägliches und Selbstverständliches wundert. Warum fallen alle Dinge zu Boden, wenn sie nicht gehalten werden? Warum sind die Bäume grün? Warum sind Menschen, Tiere und Pflanzen ihren Eltern oft so ähnlich und dann wieder so ganz unähnlich? Die Versuche, solche Fragen zu beantworten, haben ganze Wissenschaften erzeugt oder schon bestehende Wissenschaften auf neue Bahnen gewiesen. [...]
Das Sichwundern, aus dem die Sprachwissenschaft entstehen sollte, richtete sich zunächst nicht auf die Tatsache, daß Menschen überhaupt sprechen — das war allzu selbstverständlich. Sondern man fragte, und zwar an den verschiedensten Orten unabhängig voneinander, warum die Dinge hießen, wie sie hießen. Also nicht, daß Dinge überhaupt einen Namen haben, setzte die Menschen in Erstaunen, sondern sie wollten wissen, warum sie gerade diesen Namen trugen, also warum die Frau „Frau" und der Löffel „Löffel" heißt. Auch hier gab es die Antwort aus dem Mythos, die weiteres Fragen erstickt: die Dinge heißen, wie sie heißen, weil sie der erste Mensch im Auftrag und in der Vollmacht Gottes so

---

1 Wolfgang Ratke (Ratichius), 1571 - 1635, Pädagoge, fordert einen muttersprachlichen Unterricht, der dem Verständnis und der psychologischen Struktur des Schülers entsprechen sollte; schuf die ersten methodischen Lehrbücher.

genannt hat (1. Mos. 2, 19.20). Anderwärts sind es die Ahnen, die in ihrer Weisheit den Dingen ihre Namen gegeben haben. Daneben aber finden wir Versuche, den Beweggründen dieser ersten Benennung nachzuspüren. Adam nennt die Frau *ischa* (hebr. „Weib"), weil er ahnt und empfindet, daß sie von ihm, dem Manne (hebr. *isch*) genommen ist (1.
5 Mos. 2, 23). Solche Ableitungen eines Namens aus einem andern, durch die etwas über die Beziehung zweier Dinge, über die Herkunft oder die Aufgabe des so benannten Dinges ausgesagt wird, finden sich nun überall, wo man auf die Sprache aufmerksam wird, über sie nachzudenken beginnt.

Damit eröffnet sich den Menschen ein neuer Weg, die Welt zu verstehen, ihre Erscheinun-
10 gen zu deuten. In den Namen hat die Gottheit oder die Weisheit der Vorfahren das wahre Wesen der Dinge offenbar gemacht. Aber während überall in der Welt, wo überhaupt dieser Weg betreten wurde, auch aus dieser Quelle des Wissens in erster Linie die Priester schöpften, um die religiöse Deutung der Welt zu verfeinern, geriet an einer einzigen Stelle die Frage nach der Namengebung in das Kraftfeld einer ganz anderen geistigen Bewegung.
15 Das war in Griechenland im 5. Jahrhundert vor Christi Geburt. Die Namen der Dinge sind von den Vorfahren überliefertes Gut, genau wie Sitten und Gebräuche, Recht und Religion. Als solchen lebt man mit ihnen, sucht sie, wenn man geistig anspruchsvoll ist, zu verstehen und zu deuten, aber man stellt sie nicht in Frage. Genau das geschah aber zu jener denkwürdigen Zeit unter den Griechen, als verwegene Männer daran gingen, den Mutter-
20 boden zu untersuchen, auf dem die griechische Gesellschaft lebte. [...]
Von jeher waren die Griechen Künstler des Streitgesprächs gewesen. Schon in den ältesten Denkmälern, in denen wir sie selbst hören, in den homerischen Gedichten[1], setzt uns die raffinierte Kunst der Rede in Erstaunen, über die der Dichter diese Helden der Vorzeit verfügen läßt. Aber Redenkönnen war für die Griechen nicht nur ein Schmuck des geistigen
25 Daseins, sondern eine Notwendigkeit des bürgerlichen Lebens. In den vielen kleinen Städten hing das Schicksal des einzelnen Bürgers oft ab von den Beschlüssen politischer Versammlungen oder den Urteilen eines Gerichtshofs, der selbst durch die Zahl der Beisitzer eine stattliche Versammlung war. Und diese Versammlungen, politische wie gerichtliche, ließen sich in ihren Entscheidungen nicht so sehr durch sachliche Erwägungen leiten als
30 vielmehr durch den Eindruck einer packenden Rede. Um das öffentliche Reden kam also keiner herum, wer es nicht konnte, mußte es lernen, oder er mußte jemanden finden, der ihm, für Geld oder aus Gefälligkeit, seine Rede aufsetzte. Hier winkte dem rede- und schreibgewandten Manne ein guter Verdienst. Und so wurde Reden lehren und Reden verfassen ein gewiß nicht leichter, aber dafür sehr einträglicher Beruf. Die Männer, die ihn
35 ausübten, waren stolz auf ihre handwerkliche Kunst und nannten sich darum „Sophisten", das wäre etwa zu übersetzen als „Fachleute", nämlich der Redekunst. Diese Sophisten, die, entgegen dem Ruf, in den sie durch den Verlauf der geistigen Entwicklung gekommen sind, in ihrem Fach ehrliche und fähige Leute waren und sich ihren Beruf haben sauer werden lassen, mußten sich nun mit ihrem Handwerkszeug, nämlich mit der
40 Sprache, eingehend und als Techniker befassen.
Und dabei stellten sie nun auch an die Sprache, die ursprünglichste und stärkste, die selbstverständlichste und nie bezweifelte gesellschaftliche Bindung, die prüfende Frage: Her-

---

[1] Gedichte des Homer, griech. Dichter, 9. Jh. v. Chr. — Gemeint sind dessen Heldenepen „Ilias" und „Odyssee".

kommen oder Wesenszusammenhang? Sind die Regeln der Sprache, also das, wonach wir das Sprechen eines Kindes oder eines Ausländers als „falsch" oder „richtig" beurteilen, Gewohnheit und Übereinkunft der Menschen, oder kann man sich dafür auf naturgegebene, im Wesen der Dinge und des Sprechens gründende Beziehungen berufen? Mochte man die Frage in dem einen oder in dem anderen Sinne beantworten, in jedem Falle waren die 5 Folgen unabsehbar. War der Sprachgebrauch wirklich nur Gebrauch, nur Nomos, dann unterlag er ja, wie jedes Herkommen, der Kritik der Vernunft, vor der er sich zu rechtfertigen hatte. Dann mußte er sich gefallen lassen, ohne Rücksicht auf unvordenklich lange Geltung, als falsch erkannt und auf Grund vernünftiger Einsicht verbessert zu werden. Dann konnte und mußte man bei Sophisten nicht nur die kunstmäßige Verwendung, son- 10 dern auch den alltäglichen Gebrauch der Rede erlernen. Wenn aber im Gegenteil die Sprache und ihre Formen wesenhafte Beziehungen der Dinge widerspiegelten, dann erschloß sich für den Kundigen in ihnen eine Quelle tiefer Einsicht in das Wesen der Welt selbst.

8. THOMAS KEUTNER

Sprachphilosophie und Sprachwissenschaft

Der Beginn abendländischer Beschäftigung mit Sprache fällt mit dem Ursprung der Philosophie in der Antike zusammen. 15
Philosophen fragten zuerst:
— nach dem Verhältnis von Sprache und Wirklichkeit: sind Namen „Schall und Rauch", oder entspricht ihnen etwas am Benannten? Wie können Sätze ausdrücken, was in Wirklichkeit der Fall ist (und auch, was nicht der Fall ist)?
— nach dem Ursprung der Sprache: gab es eine erste, „richtige" Sprache, aus der alle an- 20 deren entstanden sind, und ist deren „Richtigkeit" durch einen göttlichen Sprachschöpfer verbürgt, oder ist Sprache Menschenwerk?
— nach dem Verhältnis von Sprache und Denken: wie drücken Sätze Gedanken aus? Kann man auch denken ohne zu sprechen?

Lange Zeit blieb die Beschäftigung mit solchen Fragen ausschließliche Domäne der Philo- 25 sophie.
Wenn heute viele dieser Fragen auch Gegenstand empirischer Forschung sind, so ist dies nicht zuletzt dem Aufschwung der Sprachwissenschaft seit Anfang des 19. Jahrhunderts zu verdanken.
Mit Sprache befassen sich so unterschiedliche Disziplinen wie Psychologie, Ethnologie 30 oder Soziologie. Etwa untersucht die Psychologie als Sprachpsychologie Zusammenhänge zwischen Sprache und Bewußtseinsphänomenen, als Entwicklungspsychologie den kindlichen Spracherwerb, Ethnolinguistik und Soziolinguistik fragen nach der Abhängigkeit von Sprache und Denken, bzw. nach dem Verhältnis von Sprache und der Zugehörigkeit zu völkischen oder gesellschaftlichen Gemeinschaften. 35

25

Voraussetzung und Anstoß all dieser Untersuchungen ist der Erfolg der Sprachwissenschaft. Die Sprachwissenschaft des 19. Jahrhunderts trifft bereits auf eine Tradition einzelsprachlicher Grammatiken, die bis in die Antike zurückreicht; solche Grammatiken halten praktische Regeln für den korrekten Sprachgebrauch fest, worin das Ziel grammatischer
5 Unterweisung gesehen wird.

Hinzu tritt nun in der romantischen Sprachwissenschaft (u.a. J. Grimm[1]) angeregt etwa durch sprachvergleichende Studien W. v. Humboldts[2] die Suche nach einer *Ursprache,* die allen Sprachen zu Grunde liege, und deren Wurzeln sich beim Vergleich verschiedener Sprachen aufweisen lassen müßten. Den Regeln, nach denen sich der Sprachwandel von
10 der Ursprache aus vollziehe, wird in der Folgezeit geradezu naturgesetzliche Geltung beigemessen.

Die deutsche Sprachwissenschaft blieb bis weit ins 20.Jahrhundert hinein eine historische Disziplin, ihr Interesse galt weiterhin jenen Regeln, denen der Sprachwandel folgt. Hingegen eröffnete im Ausland ein grundlegendes Werk Ferdinand des Saussures[3] dem Fach eine
15 neue Dimension; im 1916 durch seine Schüler veröffentlichten ,,Cours de linguistique générale'' hatte Saussure zwischen einem diachronen (historischen) und einem synchronen (systematischen) Aspekt von Sprache unterschieden. Erst die erfolgreiche Erforschung des synchronen Aspekts von Sprache machte die Linguistik im 20. Jahrhundert zum Modellfall einer exakten Geisteswissenschaft, die am naturwissenschaftlichen Exaktheitsideal ge-
20 messen werden konnte. Das unmittelbare Ergebnis der neuen Betrachtungsweise war der Strukturalismus; von Saussure selbst stammt die Feststellung, Sprache sei ein *System,* in dem alle Bestandteile einander halten. Sprache könne daher nie durch eine atomistische Beschreibung ihrer *Einzelteile* erklärt werden, unbesehen der *Wechselwirkung* der Teile miteinander. Methodisch entspricht diesem Grundgedanken des Strukturalismus die Auf-
25 fassung, die eigentlichen Sprachelemente seien sogenannte ,,Oppositionen''. (Ein Beispiel aus der Lautlehre: Im Deutschen besteht eine Opposition zwischen den beiden Lauten r und l, nicht aber im Chinesischen: daher kann zwar im Deutschen, nicht aber im Chinesischen eine auf dieser Opposition beruhende Unterscheidung — etwa zwischen den beiden Worten ,,reiten'' und ,,leiten'' — gefunden werden; die r/l-Opposition ist kein Element
30 des Sprachsystems Chinesisch. Der Ausdruck ,,Opposition'' beschreibt also Relationen und erfüllt insofern die strukturalistische Forderung, die *Beziehungen* zwischen Sprachteilen zu berücksichtigen.)

Es ist deutlich, daß die antiatomistische Betrachtungsweise des Strukturalismus mit der althergebrachten Auffassung bricht, jedes Wort habe eine Bedeutung unabhängig von seinen
35 Beziehungen zu anderen Worten. Dieser Zug des Strukturalismus wird in den Vereinigten Staaten nun noch schärfer akzentuiert. Amerikanische Strukturalisten postulierten, Linguistik müsse ohne den Bedeutungsbegriff auskommen; Bedeutung, als das, was ein Sprecher meine, sei ohnehin in dessen Geist verborgen und dem Hörer unerreichbar, oder gar, es existiere gar nicht. Eine solche Auffassung — wissenschaftlich erfaßbar sei nur das äu-
40 ßerlich Beobachtbare, demgegenüber lasse sich über das Seelenleben nur spekulieren —

---

1 Grimm: s. Quellennachweis.
2 Humboldt: s. Quellennachweis.
3 de Saussure: s. Quellennachweis.

wird allgemein als „Behaviorismus" bezeichnet. Im Widerstreit zu dieser besonderen, behavioristischen Version des Strukturalismus entwickelte sich die jüngste sprachwissenschaftliche Forschungsrichtung, Noam Chomskys[4] „Generative Grammatik". Chomsky beansprucht mit seiner Theorie gerade, die „Kompetenz" eines Sprechers, dessen Fähigkeit, Sätze zu bilden, zu beschreiben. Sprachliche Kompetenz ist dem Menschen aber nicht äußerlich ablesbar. Daß dies Gegenstand der Sprachwissenschaft sein könnte, wurde vom Behaviorismus abgelehnt. Chomskys Ansatz ist daher eher mit traditionellen sprachwissenschaftlichen Sichtweisen vergleichbar; so hatte schon W. v. Humboldt betont, Sprache sei ein kreativer Vorgang, und auch dies heißt, ein Vorgang, dessen Beschreibung es erfordert, über den äußerlich beobachtbaren Aspekt hinauszugreifen.

In der Generativen Grammatik wird mit einer Reihe von Regeln aus einer „Tiefenstruktur" eine „Oberflächenstruktur" erzeugt. Die beiden Sätze „T. raucht eine Zigarette" und „Eine Zigarette wird von T. geraucht" gehören zur Oberflächenstruktur und sind auf dieser Ebene struktural verschieden. Als einmal aktiver, einmal passiver Ausdruck desselben Geschehens liegt ihnen jedoch dieselbe Tiefenstruktur zugrunde. Nach Chomsky beherrscht ein „kompetenter" Sprecher eben jene Regeln, mit deren Hilfe die Transformationen aus der Tiefenstruktur in die Oberflächenstruktur vollzogen werden. Grammatik ist also die Theorie jener Regeln, die ein Sprecher beherrschen muß, um alle diejenigen Sätze hervorbringen zu können, die in einer Sprache erzeugbar sind.

Sprachwissenschaft hat es also immer mit *Sprache um ihrer selbst willen* zu tun. Dies gilt auch für die einleitend beschriebene historisch orientierte Sprachwissenschaft: die Geschichte einer Sprache aufzuzeichnen ist *auch* ein Versuch zu erklären, warum die betreffende Sprache so, und nicht anders ist.

Hingegen befaßt sich die *Sprachphilosophie* nicht mit Sprache um ihrer selbst willen. Sie hat es vielmehr mit philosophischen Problemen zu tun, deren Wurzeln oder Lösungen sie im Sprachlichen sieht.

Die *erste* hier zu charakterisierende philosophische Sichtweise sei als „Philosophie der idealen Sprache" bezeichnet. Ihr zufolge ist die Alltagssprache vage, sie muß daher präzisiert und korrigiert werden. Bacon[5], Leibniz[6], Frege[7], Russel[8] und Wittgenstein[9] (in seinem „Tractatus logicophilosophicus") haben philosophische Programme in diesem Sinne ent-

---

4 Chomsky: s. Quellennachweis.
5 Francis Bacon, 1561 - 1626, englischer Philosoph des Empirismus, beschreibt Induktion und Experiment als wesentliche Methoden; versucht über die Naturkenntnis zur Naturbeherrschung zu kommen; bekannter Ausspruch: Wissen ist Macht.
6 Leibniz: s. Quellennachweis.
7 Gottlob Frege (1848 - 1925), deutscher Mathematiker, Logiker und Philosoph, beschäftigt sich mit Grundlagenfragen der Mathematik, insbesondere mit einer exakten Bestimmung auf die Logik zurückzuführen. Dazu entwickelte er ein abstraktes Zeichensystem für die Logik, um so die klassische Logik zu formalisieren,, d.h. in ein Mathematik ähnliches System von Zeichen und Formeln zu verwandeln, in dem die gewöhnliche Sprache kaum noch gebraucht wird. Sein Werk blieb, obwohl bahnbrechend für die moderne Logik, viele Jahre völlig unbeachtet.
8 Bertrand Russell, 1872 - 1970, Earl, engl. Mathematiker, Logiker, Philosoph; auch stark engagiert an gesellschaftlichen und politischen Problemen. Entwickelte die Ideen Freges (s. oben, Anm. 7) weiter und baute die Formalisierung der Logik aus, jedoch unter Verwendung des Zeichensystems des italienischen Mathematiker Giuseppe Peano; seine Forschungsergebnisse veröffentlichte er zusammen mit dem englischen Mathematiker und Philosophen Alfred North Whitehead (1861 - 1947) in dem Werk „Principia Mathematica" (1910), welches grundlegend wurde für die ganze moderne Logik. Er beeinflußte auch das Werk des frühen Wittgenstein (s.T. 40), der seine Ideen mit Russell häufig diskutierte.
9 Wittgenstein: s. Quellennachweis.

worfen oder bereits Entwürfe solcher präziser Sprachen konzipiert. Der Gedanke selbst ist jedoch älteren Ursprungs: in den meisten Philosophien findet sich — im Zusammenhang mit einem zu lösenden Problem — der Hinweis, *hier* habe man sich bisher ungenau ausgedrückt, *eigentlich* exakt sei nur die Ausdrucksweise „so-und-so ...".

5 In dieser Tradition der Korrektur oder Präzisierung der Alltagssprache steht im 20. Jahrhundert besonders die Philosophie des sogenannten „Wiener Kreises" (R. Carnap[10] u.a.); das Hauptanliegen der diesem Kreis angehörenden Philosophen war eben die Konstruktion einer Kunstsprache, die — insbesondere in den Wissenschaften — den Platz der als ungenau empfundenen Alltagssprache einnehmen sollte. — Einer *zweiten* Sichtweise zu-
10 folge ist die Alltagssprache keineswegs vage oder ungenau, sondern durchaus hinlänglich, wenn sie unter normalen Umständen gebraucht wird. Außerhalb dieser normalen Umstände kann aber eine oberflächliche Betrachtungsweise der Sprache und bestimmter Redewendungen dazu verleiten, falsche Analogien herzustellen, falsche Annahmen aufzustellen, kurz, die Alltagssprache mißzuverstehen. Wir geraten auf diese Weise in
15 Verwirrung und ins Philosophieren; der zweiten Sichtweise zufolge stellt jedoch die Konstruktion einer Kunstsprache nur einen scheinbaren Ausweg aus solchen philosophischen Verwirrungen dar.

L. Wittgenstein, dessen Spätphilosophie diese Sichtweise entstammt, fordert vielmehr eine genauere, tiefergehende Analyse des tatsächlichen Funktionierens unserer alltäglichen
20 Sprache. Wittgenstein fand mit dieser Auffassung zuerst im angelsächsischen Raum Anhänger (G. Ryle, J.L. Austin u.a.[11]).

Beide sprachphilosophischen Ansätze seien hier an ein und demselben Beispiel veranschaulicht.

In seinen „Konfessionen" (XI. Buch) steht Augustinus[12] vor dem Problem der Zeitmes-
25 sung. Augustinus bemerkt, wir seien in unserer Ausdrucksweise zu ungenau; so sei es etwa eine „mißbräuchliche Gewohnheit" zu sagen, es gebe drei Zeiten, nämlich Vergangenheit, Gegenwart und Zukunft. Denn die Vergangenheit sei schon verflossen, also sei sie nicht, die Zukunft aber sei noch nicht da, also sei auch sie nicht; zwischen Vergangenheit und Zukunft aber verschwinde die Gegenwart und könne daher nicht bestimmt werden; nicht ein-
30 mal von der Gegenwart also dürfe *gesagt werden, daß sie sei.*

Augustinus schlägt daher eine genauere Ausdrucksweise vor. Richtig müsse man sagen, so fährt er fort, es gebe diese drei Zeiten nur in unserer Seele, und zwar als Erinnerung, Anschauung und Erwartung. Nur dort nämlich seien sie uns *gegenwärtig;* da aber nur Gegenwärtiges gemessen werden könne, sei nur in unserer Seele Zeit als Eindruck meßbar. Dieser
35 Vorschlag des Augustinus entspricht der oben vorgestellten ersten Sichtweise; die Alltagssprache sei es, so Augustinus, die uns vorgaukle, es gebe drei Zeiten; um diesen Anschein zu vermeiden, müsse die Wendung „ Es gibt Vergangenheit, Gegenwart und Zukunft" aus der Alltagssprache eliminiert und durch die andere „Es gibt Erinnerung, Anschauung und Erwartung" ersetzt werden.

---

10 Carnap: s. Quellennachweis.

11 Ryle, Austin: s. Quellennachweis.

12 Aurelius Augustinus (354 - 430), Kirchenvater, dessen Lehren grundlegend wurden für die katholische Theologie, Ethik und Gesellschaftslehre. Seine philosophischen Überlegungen dienten der Begründung dieser Lehren, so zum Beispiel seine Überlegungen zum Zeitproblem der Begründung der These, daß Gott außerhalb dieser Welt ist und keiner historischen Entwicklung unterworfen ist und somit die Welt aus dem Nichts schaffen konnte.

Mit diesem Problem des Augustinus beschäftigt sich L. Wittgenstein in seinem sogenannten „Blue Book". Zunächst bemerkt er, dies sei kein Problem, das uns im Alltag beunruhige. Dort gehen wir ohne Schwierigkeiten mit Uhren um, richten uns nach dem Sonnenstand usw. Das Problem des Augustinus müsse also von besonderer Art sein. Zwar sei es richtig, so Wittgenstein, daß wir in der Alltagssprache vom „Zeitfluß" sprechen, von der „noch nicht gekommenen Zeit", oder davon, daß „Zeit vergehe"; und solch ein Sprachgebrauch zwinge uns unwiderstehlich ein Bild auf, als ob Zeit *wirklich* ein Fluß sei; nur in diesem Falle aber, so schließt Wittgenstein, stünden wir vor dem Problem, wie dieser besondere Fluß, dessen Quellen und Mündung uns immer unerreichbar bleiben, zu messen sei. Augustinus schlägt also vor, wie dies der ersten Sichtweise entspricht, gewisse Redewendungen aus der Alltagssprache auszumerzen, und uns, seinem Lösungsvorschlag folgend, philosophisch exakter auszudrücken. Hingegen zeigt Wittgenstein, daß das Problem des Augustinus auf einem Mißverständnis beruht, und zwar auf der überzogenen Analogie zwischen dem Gebrauch der Ausdrücke „Zeit" und „Fluß". Dann hilft aber keine Präzisierung, sondern nur eine übersichtliche Darstellung, wie denn tatsächlich diese beiden Ausdrücke verwandt werden: die Analogie reicht eben in der Alltagssprache nur bis zu einem gewissen Punkt. Beiden Sichtweisen bleibt dennoch gemeinsam, daß sie es mit philosophischen Problemen zu tun haben, deren Lösung im Sprachlichen gesehen werden. Die von der ersten Sichtweise geforderte Präzisierung soll (im Falle unseres Beispiels) zeigen, wie es möglich ist, daß wir Zeit messen. Die genaue Analyse der Alltagssprache, die Wittgenstein verlangt, zeigt hingegen, daß bereits diese philosophische Fragestellung des Augustinus auf einem Mißverständnis unserer Sprache beruht.

Sprachwissenschaft hat also Sprache zum Gegenstand; es ist ihr um eine vollständige Beschreibung und Erklärung ausschließlich dieses Gegenstandes zu tun. Für Sprachphilosophie hingegen, so mag man nun sagen, hat Sprachbetrachtung nur dienende Funktionen: die Philosophie bleibt auch als Sprachphilosophie primär der Beantwortung der von ihr selbst gestellten Fragen verpflichtet.

9. Beispiele der Sprachforschung

a) Sprachgeschichte

LUTZ MACKENSEN

Das Wort „Freiheit"

Politik muß, das zeigen die Beispiele, Vokabeln mitbenutzen, die sie nicht für ihre Zwecke geprägt hat, die eine lange Geschichte und in ihr eine Fracht von Nebentönen aufgeladen haben, die sich nicht abschätzen läßt. Da wachsen in den Wörtern Affektnischen, die, wenn man sie listig seinen Zwecken einbaut, Manipulierungen Ansatz geben können; übersieht man sie achtlos, bringen sie unvermerkt Zündstoff ins Getriebe.

Die Unterschwelligkeit der alten Vokabeln wird durch ihren Abstraktionsgrad verstärkt. Nehmen wir die *Freiheit!* In dem Wort west nach wie vor ein Hauch seiner Herkunft. *Frei* war im germanischen Altertum der Mann, der — im Gegensatz zum Sklaven — mit *freiem Hals* umherging (noch mittelhochdeutsch *frîhals* = der Freie). Aus einer Zustandsbe-
5 schreibung *(Freihalsigkeit)* wird die Eigenschaft der *Freiheit* abstrahiert; das Adjektiv *frei* mutet wie eine Kürzung einer Art pars pro toto an. Ist einmal der *Freihalsige* der *Freie* schlechthin, kann jeder als *frei* gelten, der diese Voraussetzung erfüllt, die Verwandten, die gleichberechtigten Landsleute und Stammesgenossen. Ohne den Sklavenring, das hieß (und diesen Nebenton lieferte das Mittelalter mit seinen Versuchen, die neuen Städte und
10 die alten Hoheitsbereiche rechtlich zu ordnen): vor andern bevorrechtet, *privilegiert* sein; daher konnte auch ein Ort sich *Freiheit* nennen, der von bestimmten Lasten und Auflagen ausgenommen war, oder ein Bezirk, in dem das Recht nicht vollzogen, der Flüchtling nicht verhaftet werden konnte, ein *Asyl,* an dessen Grenzen die Gewalt der Mächtigen endete. *Freiherr* hieß schon im Mittelalter der Edelmann, der — anders als die Ministerialen — in
15 keinem Dienstverhältnis stand; so war ein *Freigeist* einer, der sich in keine Konfession fügen wollte (16. Jahrhundert), aber ein *Freibeuter* hieß ein Kerl, der Beute machte, wann es ihm paßte, ein Plünderer oder Seeräuber. Dann steuerte der *Freimut,* die Unbekümmertheit der Aussage (schon mittelhochdeutsch *vrîmuot*) der *Freiheit* die Anmut der Ungezwungenheit bei *(sich die Freiheit nehmen; ich bin so frei);* das geschah noch im 18. Jahr-
20 hundert, zur gleichen Zeit, in dem aus England der *Freimaurer (free-mason)* und der *Freidenker (free-thinker)* gekommen waren und dem Freisein die Kategorien des Denkens und der Gesinnung beigesteuert hatten. Das war etwas anderes als Luthers *Freiheit eines Christenmenschen,* anderes, als die evangelische *fryhait des gewissens* oder die schwärmenden, religionsverachtenden *freien geister* gewollt hatten: der Rechtsbegriff stieg über die Stufe
25 des Gewissens (Luther) in die Klarheit des Verstandes.
Man muß sich diese drei Ränge *(Freiheit von etwas / Freiheit zu etwas / Gedankenfreiheit)* vergegenwärtigen, um ahnen zu können, was uns mit dem Einbruch der französischen *liberté,* nach der Revolution, geschah. Rousseau hatte die *Freiheit (liberté)* als Teil der menschlichen Natur gesehen, als etwas, was nicht durch Befreiung erworben werden muß-
30 te, sondern was von je da war, ein Attribut des Menschen, nicht, wie Kant gelehrt hatte, ihr ‚großer Hang‘, nicht seine Sehnsucht, sondern ein Teil des Menschen. Das war die *Freiheit* der Revolutionäre von 1789; sie erkannten alsbald, daß es nicht nur die Aufgabe ihres Aufstandes sei, ein Kernstück des Menschen vor der Verkümmerung zu retten, sondern ihm seine gesellschaftliche Würde zu geben. In der „Erklärung der Menschenrechte" von 1791
35 definierten sie, im vierten Artikel, das durch eine Beschreibung: „Die *Freiheit* besteht darin, alles tun zu können, was keinem andern schadet." Aber schon kurz darauf klagte André Chenier, der gern ein Revolutionär und gleichzeitig ein Verteidiger Ludwigs XVI. gewesen wäre, auf dem Schafott: „Welche Verbrechen begeht man in deinem Namen, *Freiheit!"* (1794), und wieder einige Jahre später, 1799, heißt es im Vorwort zum ‚Wörterbuch
40 der französischen Revolutionssprache‘, *Freiheit* sei eines der afterphilosophischen Zauberworte, um derentwillen „Millionen von Menschen ... Leben und Eigenthum" verlieren. Das freilich ist eine unbedachte, eine ungerechte Beschuldigung. Aber sie wirft ein erstes Irrlicht auf die Wirrnis, die damals hierzulande herrschte. Es ist hier nicht der Ort, aufzuzeigen, wie verschieden die Fracht der *liberté* von der Fracht der *Freiheit* war; es genügt,

auf die Unterschiede hinzuweisen und anzudeuten, wie schwer es fallen mußte, sie miteinander zu verschmelzen. *Freiheit* war für den Deutschen, wie immer er sie begreifen wollte,
das Ergebnis einer Befreiung, also eines Aktes, für den Franzosen — und so lehrten es die
Apostel der Revolution — ein Zustand der Natur. Das war für die Deutschen das Neue, eine Art Offenbarung; Heine hatte so Unrecht nicht, sie als ‚eine neue Religion, die Religion
unserer Zeit' zu erklären. Aber die französische Definition löschte, was vorher bei uns gewachsen war, nicht aus, und nun stand alles nebeneinander, die *Freigebigkeit,* das heißt eine gewisse unbekümmerte Großzügigkeit im Schenken, und das *Freikorps,* das heißt eine
Gruppe militärisch organisierter und vorgehender Männer, die nicht im Verband der Armee handeln (so schon um die Mitte des 18. Jahrhunderts; später auch: *Freischar);* der
Freihafen, d. h. ein zoll*freier* Hafenbezirk, und der *Freihandel,* d. h. ein Wirtschaftsgeba-
ren ohne staatliche Beschränkungen; später die *Freilampe* am Taxi als Zeichen, daß es z. Z.
niemand nutzt, und der *Freischwimmer,* der in einer Prüfung seine Fähigkeiten nachge-
wiesen hat; der *Freistaat,* eine Republik, und das *Freiwild,* das schutzlos allen Angriffen
ausgesetzt ist. Und über allem die *Freiheit,* ein Regenbogen, der sich von der Uner-
schrockenheit der Persönlichkeit bis zur Zügellosigkeit des Sklaven spannt. Er langt bis in
den politischen Bereich, und dort ist er als ein unbewältigtes Erbe der Revolution ständige
Aufgabe und unablässiges Ärgernis. Man muß wissen, zu welcher *Freiheit* man strebt, einer Befreiung (im alten deutschen Sinn) oder der Anerkennung eines natürlichen Zustandes (im Sinne der Revolution). Das geht hin und her, für viele unbewußt, für andere eine
erwünschte Gelegenheit zum Jonglieren. Wer unsere *freie Gesellschaft* rühmt, lobt sie, weil
alle in ihr das Anrecht haben, eine Menge von Privilegien zu nutzen; aber eine *freie Wirt-
schaft* ist nur für wenige frei, für alle übrigen nicht. *Freiheit* hat, das ist deutlich, viele Grade, und sie kann verschieden definiert werden; sie gehört in der Tat — wie Martin Walser
einmal äußerte — zu den ‚geräumigen Worten', in denen ‚mehr Platz als Inhalt ist'. Das
Wort bedürfte bei jeder Benutzung der Erklärung, was mit ihm ‚gemeint' ist. Außerhalb
der Politik erübrigt der Sinnzusammenhang beständige Definitionen; augenscheinlich
aber ist der Kontext politischer Äußerungen nicht so eindeutig, daß auf sie verzichten
könnte, wem es ernst um die Sache ist. Aber vielleicht geht es dem, der Affektnischen alter
Vokabeln für seine Zwecke nutzt, um anderes, als sein Publikum annimmt. M. a. W.: Der
Betroffene ordnet das Wort, das er hört oder liest, anders ein, als der, der ihn treffen will.
Wenn dieser Fehlschluß eingeplant war, liegt eine gewiegte Manipulation vor: der Manipu-
lant rechnet sich die Wahrscheinlichkeit, mißverstanden zu werden, als Erfolgschance aus.
Wenn *Freiheit* auf so viele verschiedene Dinge bezogen werden kann, darf angenommen
werden, daß ihr nur eine Minderheit der Angesprochenen den gleichen Stellenwert gibt wie
der Ansprechende. Wäre die herrschende Sprache wirklich schlechthin die Sprache der
Herrschenden, gäbe es diese listige Wahrscheinlichkeitsrechnung mit den Affektnischen
nicht. Auch die ‚Herrschenden' (und wer könnte sich ein für allemal so nennen lassen —?)
sprechen mit alten Wörtern, und die sind immer voller Nebentöne. Mit ihnen kann man
nicht schlechtweg ‚herrschen'. Aber man kann versuchen, mit der Verwirrung, die sie ermöglichen, Bauernfängerei zu treiben. Dagegen ist nur das Kraut unablässiger Definitionen gewachsen. Aber niemand kann diese Medizin ein für allemal verordnen.

31

b) Sprachpsychologie

JEAN PIAGET

Die „Warum"-Fragen des Kindes

Die Frage der kindlichen ‚warum' ist komplexer, als sie auf den ersten Blick aussieht. Wie man weiß, erscheinen die ‚warum' ungefähr im Alter von 3 Jahren [...] und sind zwischen diesem Alter und 7 Jahren extrem häufig; sie sind charakteristisch für das, was man das zweite Fragealter des Kindes genannt hat. Das erste Fragealter wird durch Fragen charak-
5 terisiert, die Ort und Benennung betreffen, das zweite durch Fragen über Ursache und Zeit. Aber gerade die Fülle der ‚warum' führt uns zu der Annahme, daß sie eine Art Frage für alles, eine undifferenzierte Frage darstellen, die in Wirklichkeit mehrere verschiedenar- tige Bedeutungen hat. Stern[1] hat bemerkt, daß die ersten ‚warum' mehr affektiv als intel- lektuell sind, d. h. daß sie weniger eine echte Wißbegier manifestieren als die Enttäuschung
10 bezeugen, die durch das Fehlen eines gewünschten Gegenstandes oder das Nichteintreten eines erwarteten Ereignisses hervorrufen wird. Es bleibt aber noch die Frage, wie das Kind von dieser affektiven Wißbegier sozusagen zur allgemeiner Wißbegier und zu den an- spruchsvolleren Formen intellektuellen Interesses wie z. B. zur Untersuchung der Ursa- chen gelangt. Zwischen diesen beiden Extremen gibt es sicher eine Reihe von Nuancen, die
15 man klassifizieren müßte.
Oberflächlich betrachtet sieht es so aus, als verlange eine gewisse Kategorie von ‚warum' der Kinder als Antwort eine kausale Erklärung. Betrachten wir z. B. folgende Frage, eine der ersten eines 3 jährigen Jungen: *„Warum haben die Bäume Blätter?"* Würde diese Fra- ge von einem gebildeten oder ungebildeten Erwachsenen gestellt, wären mindestens zwei
20 verschiedene Antwortgruppen möglich, die einen wären finalistisch und würden mit ‚um' oder ‚damit' (‚pour') anfangen (‚um sie warm zu halten', ‚damit sie atmen können' usw.), die anderen wären kausale oder logische Antworten und würden mit ‚weil' (‚parce que') beginnen (‚weil sie von Pflanzen stammen, die Blätter haben', oder ‚weil alle Pflanzen Blätter haben'). Es ist also unmöglich, auf Anhieb zu erkennen, welche der beiden Nuan-
25 cen in der Frage des Kindes dominiert. Ja vielleicht verbirgt eine solche Frage eine Menge anderer Bedeutungen, die sich unserem Verstehen entziehen. Die Frage ist vielleicht rein verbal und manifestiert bloßes Erstaunen, ohne eine Antwort zu erwarten. Das ist tatsäch- lich oft der Fall bei den Kinderfragen, die an niemanden gerichtet und eigentlich nur eine Art sind, auf Umwegen etwas zu behaupten, ohne Widerspruch befürchten zu müssen. Es
30 kommt sehr oft vor, daß das Kind, wenn man mit der Antwort zögert, nicht abwartet und die Antwort selbst gibt. [...]
Vielleicht wollte das Kind, ohne sich eigentlich für den Baum zu interessieren, aus einem anthropomorphen Impuls heraus wissen, ‚wer die Blätter an die Bäume gemacht hat'. (Warum haben die Bäume Blätter? — Weil der liebe Gott sie gemacht hat.) Es mag sich
35 auch mit Fragen nach Zweck und Verwendbarkeit im Hinblick auf die Menschen beschäf-

1 William Stern, 1871 - 1938, Psychologe und Philosoph, Begründer der „differentiellen" Psychologie, d.i. des Zwei- ges der Psychologie, der sich mit den psychologischen Unterschieden zwischen Individuen und Gruppen von Indivi- duen beschäftigt (z.B. hinsichtlich der Intelligenz oder der Lernfähigkeit).

tigen (Warum ... usw.? — Damit es schön aussieht. Damit man darunter im Schatten stehen kann usw.) oder im Hinblick auf den Baum selber, welchem das Kind mehr oder weniger explizit Intentionen zuschreiben kann (weil er ... lieber hat usw.). Kurz, wenn man ein ‚warum' eines Kindes aus seinem Zusammenhang reißt, sind immer viele Auslegungen möglich. [...]

Die kindlichen ‚warum' lassen sich in drei große Gruppen einteilen, in die ‚Warum der *kausalen Erklärung* (einschließlich der *finalen* Erklärung), der *Motivation* und der *Begründung';* innerhalb dieser Gruppen lassen sich noch bestimmte Nuancen unterscheiden. Von einer gewissen Altersstufe ab (7 bis 8 Jahre und darüber) unterscheidet man auch die ‚Warum der *logischen Begründung'.* [...]

Das Wort *Erklärung* (explication) fassen wir in einem engen Sinne auf, im Sinne der kausalen oder finalen Erklärung. Das Wort ‚erklären' hat nämlich zwei Bedeutungen. In manchen Fällen bedeutet es: Eine ‚logische' Erklärung abgeben, d. h. das Unbekannte auf das Bekannte zurückführen, systematisch darlegen (eine Lektion, ein Theorem erklären). Die ‚warum', die sich auf die logische Erklärung beziehen (‚Warum ist 4,5 die Hälfte von 9?'), müssen in die Kategorie der ‚logischen Begründung' eingeordnet werden. In anderen Fällen dagegen bedeutet das Wort ‚erklären', die Ursachen eines Phänomens im Denken zu ergründen, handele es sich nun um bewirkende oder finale Ursachen, je nach dem, ob sie durch Naturerscheinungen oder durch Maschinen bedingt sind. Wir nehmen das Wort ‚Erklärung' allein in diesem zweiten Sinne. Die ‚Warum der kausalen Erklärung' werden wir also daran erkennen, daß sie eine Antwort erwarten, die den Begriff der Kausalität oder Zweckkausalität impliziert. Hier einige Beispiele, die wir bei Del[2] aufgezeichnet haben: *„Warum fällt das immer* (die Gegenstände)?" — *„Der Blitz ... Papa sagt, der entsteht ganz allein im Himmel. Warum* (geschieht es so)?" — *„Warum haben sie* (die jungen Ziegen) *denn keine* (Milch)?" — *„Warum ist es denn so schwer* (ein Zwei-Franc-Stück)?"

Wir nennen *Motivation* die Form der Erklärung, die kein materielles Phänomen wie in der vorigen Kategorie erklärt, sondern eine Handlung oder einen psychologischen Zustand. Das Kind sucht hier keine eigentlich materielle Ursache, sondern die Absicht, das Motiv, das die Handlung gelenkt hat, manchmal auch die psychologische Ursache. Es gibt unzählige ‚Warum der Motivation' und sie sind leicht zu klassifizieren: *„Gehen Sie weg? Warum?"* — *„Warum fängt man immer mit dem Lesen an?"* — *„Warum weiß Papa es nicht* (das Datum)? *Er ist doch ein großer Mann."*

Schließlich wollen wir ‚Warum der Begründung' jene ‚warum' nennen, die sich auf ein Motiv besonderer Art beziehen, nämlich nicht mehr auf das Motiv irgendeiner Handlung, sondern einer Regel: „Warum muß man... usw.?" Diese ‚warum' kommen [...] so häufig vor, daß eine eigens dafür eingerichtete Kategorie gerechtfertigt ist. Die Wißbegier des Kindes erstreckt sich nämlich nicht nur auf die materiellen Gegenstände und auf die Handlungen der Menschen, sie betrifft auch systematisch die Gesamtheit der Regeln, die zu beachten sind, Regeln der Sprache, der Rechtschreibung, manchmal auch des Benehmens, die das Kind erstaunen lassen und von denen es das Warum wissen möchte. Manchmal möchte es wissen, woher sie kommen, d. h. es möchte die Absicht der ‚Leute' kennenlernen, die bestimmt haben, daß es so sein müsse; in anderen Fällen denkt es über ihren Zweck nach.

2 Abkürzung des Vornamens von Piagets Versuchsperson.

Dieselbe Frage ‚warum...?' verwirrt die zwei verschiedenen Bedeutungen. Hier liegt eine Gruppe von Interessen vor, die man unter dem Wort ‚Begründung' zusammenfassen kann; diese Gruppe unterscheidet sich vom Interesse an der einfachen psychologischen Motivation. Hier einige Beispiele dafür, die nicht alle gleich deutlich sind: *„Warum nicht*
5 *mit ‚an'* (bezieht sich auf die Rechtschreibung eines Wortes)? *Man kann ja nie wissen, wann man ‚an' und wann man ‚en' schreiben muß." — „Warum nicht mit ‚in'* (bei ‚*Alain'*)? *Wer hat es verboten, die Leute in Paris?" — „Warum sagt man ‚verlegt', heißt das ‚verloren'?" — „Schwarzer Kaffe, warum schwarz? Der Kaffee ist immer schwarz..."*

c) Sprachsoziologie

CARL FRIEDRICH GRAUMANN

Sprache als Merkmal von Gruppenzugehörigkeit und sozialer Schicht

Was den Sozialpsychologen am Phänomen des Dialekts bzw. der dialektal eingefärbten
10 Umgangssprache fasziniert ist die unterschiedliche Valenz bzw. Präferenz, die dem einzelnen Dialekt innerhalb einer Sprachgemeinschaft zukommt. Schon die Dialektfärbung kann, vor allem wenn sie in offiziellen Reden (z. B. Konrad Adenauers und Walter Ulbrichts) nicht unterdrückt werden kann oder soll, im Hörer sehr verschiedene Anmutungen auslösen.
15 Selbst wenn jeder von uns genügend Gegenbeispiele bei der Hand hat — die Neigung besteht, solche regionalen Merkmale der Aussprache mit sog. Stammesmerkmalen, eher aber noch mit sozialen Stereotypen zu verbinden. Der Sprecher, was immer er sagt, wird aufgrund seiner Aussprache genommen und evtl. beurteilt als Vertreter seiner ‚Gruppe', wenn man die Rheinländer, die Bayern, die Sachsen als Stammes- oder landschaftliche Gruppen
20 bezeichnen kann. Die Sprache, hier vielleicht nur die Aussprache, wird zum Merkmal einer Zugehörigkeit. Unversehens werden dann dem Merkmalsträger auch die Eigenschaften zugeschrieben, die man der Gruppe oder Klasse zuschreibt, für die er nun steht. Welche sozialpsychologischen Trugschlüsse man damit begeht, könnte bereits das Beispiel der ‚typischen' Aussprache zeigen. Welchen Wert hat überhaupt der Singular ‚der Rheinländer',
25 wenn man weiß, wie sehr sich Kölner, Aachener und Düsseldorfer untereinander, wie sehr sich diese — und das nicht nur zur Fastnachtszeit — vom Mainzer unterscheiden und zu unterscheiden wünschen? [...]
Hier ist nicht der Ort zu definieren, was ‚bayerisch' oder was ‚deutsch' heißt. Aber es gilt, eine sozialpsychologisch wichtige Funktion der Sprache festzuhalten, nämlich Merkmal,
30 Kennzeichen zu sein für die Zugehörigkeit zu wirklichen oder vermeintlichen ethnischen oder soziale Einheiten. Über Jahrtausende hinweg diente in kritischen Zeiten die Aussprache als Test zur Unterscheidung von Freund und Feind. So berichtet das *Alte Testament* (Richter 12, 4-6):

„Und die Gileaditer nahmen ein die Furten des Jordans vor Ephraim. Wenn nun sprachen
35 die Flüchtlinge Ephraims: Laß mich hinübergehen, so sprachen die Männer von Gilead zu

34

ihm: Bist du ein Ephraimiter? Wenn er dann antwortete: Nein, so hießen sie ihn sprechen: Schiboleth; so sprach er: Siboleth, und konnte es nicht recht reden; alsdann griffen sie ihn und schlugen ihn an den Furten des Jordans, daß zu der Zeit von Ephraim fielen 42 000."

Das, was andere als ein mehr oder minder untrügliches Kennzeichen meiner Zugehörigkeit zu einem Volk, einer ethnischen oder sozialen Gruppe nehmen, kann ich dann selbst, nämlich wenn es mir oder meinesgleichen nützt, wie ein Abzeichen benützen. Mit der bewußten Wahl einer mit wie ein Register zur Verfügung stehenden Sprache oder Aussprache bekenne ich mich zu einer Zugehörigkeit. So mag mancher Politiker im Hinblick auf seine Wähler sein landschaftlich gefärbtes Deutsch bewußt kultivieren; ein hohes oder akzentfreies Deutsch möchte ihn der emotionalen Gunst der Wählermassen entfremden. Wer allerdings noch in seinem Englisch verrät, aus welchem Teil z. B. Bayerns er stammt, hat diese Wahl der Register nicht.

Sprache in Hinblick auf Adressaten zu modifizieren, stößt allerdings gelegentlich an die Grenze der Albernheit. So korrumpieren manche Deutsche ihre eigene Sprache gegenüber radebrechenden Ausländern in einem falsch verstandenen und unsinnigen Annäherungsmanöver:

„Du nix verstehen. Nix capisco. So nix gutt. Du machen kaputt." Man kann die Glosse, die einmal in der *Zeit* zu lesen war, gut verstehen, wonach ein Gastarbeiter sich darüber verwundert, daß die meisten Deutschen, mit denen er sich unterhielt, ihrer eigenen Sprache nicht mächtig waren.

Ein ähnliches Manöver ist die international verbreitete Tantensprache des ‚baby-talk‘, eine mit vielen Diminutiven, ei-ei, da-da und Schnalzlauten durchsetzte Pseudo-Kindersprache Erwachsener. Uns ist nicht bekannt, ob kleine Kinder sich über derartige Albernheiten verwundern. Wir wissen allerdings zu unserem Trost aus Untersuchungen der Entwicklungspsycholinguistik über Sprachkorrekturversuche von Erwachsenen, daß der Schaden gering sein dürfte. Die Baby-Sprache von Erwachsenen hat uns auf eine weitere Sprachdifferenz gestoßen; denn *baby-talk* ist ja der Versuch von Erwachsenen, sich der Kindersprache anzunähern. [...]

Auch diese Differenz zwischen Erwachsenen- und Kindersprache kann Barriere werden, erwünschte wie unerwünschte. Erwünscht, wenn Eltern sich in Gegenwart ihres Kindes über Dinge unterhalten, die sie ihm gleichwohl in der Annahme vorenthalten, es verstehe sowieso nichts davon. Umgekehrt steht mancher Erwachsene (und mit ihm mancher Psycholinguist) ratlos vor sprachlichen Äußerungen kleinerer Kinder.

Wiederum kann Kindersprache ab einem bestimmten Alter auch als Mittel zum Zweck eingesetzt werden. So fängt manches Kind, das der Kleinkindersprache bereits entwachsen ist, in bestimmten Situationen wieder an, wie ein Kleines zu reden; etwa wenn ein Geschwisterchen angekommen ist. Die Funktion dieser sprachlichen Regression liegt auf der Hand: wieder ganz klein sein und so die volle Zuwendung der Mutter wiedergewinnen wollen.

Manche weiblichen Wesen erhalten sich dieses Baby-Register zu ähnlichen Zwecken bis in die sog. reiferen Jahre. Zwar kann man auch hier die Wahl eines bestimmten Registers als Merkmal für eine gewollte Zugehörigkeit, etwa zu ‚den Kleinen‘, auffassen. Wesentlicher dürfte jedoch hier Sprache als Ausdruck bzw. als Darstellung einer bestimmten Verfassung zu verstehen sein, zugleich Appell an andere, sich entsprechend zu verhalten. Anknüpfend

an die Kindersprache entwickeln manche Familien Idiolekte, d. h. eine Art *Sondersprache,* die nur im Kreis der Familie gesprochen wird. Hier, noch deutlicher aber bei Sondersprachen, die sich in außerfamiliären Gruppen wie Zünften, Korporationen, Polit-Gruppen, unter Schülern und Soldaten, herausbildeten, wird die soziale Doppelfunktion des sprach
5 lichen Merkmals erkennbar. Abgrenzung nach außen, vor allem gegenüber anderen Gruppen, und Erkennungszeichen gegenüber Zugehörigen zu sein. Die Abgrenzung nach außen kann auch eine Schutzfunktion übernehmen, vor allem wenn mit Hilfe einer esoterischen Sprache Vorgänge kaschiert werden, die Außenstehenden verborgen bleiben sollen. [...]
Daß ich an der Art, wie einer spricht, ihn als Zugehörigen, als Mitglied, als Vertreter einer
10 Gruppe im weitesten Sinne erkenne und mich entsprechend zu ihm verhalte, daß ich mich selbst, bewußt oder unbewußt, in meiner Redepraxis als so und so zugehörig zu erkennen gebe, zeigt nicht nur an. Es löst, was sozialpsychologisch entscheidender ist, beim Kommunikationspartner *Einstellungen* aus; das aber heißt immer auch positive oder negative Stellungnahmen. Sprachen sind in der Sicht der Anderssprachigen nicht gleichwertig, sondern
15 auch in ihrer Wertigkeit, ihrem Sympathiegrad differenziert. Dem Griechen war jede nichtgriechische Sprache ,barbarisch'; dem Deutschen klingt Italienisch schöner als z. B. Tschechisch, der sächsische Dialekt komischer als Hamburger ,Platt'. Und manche ,volkstümliche' Redeweise gilt andernorts als ,ordinär' oder ,vulgär'. Obgleich diese beiden Begriffe im Grund nur soviel wie ,regelrecht' bzw. ,volkstümlich' meinen, ist der Bedeu
20 tungswandel eindeutig zum Negativen, Abgewerteten erfolgt.
Wir stoßen hiermit auf eine besonders wichtige Differenzierung, die zwischen höherer und niederer Sprache im Sinne sozialer Schichtung. Hier hat [...] der Begriff der *Sprachbarriere* seine engere Bedeutung.
Das Problem, das sich oft unter diesem Stich- und Schlagwort verbirgt, betrifft ganz allge
25 mein die *Beziehung zwischen sozialer Lage und sprachlichem Niveau.* Speziell wird oft von einem schichtspezifischen Sprachverhalten gesprochen. Dabei fassen einige Vertreter dieses Forschungsansatzes die Beziehung zwischen Schichtzugehörigkeit und Sprachgebrauch dann als eine zirkuläre Determination auf, wenn es sich um die soziale Unterschicht und den ihr zugeordneten Sprachgebrauch handelt:
30 Die Zugehörigkeit zur sozialen Unterschicht legt weitgehend eine bestimmte Redepraxis fest, die ihrerseits wieder ihren Benutzer an seine Schicht fesselt, indem sie seine Bildungs- und Aufstiegschancen behindert. Verständlich, daß eine derartige These zum Brennpunkt soziolinguistischer und bildungs-, ja gesellschaftspolitischer Kontroversen wurde. Sehen wir zu, welche Probleme sie aufwirft und welcher Forschungsstand ihr entspricht. Den An
35 stoß, die entscheidenden Grundbegriffe und theoretischen Annahmen gab diesem Forschungsansatz Basil Bernstein. Bernstein, seit 1962 Leiter der Soziologischen Forschungseinheit der Universität London, hat zusammen mit seinen Mitarbeitern Sprachstichproben von Schülern erhoben, deren Eltern teils der Arbeiterschicht (working class), teils der Mittelschicht (middle class) zuzurechnen waren. Aus diesen Sprachstichproben gewann Bern
40 stein zwei *Sprachtypen,* die er als Codes bezeichnete, und zwar den *elaborierten* und den *restringierten Code,* also eine eher differenzierte Sprechweise und eine eingeschränkte. Die eingeschränkte Sprechweise ist dadurch erkennbar, daß ihre lexikalischen wie — vor allem — syntaktischen Elemente hochgradig voraussagbar sind. In Reinform findet sich der restringierte Code etwa im liturgischen Wechselgesang, der im Grunde keine Überraschung

zuläßt; aber auch der Austausch von Konversationsfloskeln auf eine Cocktailparty kann — nach Bernstein — als solch ein hochgradig voraussagbarer Code angesehen werden. Individuelles, Persönliches kann innerhalb eines solchen Sprechstils nur ‚extraverbal‘ mitgeteilt werden: ‚durch Wechsel in der Betonung, Tonhöhe, (im) Sprachrhythmus, Gesichtsausdruck, Gestik‘ usw.

Wo aber liegen die sozialen Voraussetzungen für einen restringierten Code. Bernstein meint:

„Die allgemeinste Bedingung für das Hervortreten dieses Codes ist eine soziale Beziehung, die auf einer allgemeinen, ausgedehnten Reihe von weitgehend geteilten Übereinstimmungen und Erwartungen beruht, an denen die Mitglieder dieser sozialen Beziehung unbefragt festhalten. Daraus folgt, daß diese Sozialbeziehungen inklusiver Art sind. Die Sprache wird hier durch die gemeinsame kulturelle Identität gebrochen, die die Notwendigkeit, Absichten ausdrücklich zu verbalisieren, einschränkt, woraus dann folgt, daß die Struktur der Sprache vereinfacht und das Lexikon aus einem begrenzten Bereich bezogen wird. Der extraverbale Teil der Kommunikation wird zum hauptsächlichen Übermittler individueller Modifikationen und auf diese Weise auch individueller Unterschiede.“

Wie entsteht demgegenüber ein elaborierter Code, also eine Sprechweise, deren Lexikon und Syntax schwer vorauszusagen sind? Auch hierzu Bernstein selbst:

„Ein elaborierter Code…entsteht wahrscheinlich in einer sozialen Beziehung, die auf ihre Mitglieder Druck ausübt, aus ihren linguistischen Reserven ein verbales Arrangement auszuwählen das bestimmten Gegenständen genau angemessen ist. Diese Situation entsteht dann, wenn die Intention der anderen Person nicht als selbstverständlich vorausgesetzt werden kann, infolgedessen müssen die Bedeutungen erweitert und auf die Ebene *verbaler* Explikation gehoben werden…Die Vorbereitung und Übermittlung verhältnismäßig explizierter Inhalte ist die Hauptfunktion dieses Codes…Der Code fördert die verbale Übermittlung und Herausarbeitung der einzigartigen Erfahrung des Individuums.“

Sprachliche Kommunikation auf der Basis und im Rahmen *gemeinsamer* Überzeugungen und Erwartungen: das wäre also, pointiert gesagt, der restringierte Code; sprachliche Kommunikation zum Zwecke der Verdeutlichung *individueller* Absichten und Begründungen wäre wesentlich für den elaborierten Code.

Für uns ist wichtiger, was ‚Sprache im sozialen Kontext‘ bei Bernstein und seinen Nachfolgern heißt.

Für Bernstein sind die Codes linguistische Umsetzungen der Sinngehalte der Sozialstruktur. D. h., die Sozialstruktur entscheidet über die jeweiligen Formen der sozialen Bedingungen, die ihrerseits in entsprechenden linguistischen Codes ablaufen. Für die soziale Unterschicht etwa heißt das in den Worten von Bernstein:

„Wenn eine soziale Gruppe aufgrund ihrer Schichtzugehörigkeit — d. h. als Ergebnis ihrer gemeinsamen Berufstätigkeit und ihres Sozialstatus — eine stark solidarische Beziehung (communal bonds) entwickelt hat; wenn das Berufsleben dieser Gruppe wenig Abwechslung bietet und wenig Praxis im Fällen von Entscheidungen; wenn, um erfolgreicher zu sein, eine Bemühung eher kollektiv als individuell sein muß, wenn die Arbeit eher körperliche Manipulation und Kontrolle als symbolische Organisation und Kontrolle erfordert; wenn die am Arbeitsplatz reduzierte Autorität des Mannes sich zu Hause in eine entsprechend machtvolle Autorität verwandelt; wenn man zu Hause so eng beieinander wohnt, daß man sich gegenseitig Möglichkeiten beschneidet; wenn die Kinder sich gegenseitig in einer Umgebung sozialisieren, die wenig geistigen Anreiz bietet— wenn sich alle diese Merkmale in einer Umgebung finden, dann darf man annehmen, daß ein derartiges soziales Milieu eine ganz bestimmte Kommunikationsform hervorruft, die ihrerseits die geistige, soziale und emotionale Orientierung der Kinder prägt."

Für Bernstein und andere Soziolinguisten ist also die *Kommunikations-Struktur* das entscheidende und vermittelnde Glied zwischen der Sozialstruktur, so wie sie sich im Rollensystem von Familien spiegelt, und dem linguistischen Code. Die oben charakterisierte soziale Welt der englischen Unterschicht bietet eben nur eingeschränkte Kommunikationsmöglichkeiten. Sie sind schon am Arbeitsplatz mangels sprachlicher Anforderungen reduziert, in der Familie sind sie durch ein starres Rollengefüge beschränkt. Außerhalb reichen sie kaum über einen relativ festen Bestand von Freunden oder Kumpels hinaus. Entsprechend begrenzt ist das sprachliche Niveau.

Und letztlich ist es die Begrenztheit des sprachlichen Niveaus, die als ‚Sprachbarriere' fungiert. Barriere weniger zwischen den Schichten, als niedergelassen auf dem Weg zur höheren Bildung, vor allem am Zugang ‚Höhere Schule'. Doch spätestens hier bei der Frage der Bildungsbenachteiligung des ‚Arbeiterkindes' oder des ‚Unterschichtkindes' brechen die Kontroversen auf. Eingerahmt finden wir diese Auseinandersetzung in zwei einander widersprechende allgemeine Behauptungen. Die eine: Die kapitalistische Klassengesellschaft verwehrt dem Angehörigen der Arbeiterklasse den sozialen Aufstieg dadurch, daß sie in ihrem Schulsystem die Sprachbarriere zementiert. Die entgegengesetzte erklärt die Geschichte vom ‚benachteiligten Arbeiterkind' als ‚modernes Märchen'.

II WIE DIE SPRACHE AUSSIEHT — ABGRENZUNGEN UND UNTERSCHEIDUNGEN

Einführung

Nachdem im I. Kapitel einige grundsätzliche Bemerkungen über die Bedeutung der Sprache und über das Wort „Sprache" gemacht und schließlich die Thematik von Sprachphilosophie und Sprachwissenschaft, unter anderem anhand von Beispielen, umgrenzt wurde, sollen in diesem Kapitel ein paar wichtige und zum Teil berühmte Unterscheidungen, Abgrenzungen und Klassifikationen in Bezug auf die Sprache vorgestellt werden, um so einen vorläufigen Einblick in mögliche Strukturierungen dieses Phänomens zu gewähren. In Text 10 von Habermas werden Umgangssprache, Fachsprache, Wissenschaftssprache und Bildungssprache unterschieden und deren Verhältnis untereinander diskutiert. — Text 11 bringt Ferdinand de Saussures bekannte und in der Sprachwissenschaft folgenreiche Unterscheidung zwischen Sprache, Sprechen und menschlicher Rede, zwischen langue, parole und langage; dabei steht „langue"als soziales Produkt, als auf Konvention beruhendes Zeichensystem zwischen den Mitgliedern der Sprachgemeinschaft, im Mittelpunkt von de Saussures Sprachtheorie, welche auf dieser Dreiteilung aufbaut. „Parole" verhält sich zu „langue" wie Sprechen zu Sprache, wie Individuelles zu Sozialem, wie Beiläufiges zu Wesentlichem, doch sind „parole" und „langue" eng miteinander verbunden und bedingen einander. Dem Spracherwerb gehen zahlreiche Sprecherfahrungen voraus, insofern ist „parole" zeitlich früher da als „langue". „Langage" schließlich, gelegentlich übersetzt auch als „menschliche Sprach- und Sprechfähigkeit", von de Saussure nicht näher bestimmt, ist zu verstehen als höhere Einheit, welche die getrennten Phänomene „langue" und „parole" übergreifen und zusammenfassen soll. Der Unterscheidung zwischen langue und parole verwandt ist die ähnlich berühmte Unterscheidung Chomskys zwischen Sprachkompetenz des Sprecher-Hörers und Sprachperformanz (12, vgl. 35). — Eine weitere wichtige, aus der modernen Logik stammende Unterscheidung im Bereich der Semiotik, d. i. die allgemeine Theorie der Zeichen (abgeleitet vom griechischen „séma" = Zeichen), ist die Unterscheidung von Pragmatik, Semantik und logischer Syntax als drei verschiedener Komponenten bei der Verwendung von Sprache; eine recht anschauliche Darstellung dieser drei Komponenten gibt Text 13 von Carnap. Der folgende Text 14 (vgl. T. 47) von Weinrich versucht eine weitergehende Analyse der zweiten Komponente dieser Sprachbetrachtung, der Semantik (der Lehre von den Bedeutungen sprachlicher Ausdrücke). Es sei aber darauf hingewiesen, daß beide Beiträge nur zwei Meinungen in einer sehr differenzierten, von vielen Meinungen durchsetzten Diskussion der Zeichenlehre darstellen. Eine die Semantik betreffende, sie aber wesentlich verfeinernde und vertiefende Unterscheidung, die vor allem von dem sprachanalytischen Philosophen (s. Kap. VI) J. L. Austin ausging und dann vor allem von J. R. Searle in seiner Theorie der „Sprechakte" ausdifferenziert wurde, ist die Unterscheidung zwischen konstatierenden und performativen Äußerungen; bei Searle entsprechen den letzteren die „illokutionären" Sprechakte, welche *den* Teilakt bei einer Äußerung eines Satzes bezeichnen, der die Redeabsicht des Sprechers darstellt, also dasjenige, was der Sprecher meint oder worauf er hinaus will). Die Unterscheidung wird deutlich, wenn man bemerkt, daß man zwar wohl sagen kann: „Er versprach es zu tun, aber er tat es nicht", nicht aber (aufrichtig und mit Überzeugung) „Ich verspreche es zu tun, aber ich werde es nicht tun". Im ersten Fall wird „versprechen" konstatierend verwendet, im zweiten Fall, allerdings mißglückt, performativ; ein anderes Beispiel: man kann sagen „Ich glaubte fälschlich", nicht aber „Ich glaube fälschlich" (15; vgl. auch 12). — Text 16 betrifft die Unterscheidung zwischen natürlichen, lebendig gewachsenen Sprachen einerseits und Kunstsprachen andererseits, wie in diesem Text von Porzig *die* Kunstsprachen beschrieben werden, welche die internationale Verständigung erleichtern sollen; hinzuweisen ist in diesem Zusammenhang auch auf die vielen Kunstsprachen, die zum Beispiel die Wissenschaften aufbauen zum Zweck der präziseren und übersichtlicheren Darstellung ihrer Begriffe und Theorien, etwa die Zeichensysteme der Mathematik und der modernen Logik oder der Symbolismus der Chemie. — Schließlich wird durch Text 17 auf eine vieldiskutierte Unterscheidung aufmerksam gemacht, die in dieser Textsammlung häufig angesprochen wird (etwa T. 19, 20, 21, 27, 41 (§ 25)), nämlich die Unterscheidung zwischen Menschen- und Tiersprache; dabei steht die Frage nach den Unterscheidungskriterien im Mittelpunkt, insbesondere die Frage, zu welchen sprachlichen Leistungen Tiere (im Vergleich zum Menschen) *nur* fähig sind — bis hin zur extremen Position, daß Tiere eigentlich überhaupt keiner Sprache fähig seien (vgl. T. 2, 3, 25, 31, 32).

10. JÜRGEN HABERMAS

Umgangssprache, Fachsprache, Wissenschaftssprache, Bildungssprache

Lassen Sie mich zunächst die Ausdrücke Umgangssprache, Fachsprache, Wissenschafts-sprache und Bildungssprache erläutern. Unter *Umgangssprache* verstehen wir die Sprache, die der Angehörige einer Sprachgemeinschaft „im Alltag" benutzt. Mindestens *eine* natür-liche Sprache bildet die Umgebung, in der das Kind sprechen lernt. Die Umgangssprache
5 wird „naturwüchsig" gelernt. In dieser Hinsicht unterscheidet sie sich von Fachsprachen. Eine *Fachsprache* erwirbt man, indem man sich spezielle Kenntnisse aneignet, z. B. Be-rufskenntnisse: so haben die Bergleute, Jäger und Fischer, überhaupt Seeleute, natürlich auch Bauern und Handwerker einen Schatz von Fachworten angesammelt, für den sich die Sprachwissenschaft seit langem interessiert. Fachsprachen erlauben für spezielle Lebens-
10 bereiche eine größere Präzision der Rede; diese beruht aber nicht immer darauf, daß die Verwendung fachsprachlicher Ausdrücke explizit geregelt wird. In dieser Hinsicht unter-scheidet sich die *Wissenschaftssprache* von den übrigen Fachsprachen. Eine Wissen-schaftssprache muß sich für die Funktion der tatsachenfeststellenden Rede und speziell für die Prüfung von Aussagen eignen. Daraus erklärt sich ein hoher Grad der Normierung und
15 ein entsprechend kontextfreier Gebrauch der sprachlichen Ausdrücke sowie deren Einbet-tung in einen theoretischen Zusammenhang. Wissenschaftliche Termini belasten denjeni-gen, der sie verwendet, mit stärkeren Verteidigungspflichten; wer sie verwendet, erweckt beim Hörer bestimmte Begründungserwartungen.
Für die Wissenschaftstheorie ist das Verhältnis der Wissenschafts- zur Umgangssprache
20 von großem Interesse. Einerseits ist die Wissenschaftssprache von der Ursprungssprache abhängig. Wir müssen mindestens eine Umgangssprache beherrschen, bevor wir uns eine Wissenschaftssprache aneignen; denn kein Ausdruck einer Wissenschaftssprache wäre sinn-voll, wenn er nicht in *einigen* Kontexten durch umgangssprachliche Ausdrücke ersetzt wer-den könnte. Der methodische Aufbau einer mehr oder weniger streng normierten Sprache
25 erfordert eine andere Sprache, in der wir diese expliziten Regelungen vornehmen; wenn dieses wiederum eine normierte Sprache ist, ergibt sich hier dieselbe Forderung. Aber am Ende stoßen wir auf eine Sprache, die in ihren definierenden Teilen nicht explizit geregelt ist — eben auf die Umgangssprache. In einer anderen Hinsicht hängt freilich die Umgangs-sprache ihrerseits von Fach- und Wissenschaftssprachen ab. Denn Wissensfortschritte set-
30 zen sich im alltäglichen Bewußtsein dadurch fest, daß Termini (und in selteneren Fällen auch syntaktische Formen) aus einer Wissenschaftssprache in den natürlichen Sprachge-

40

brauch übernommen werden. So weiß man heute in der Regel, daß Walfische keine Fische sind: sie leben zwar im Wasser, atmen aber nicht mit Kiemen. Die Verwendungsregeln des Ausdrucks „Fisch" sind zunächst in der biologischen Fachsprache präzisiert und dann, trotz des Wortrelikts „Walfisch", auch in die Umgangssprache übernommen worden. Indem theoretische Begriffe in die Umgangssprache einwandern, tritt zwar ein Gewöh- 5
nungseffekt ein: die exakten Verwendungsregeln und der präzise begriffliche Kontext ge-
hen zum Teil wieder verloren; aber auch dann hinterläßt die wissenschaftssprachliche Re-
formation der Umgangssprache ihre Spuren. Einige Philosophen haben deshalb die Vorstellung entwickelt, daß nach und nach *alle* Bestandteile der Umgangssprache durch Elemente einer Wissenschaftssprache ersetzt werden könnten. Mit dieser Revolutionierung 10
der Umgangssprache würde am Ende auch der Alltag durch die theoretische Begrifflich-
keit der Wissenschaften strukturiert — der Lebenswelt würden alle Naivitäten abgestreift.
Diese Utopie hat für Wissenschaftstheoretiker einen gewissen Reiz, aber es besteht auf lange Sicht keine Aussicht, daß sie für das tägliche Leben aktuell werden könnte.
Uns interessiert, wie die Umgangssprache tatsächliche Elemente von Wissenschaftsspra- 15
chen absorbiert. Neben der Berufspraxis ist die Öffentlichkeit das andere große Einfalls-
tor, durch das wissenschaftliches Vokabular in das allgemeine Bewußtsein eindringt; und
darauf will ich mich konzentrieren.
In der Öffentlichkeit verständigt sich ein Publikum über Angelegenheiten allgemeinen Interesses. Dabei bedient es sich weitgehend der *Bildungssprache*. Die Bildungssprache ist die 20
Sprache, die überwiegend in den Massenmedien, in Fernsehen, Rundfunk, Tages- und
Wochenzeitungen benutzt wird. Sie unterscheidet sich von der Umgangssprache durch die
Disziplin des schriftlichen Ausdrucks und durch einen differenzierteren, Fachliches einbe-
ziehenden Wortschatz; andererseits unterscheidet sie sich von Fachsprachen dadurch, daß
sie grundsätzlich für alle offensteht, die sich mit den Mitteln der allgemeinen Schulbildung 25
ein Orientierungswissen verschaffen können. Dieses Orientierungswissen kann in sehr verschiedenen Tiefenschärfen ausgebildet werden; in diesem Sinne „orientiert" die millionen-
starke Bild-Zeitung ebenso wie die kulturell-politische Monatsschrift mit einer Auflage
von 5000 Exemplaren. Das Orientierungswesen stützt sich auf die Kenntnis spezieller Sachverhalte, aber es ordnet diese Kenntnisse in relevante Zusammenhänge einer Lebenswelt 30
ein. So entstehen beispielsweise „Arsenschlämme" als Abfallprodukt bei der Verhüttung
von sulfischen Erzen wie Eisen, Nickel, Blei, Zink, Kupfer. Dieser Vorgang läßt sich im
einzelnen chemisch erklären; aber lebensweltlich relevant wird dieses Wissen unter anderem dann, wenn die Ablagerung von Arsenschlämmen die Trinkwasserversorgung gefähr-
det, weil es bisher technisch noch nicht gelungen ist, das Abfallprodukt unschädlich oder 35
gar für eine industrielle Weiterverarbeitung nutzbar zu machen. Das Orientierungswesen
ermöglicht es uns, auf sehr verschiedenen Ebenen der Artikulation „die Verbindungslinien
des Faches mit dem Ganzen der Welt und der Lebensaufgaben wahrzunehmen". Mit dieser Formulierung hat Max Scheler das, was er Bildungswissen nannte, charakterisiert. Und
diesem Bildungs- und Orientierungswesen hat er die *Bildungssprache* zugeordnet. Sie wird 40
durch die Funktion, Fachwissen in die einheitsstiftenden Alltagsdeutungen einzubringen,
definiert. Die Bildungssprache ist ein Medium, durch das Bestandteile der Wissenschaftssprache von der Umgangssprache assimiliert werden.

11. FERDINAND DE SAUSSURE

Die Unterscheidung zwischen Sprache, Sprechen und menschlicher Rede

Indem man die Sprache[1] vom Sprechen[2] scheidet, scheidet man zugleich: 1. das Soziale vom Individuellen; 2. das Wesentliche vom Akzessorischen und mehr oder weniger Zufälligen.

5 Die Sprache ist nicht eine Funktion der sprechenden Person; sie ist das Produkt, welches das Individuum in passiver Weise einregistriert; sie setzt niemals eine vorherige Überlegung voraus, und die Reflexion ist dabei nur beteiligt, sofern sie die Einordnung und Zuordnung betätigt...

Fassen wir die charakteristischen Merkmale der Sprache zusammen:

1. Sie ist ein genau umschriebenes Objekt in der Gesamtheit der verschieden gearteten Tat-
10 sachen der menschlichen Rede[3]. Man kann sie lokalisieren in demjenigen Teil des Kreislaufs, wo ein Lautbild sich einer Vorstellung assoziiert. Sie ist der soziale Teil der menschlichen Rede und ist unabhängig vom einzelnen, welcher für sich allein sie weder schaffen noch umgestalten kann; sie besteht nur kraft einer Art Kontrakt zwischen den Gliedern einer Sprachgemeinschaft...

15 2. Die Sprache, vom Sprechen unterschieden, ist ein Objekt, das man gesondert erforschen kann. Wir sprechen die toten Sprachen nicht mehr, aber wir können uns sehr wohl ihren sprachlichen Organismus aneignen. Die Wissenschaft von der Sprache kann nicht nur der andern Elemente der menschlichen Rede entraten, sondern sie ist überhaupt nur möglich, wenn diese andern Elemente nicht damit verquickt werden.

20 3. Während die menschliche Rede in sich verschiedenartig ist, ist die Sprache, wenn man sie so abgrenzt, ihrer Natur nach in sich gleichartig: sie bildet ein System von Zeichen, in dem einzig die Verbindung von Sinn und Lautzeichen wesentlich ist und in dem die beiden Seiten des Zeichens gleichermaßen psychisch sind.

4. Die Sprache ist nicht weniger als das Sprechen ein Gegenstand konkreter Art, und das ist
25 günstig für die wissenschaftliche Betrachtung. Obwohl die sprachlichen Zeichen ihrem Wesen nach psychisch sind, so sind sie doch keine Abstraktionen; da die Assoziationen durch kollektive Übereinstimmung anerkannt sind und ihre Gesamtheit die Sprache ausmacht, sind sie Realitäten, deren Sitz im Gehirn ist. Übrigens sind die Zeichen der Sprache sozusagen greifbar; die Schrift kann sie in konventionellen Bildern fixieren...Diese Mög-
30 lichkeit, alles, was sich auf die Sprache bezieht, fixieren zu können, bringt es mit sich, daß ein Wörterbuch und eine Grammatik eine treue Darstellung derselben sein können, indem die Sprache das Depot der Lautbilder und die Schrift die greifbare Form dieser Bilder ist.

---

1 Im Original: la langue.
2 Im Original: la parole.
3 Im Original: le langage. Es gilt die Gleichung: la langue = le langage minus la parole.

12. NOAM CHOMSKY

Die Unterscheidung zwischen Sprachkometenz und Sprachperformanz

Der Gegenstand einer linguistischen Theorie ist in erster Linie ein idealer Sprecher-Hörer, der in einer völlig homogenen Sprachgemeinschaft lebt, seine Sprache ausgezeichnet kennt und bei der Anwendung seiner Sprachkenntnis in der aktuellen Rede von solchen grammatisch irrelevanten Bedingungen wie
— begrenztes Gedächtnis   5
— Zerstreutheit und Verwirrung
— Verschiebung in der Aufmerksamkeit und im Interesse
— Fehler (zufällige oder typische)
nicht affiziert wird. Dies scheint mir auch die Position der Begründer der modernen Allgemeinen Sprachwissenschaft zu sein, und es hat sich bisher kein zwingender Grund gefun-   10
den, diesen Standpunkt zu modifizieren. Bei der Erforschung der aktuellen Sprachverwendung muß man die wechselseitige Beeinflussung einer Vielzahl von Faktoren in Betracht ziehen, von denen die zugrunde liegende Kompetenz des Sprecher-Hörers nur einen darstellt. In dieser Beziehung unterscheidet sich die Erforschung der Sprache nicht von der empirischen Untersuchung anderer komplexer Phänomene.   15
Wir machen somit eine grundlegende Unterscheidung zwischen *Sprachkompetenz (competence;* die Kenntnis des Sprecher-Hörers von seiner Sprache) und *Sprachverwendung (performance;* der aktuelle Gebrauch der Sprache in konkreten Situationen). Nur in der im vorangegangenen Abschnitt postulierten Idealisierung kann die Sprachverwendung als direkte Widerspiegelung der Sprach-Kompetenz aufgefaßt werden, in Wirklichkeit besteht   20
ein so direktes Verhältnis offensichtlich nicht. Eine Aufzeichnung natürlicher Rede zeigt stets zahlreiche falsche Ansätze, Abweichungen von Regeln, Abänderungen der Strategie mitten im Sprechen usw. Für den Linguisten ebenso wie für das Kind, das die Sprache erlernt, besteht das Problem, aus den Daten der Sprachverwendung heraus das zugrunde liegende Regelsystem zu bestimmen, über das der Sprecher-Hörer verfügt und das er in der   25
aktuellen Sprachverwendung in Gebrauch nimmt. Daher ist die Sprach-Theorie mentalistisch in einem bestimmten Sinn, weil sie um die Aufdeckung einer mentalen Realität, die dem aktuellen Verhalten zugrunde liegt, bemüht ist. Beobachtungen des Sprachgebrauchs oder Hypothesen über die Anlagen, sprachlich zu reagieren, über Gewohnheiten usw. können wohl Evidenzen für die Beschaffenheit dieser mentalen Realität beibringen, sie   30
können aber sicherlich nicht den tatsächlichen Gegenstand der Linguistik ausmachen, wenn diese eine ernsthafte Disziplin sein soll. Die Unterscheidung, die ich hier vermerke, ist verwandt der Saussureschen Trennung in *langue — parole;* es ist jedoch notwendig, von Saussures Begriff der *langue* als lediglich einem systematischen Inventar von Einheiten abzugehen und zurückzugehen auf das Humboldtsche Verständnis der zugrunde liegenden   35
Kompetenz als einem System generativer („erzeugender") Prozesse.
Die Grammatik einer Sprache versteht sich als Beschreibung der immanenten Sprachkompetenz des idealen Sprecher-Hörers. […]

Eine völlig adäquate Grammatik muß jedem Satz aus einer infiniten Menge von Sätzen eine Struktur-Beschreibung zuordnen, aus der hervorgeht, wie dieser Satz vom idealen Sprecher-Hörer verstanden wird.

13. RUDOLF CARNAP

Pragmatik — Semantik — Syntax

Eine Sprache wie z. B. Deutsch ist ein System von Tätigkeiten oder besser von Gewohnheiten, d. h. von Dispositionen zu gewissen Tätigkeiten, die hauptsächlich dem Zweck der Verständigung und Koordination von Tätigkeiten unter den Mitgliedern einer Gruppe dienen. Die Elemente der Sprache sind Zeichen, d. h. Laute oder geschriebene Zeichen, die von Mitgliedern der Gruppe erzeugt werden, damit sie durch andere Mitglieder der Gruppe wahrgenommen werden und deren Verhalten beeinflussen. Da unser eigentliches Interesse in diesem Aufsatz der Sprache der Wissenschaft gilt, werden wir uns auf den theoretischen Aspekt der Sprache beschränken, d. h. auf den assertorischen Gebrauch der Sprache: den Gebrauch der Sprache zum Aufstellen von Behauptungen. Wir werden uns also nicht mit Befehlen, Fragen, Ausrufen, sondern nur mit Behauptungen befassen, nur mit Behauptungssätzen. Der Kürze halber werden wir sie einfach *Sätze* nennen.

Diese Beschränkung auf Behauptungssätze bringt, bei der Untersuchung der Vorgänge, die den Gebrauch der Sprache begleiten, keine Beschränkung auf das theoretische Denken mit sich. Behauptungssätze wie z. B. „dieser Apfel ist sauer", sind nicht nur mit der theoretischen Seite des Verhaltens, sondern auch mit Emotions-, Willens- und anderen Faktoren verbunden. Wenn wir eine Sprache als menschliche Tätigkeit untersuchen wollen, müssen wir all diese mit der Sprechhandlung verbundene Faktoren in Betracht ziehen. Aber die dabei auftretenden Sätze und Zeichen (d. h. Wörter) stehen manchmal noch in einer anderen Beziehung. Ein Zeichen oder ein Ausdruck kann etwas bezeichnen oder beschreiben oder besser gesagt der, der den Ausdruck benützt, kann die Absicht haben, sich mit seiner Hilfe auf etwas zu beziehen, d. h. auf einen Gegenstand oder eine Eigenschaft oder einen Sachverhalt; das nennen wir das Designatum des Ausdrucks. (Im Augenblick soll noch keine genaue Definition von ‚Designatum' gegeben werden; das Wort soll lediglich als bequemer gemeinsamer Terminus für verschiedene Fälle dienen — Gegenstände, Eigenschaften, usw. — deren fundamentale Unterschiede in anderen Hinsichten dadurch nicht in Frage gestellt werden sollen). Man muß also in einer Situation, in der eine Sprache benützt wird, drei Komponenten unterscheiden, wie wir am folgenden Beispiel sehen können: (1) die Handlung, den Zustand und die Umgebung eines Menschen, der zum Beispiel das englische Wort ‚blue' ausspricht oder hört; (2) das Wort ‚blue' als Element der englischen Sprache (hier als festgelegtes akustisches [oder optisches] Muster betrachtet, das die gemeinsame Eigenschaft der vielen, zu verschiedenen Zeiten erzeugten Geräusche ist, die man die Realisierungen jenes Musters nennen kann); (3) Eine gewisse Eigenschaft von Dingen, d. h., die Farbe blau auf welche dieser Mensch — und Englisch sprechende Leute im allgemeinen — Bezug nehmen möchte. (Man sagt gewöhnlich „der Mann meint mit dem Wort die Farbe" oder „das Wort bedeutet die Farbe für diese Leute", oder „...in jener Sprache").

44

Eine vollständige Theorie der Sprache muß alle drei Komponenten untersuchen. Wir werden *Pragmatik* das Gebiet all jener Untersuchungen nennen, welche sich mit der ersten Komponente, sei es isoliert oder in Verbindung mit den anderen Komponenten, befassen. Andere Untersuchungen sehen vom Sprecher ab und behandeln nur die Ausdrücke der Sprache und deren Beziehung zu ihren Designata. Das Gebiet dieser Untersuchungen nennt man *Semantik*. Schließlich kann man auch noch von den Designata abstrahieren und die Untersuchung auf die formalen Eigenschaften beschränken, nämlich auf die Ausdrücke und ihre Beziehungen untereinander — in einem Sinn, der bald erklärt werden wird. Dieses Gebiet nennt man die *logische Syntax*. Die Unterscheidung zwischen diesen drei Gebieten wird im Laufe unserer Erörterungen noch klarer werden. [...] Um ein klares Bild davon zu geben, worin die drei erwähnten Gebiete bestehen und worin die Unterschiede zwischen ihnen liegen, werden wir ein Beispiel einer Sprache analysieren. Wir wählen eine fiktive Sprache B, von sehr armer und einfacher Struktur um einfache Systeme von semantischen und syntaktischen Regeln zu erhalten. Immer wenn eine Sprache untersucht wird, nennen wir diese Sprache die *Objektsprache* der Untersuchung und die Sprache, in der die Ergebnisse der Untersuchung formuliert werden, die *Metasprache[1]*. *Manchmal sind Objektsprache und Metasprache die gleiche Sprache z. B. wenn wir deutsch über Deutsch sprechen. Die sich mit der Objektsprache befassende Theorie, die in der Metasprache formuliert wird, nennen wir manchmal Metatheorie. Ihre drei Gebiete sind Pragmatik, Semantik und Syntax der fraglichen Sprache. Im folgenden ist B unsere Objektsprache, Deutsch unsere Metasprache.*

Nehmen wir an, wir finden eine Gruppe von Menschen, die eine Sprache B sprechen, die wir nicht verstehen. Nach einiger Beobachtung entdecken wir, welche Wörter die Leute benützen, in welchen Satzformen sie diese gebrauchen, worüber die Wörter und Sätze sprechen, zu welchen Gelegenheiten sie benützt werden und was für Tätigkeiten mit ihnen verbunden sind usw. Auf diese Weise könnten wir die folgenden Ergebnisse erhalten haben. (Wir wollen sie numerieren, um uns später darauf beziehen zu können.)

Pragm. 1. — Immer wenn die Leute einen Satz der Form ,...is cold' aussprechen, wo ,...' der Name eines Dinges ist, wollen sie damit ausdrücken, daß das fragliche Ding kalt ist.

Pragm. 2a. — Ein Gewisser See in jenem Land, der keinen deutschen Namen besitzt, wird gewöhnlich ,lake-tahoe' genannt. Wenn die Leute diesen Namen benützen, denken sie oft an Erholung und Glücksspiele.

Pragm. 2b. — An gewissen Feiertagen wird der See ,rumber' genannt und wenn die Leute diesen Namen benützen, dann denken sie auch bei gutem Wetter an die Sturmgefahren auf dem See.

Pragm. 3. — Das Wort ,not' wird in Sätzen der Form ,not ...' gebraucht, wo ,...' ein Satz ist. Wenn der Satz ,...' dazu dient die Behauptung auszudrücken, daß soundso der Fall ist, dann wird der ganze Satz ,not...' genau dann als wahre Behauptung anerkannt, wenn soundso nicht der Fall ist.

---

[1] Metasprache: von „meta" (griechisch) = hinter, über: Sprache über die Sprache.

Auf diese Weise lernen wir langsam die Designata und die Art des Gebrauchs aller Wörter und Ausdrücke, insbesondere der Sätze, kennen. Wir finden heraus, was die Ursache und was die Wirkung ihrer Äußerung ist. Wir können die Präferenzen verschiedener sozialer Gruppen, verschiedener Altersgruppen oder geographischer Gruppen in der Wortwahl studieren. Wir können die Rolle der Sprache in verschiedenen sozialen Beziehungen untersuchen usw.

Die Pragmatik einer Sprache B besteht aus allen diesen und ähnlichen Untersuchungen. Pragmatische Beobachtungen sind die Grundlage aller Sprachforschung. Wir sehen, daß Pragmatik eine empirische Wissenschaft ist, die eine besondere Art menschlichen Verhaltens zum Gegenstand hat und von den Ergebnissen verschiedener Wissenschaften Gebrauch macht, hauptsächlich der Sozialwissenschaften aber auch der Physik, der Biologie und der Psychologie.

Wir wollen nun dazu übergehen, unsere Aufmerksamkeit auf einen speziellen Aspekt der Sprache B zu beschränken; auf einen bestimmten Teil der Tatsachen, die wir durch Beobachtung der Sprechgewohnheiten innerhalb jener Sprachgruppe herausgefunden haben. Wir wollen die Beziehungen zwischen den Ausdrücken von B und ihren Designata untersuchen. Aufgrund dieser Tatsachen werden wir ein Regelsystem aufstellen, das diese Beziehungen darstellt. Wir nennen sie *semantische Regeln.* Diese Regeln sind nicht in eindeutiger Weise durch die Tatsachen bestimmt. Nehmen wir an, wir haben herausgefunden, daß das Wort ‚moon' von B in 98 von Hundert der Fälle für Mond gebraucht wurde und in 2 von Hundert der Fälle für eine bestimmte Laterne. Nun ist es unserer Entscheidung überlassen, ob wir die Regeln so bestimmen, daß sowohl der Mond wie auch die Laterne Designata von ‚moon' sind oder nur der Mond. Wenn wir die erste Möglichkeit wählen, dann war es in bezug auf unsere Regeln richtig in jenen 2 von Hundert der Fälle das Wort ‚moon' zu gebrauchen. Wenn wir die zweite Möglichkeit wählen, war es in jenen Fällen falsch das Wort ‚moon' zu gebrauchen. Die Tatsachen bestimmen nicht, ob der Gebrauch eines gewissen Ausdruckes richtig oder falsch ist, sondern nur wie oft er auftritt und wie oft er zu der beabsichtigten Wirkung führt und dergleichen. Die Frage von richtig oder falsch muß sich immer auf ein System von Regeln beziehen. Streng genommen sind die Regeln, die wir aufstellen werden, nicht Regeln der faktisch gegebenen Sprache B, sondern sie stellen vielmehr ein Sprachsystem dar, welches B entspricht und das wir als das *semantische System* B-S bezeichnen werden. Die Sprache B gehört zur Welt der Tatsachen. Sie hat viele Eigenschaften, von denen wir einige kennen, andere nicht. Das Sprachsystem B-S andererseits ist etwas von uns Aufgebautes; es hat genau jene Eigenschaften, welche wir durch die Regeln festlegen. Nichtsdestoweniger bauen wir B-S nicht willkürlich auf, sondern im Hinblick auf die Tatsachen, die B betreffen. Dann können wir die empirische Aussage machen, daß die Sprache B in gewissem Grade in Übereinstimmung mit dem System B-S ist. [...]

Wir nennen die Elemente eines semantischen Systems *Zeichen.* Sie können Wörter oder spezielle Symbole sein wie ‚O', ‚ + ' usw. Eine Folge, die aus einem oder mehreren Zeichen besteht, nennen wir *Ausdruck.* Als Zeichen des Systems B-S nehmen wir die Wörter, die wir in unseren Beobachtungen als Wörter von B festgestellt haben, oder vielmehr nur jene Wörter, die wir als ‚korrekt' akzeptieren wollen. Wir teilen die Zeichen von B-S — und in analoger Weise die irgendeines anderen semantischen Systems — in zwei Klassen ein: *des-*

kriptive und *logische* Zeichen. Als deskriptive Zeichen nehmen wir jene, die Dinge oder Eigenschaften von Dingen bezeichnen (in einem umfassenderen System würden wir hier auch die Relationen zwischen Dingen, Funktionen von Dingen usw. einordnen). Die anderen Zeichen werden zu den logischen Zeichen gerechnet: sie dienen hauptsächlich zur Verbindung deskriptiver Zeichen im Aufbau von Sätzen, bezeichnen aber nicht selbst Dinge, Eigenschaften von Dingen usw. Logische Zeichen sind z. B. jene, die den deutschen Wörtern wie ‚ist‘, ‚sind‘, ‚nicht‘, ‚und‘, ‚oder‘, ‚wenn, dann‘, ‚irgendein‘, ‚alle‘ entsprechen. [...] Semantik ist als exakte Disziplin ziemlich neu; wir verdanken sie der sehr fruchtbaren polnischen Logikerschule. [...] Wir haben am Funktionieren der Sprache drei Faktoren festgestellt: die Tätigkeiten der sprechenden und hörenden Personen, die Designata und die Ausdrücke der Sprache. Wir abstrahierten vom ersten Faktor und gelangten so von Pragmatik zu Semantik. Nun wollen wir auch vom zweiten Faktor abstrahieren und auf diese Weise von der Semantik zur Syntax übergehen. Wir werden nur die Ausdrücke betrachten; Gegenstände, Eigenschaften, Sachverhalte oder was sonst noch durch die Ausdrücke bezeichnet werden mag, jedoch völlig beiseite lassen. Die Beziehung der Designation wird ganz unbeachtet bleiben. [...] Ein *syntaktisches System* oder ein *Kalkül* (manchmal auch ein formal-deduktives System oder ein formales System genannt) ist ein System von formalen Regeln, die gewisse formale Eigenschaften und Beziehungen von Sätzen bestimmen, insbesondere für den Zweck der formalen Ableitung. Das einfachste Verfahren zum Aufbau eines Kalküls besteht darin, daß man einige Sätze als Grund-Sätze auszeichnet (manchmal nennt man sie Postulate oder Axiome) und Schlußregeln festlegt. Die Grund-Sätze und Schlußregeln werden für zweierlei Zwecke gebraucht: für die Konstruktion von Beweisen und Ableitungen. Wir werden die Sätze, zu denen Beweise führen *C-wahre* Sätze nennen (man nennt sie auch oft beweisbare oder bewiesene Sätze oder Theoreme des Kalküls). Eine Ableitung führt von gewissen, nicht notwendigerweise C-wahren Sätzen, den sogenannten *Prämissen, zu* einem Satz, der *Konklusion* genannt wird. Wir nennen die Konklusion ein *C-Implikat* der Klasse von Prämissen (manchmal nennt man sie [formal] ableitbar oder abgeleitet aus den Prämissen oder [formale] Folge der Prämissen). Es ist selten der Fall, aber durchaus zugelassen, daß ein Kalkül auch Regeln enthält, die gewisse Sätze als *C-falsch* auszeichnen. Wenn die Regeln eines Kalküls einen Satz als sowohl C-wahr, als auch C-falsch bestimmen, dann nennt man den Kalkül *widerspruchsvoll* oder *inkonsistent,* sonst *widerspruchsfrei* oder *konsistent.* (Wenn, wie das gewöhnlich der Fall ist, keine Regeln für ‚C-falsch‘ angegeben werden, kann der Kalkül nicht widerspruchsvoll sein.)

14. HARALD WEINRICH

Vier Hauptsätze der Semantik

Wenn eine Sprache ein Zeichensystem ist, dann darf man sich vielleicht folgenden Vorgang vorstellen. Da ist ein Sprecher, und da ist ein Hörer. Zwischen beiden, so wollen wir annehmen, wird eine sprachliche Kommunikation hergestellt, indem der Sprecher das Wort-

47

zeichen „Feuer" dem Hörer übermittelt. Ein Kontext, so wollen wir weiter annehmen, ist nicht vorhanden. Desgleichen denken wir uns um die Kommunikation herum jede Lebenssituation fort. Darf ich gleich sagen, daß die beschriebene Kommunikation rein fiktiver Natur ist und nur den Wert eines Modells hat? Denn wir reden normalerweise nicht in ver-
5 einzelten Wörtern, sondern in Sätzen und Texten, und unsere Rede ist eingebettet in eine Situation. Darf ich aber auch gleich sagen, daß die Semantik in dem knappen Jahrhundert ihrer Geschichte als Wissenschaft immer mit dieser Fiktion gearbeitet und fast nur das isolierte Wort vor Augen gehabt hat? Wir wollen das hier auch tun, aber nur für einen Augenblick.
10 Der Hörer, der nach dem beschriebenen Kommunikationsmodell das Wortzeichen „Feuer" empfangen hat, kann nicht viel damit anfangen. Der Informationswert ist gering. Immerhin weiß er etwas. Aus der sehr großen Zahl der Wörter, die in diesem Kommunikationsvorgang möglich waren, ist eines herausgegriffen, und damit sind bereits viele Gegenstände als mögliche Themen des Gesprächs unwahrscheinlich geworden. Aber der Hörer
15 weiß noch nicht, um was für ein Feuer es sich handelt. Es kann ein Herdfeuer sein oder ein Strohfeuer, eine Feuersbrunst oder ein Kerzenlicht, ein loderndes oder ein glimmendes, wirkliches oder gedachtes Feuer. Er weiß nicht einmal ganz sicher, ob die Rede überhaupt von einem Feuer ist. Es kann ja das Feuer des Weins, das Feuer der Liebe oder ein Gewehrschuß sein. Der Hörer hat die Bedeutung des Wortes „Feuer", aber die Bedeutung ist ih-
20 rem Umfang („Extension") nach weitgespannt. (Der Artikel „Feuer" im Wörterbuch, der ja einen gewissen Umfang hat, spiegelt die Weite der Wortbedeutung graphisch.)
Erster Hauptsatz der Semantik: Jede Bedeutung ist weitgespannt.
Kann man sich nun überhaupt klar verständigen, wenn grundsätzlich jede Bedeutung weitgespannt ist? Der Sprecher möchte vielleicht von einer Feuersbrunst erzählen, und der Hö-
25 rer denkt an ein Herdfeuer oder etwas ganz anderes. Genauer gesagt, er weiß noch gar nicht, an was er denken soll. Sein Verstehen bleibt suspendiert in einem Zustand der Erwartung auf weitere Information. Solange diese nicht eintrifft, und so war ja die Annahme unserer Modellsituation, ist die (weitgespannte) Bedeutung des Wortzeichens „Feuer" dem Inhalt („Intension") nach für den Hörer vage.
30 Zweiter Hauptsatz der Semantik: Jede Bedeutung ist vage.
Es ist dennoch nicht ganz unnütz, wenn der Sprecher das Wortzeichen „Feuer" den Schallwellen anvertraut, sofern er mit ihnen Hörer seiner Sprachgemeinschaft erreicht. Denn „Feuer" hat die gleiche (weitgespannte, vage) Bedeutung für sie alle, die einer Sprachgemeinschaft angehören. Sie haben nur wenig, wenn sie die Wortbedeutung haben, aber die-
35 ses Wenige ist gemeinsamer Besitz einer großen Gruppe. Das bedeutet: die ganze Gruppe hegt in bezug auf weitere Information die gleichen Erwartungen. Das macht die Wortbedeutung zu einem sozialen Gebilde.
Dritter Hauptsatz der Semantik: Jede Bedeutung ist sozial.
Jetzt mag für einen Augenblick die Annahme gestattet sein, wir hätten als unbeteiligte Zu-
40 schauer aus irgendwelchen Anzeichen erschlossen, daß es dem Sprecher um eine Feuersbrunst geht, deren Zeuge er geworden ist. Diese Feuersbrunst ist in ihrer Besonderheit als einmaliges Ereignis genau beschreibbar. Von all diesen Merkmalen erfährt der Hörer, dem bloß das Wort „Feuer" und seine Bedeutung gegeben ist, fast nichts. Gegeben ist ihm mit der (weitgespannten, vagen, sozialen) Bedeutung nur eine karge Information, die sich grob

umschreiben läßt nach den Merkmalen „heiß", „brennend". Alle anderen Merkmale gerade dieses Feuers erfährt er nicht. Mit dem Wortzeichen „Feuer" wird also eine Relevanzgrenze durch die Merkmale dieses einen Feuers gezogen; einige Merkmale (sehr wenige) werden als relevant gesetzt, die anderen (sehr viele, ad libitum) werden als irrelevant gesetzt und nicht in die Bedeutung des Wortes hineingenommen. Das Insgesamt der von einer Sprachgemeinschaft als relevant gesetzten Merkmale eines Gegenstandes nennen wir Bedeutung. Dieser Prozeß nun, die Merkmale eines Gegenstandes unter Relevanzgesichtspunkten zu sichten, ist ein Abstraktionsverfahren. Die Bedeutung eines Wortes, die man auf diese Weise erhält, ist ein Abstraktum. Das gilt für alle Bedeutungen, nicht nur für die solcher Wörter wie „Wahrheit", „Demokratie", die man abstrakt nennt.

Vierter Hautsatz der Semantik: Jede Bedeutung ist abstrakt.

Die vier Hauptsätze der Semantik hängen natürlich zusammen, sind nur vier Aspekte einer Sache. Weil die Bedeutungen der Wörter weitgespannt sind, sind sie nur vage. (Umfang und Inhalt der Bedeutungen entsprechen einander in der Umkehrung.) Aber weil die Bedeutungen vage sind, sind sie in einer sozialen Gruppe verwendbar. Sie sind jedoch nur verwendbar, insofern sie abstrakt sind. So ist die Wortbedeutung zugleich arm und reich. Welche Armut an Information in dem Wort „Blume", welcher Reichtum an Merkmalen in jeder einzelnen Blume! Aber umgekehrt auch: Welche Begrenztheit im einzelnen Ding, welche Evokationskraft im Wort! Mallarmé hat das gewußt: *Je dis: une fleur! et, hors de l'oubli où ma voix relègue aucun contour, en tant que quelque chose d'autre que les calices sus, musicalement se lève, idée même et suave, l'absente de tous les bouquets[1]*. Die Blume als Wort, die man in keinem Strauß finden kann, ist jeder wirklichen Blume überlegen. Sie enthält mehr Geheimnis.

In Mallarmés Bekenntnis steht jedoch auch ein beunruhigendes Wort. Es ist das Wort „Idee". Für jeden Semantiker ist es ein Warnzeichen, daß er sich in die Nähe der platonischen Ideenlehre begeben hat. Die Bedeutungen als weitgespannte, vage, soziale und abstrakte Gebilde ähneln tatsächlich bedenklich den Ideen Platons, mit dem Unterschied freilich, daß man sich zu jeder Sprachgemeinschaft ein Reich der Ideen oder Bedeutungen, einen „Begriffshimmel" (Nietzsche) oder eine „sprachliche Zwischenwelt" (Weisgerber) denken muß. Aber damit ist weder Platon noch der Semantik gedient. Sollen wir also nun, um der — leider — kompromittierenden Nähe Platons zu entgehen, einem skeptischen Hang der modernen Semantik und Sprachphilosophie folgend, den Bedeutungsbegriff ganz aufgeben? Paul Valéry, der in der Nachfolge Mallarmés viel über Fragen der Semantik nachgedacht hat, erwägt diese Möglichkeit in seinen *Cahiers* und notiert um 1900/1901: *Le sens d'un mot n'existe que dans chaque emploi particulier[2]*. Bekannter geworden ist die Bemerkung, die Ludwig Wittgenstein in seinen *Philosophischen Untersuchungen* niedergeschrieben hat (ich zitiere ausführlich, weil die wichtige Einschränkung meistens übersehen wird): „Man kann für eine große Klasse von Fällen der Benützung des Wortes Bedeutung — wenn auch nicht für alle Fälle seiner Benützung — dieses Wort so erläutern: Die Bedeutung eines Wortes ist sein Gebrauch in der Sprache[3]."

---

[1] Mallarmé: „Ich sage: eine Blume! Und aus dem Vergessen, wohin meine Stimme jeglichen Umriß verweist, steigt sie musikalisch auf, sie, die etwas anderes ist als alle Kelche, sie, die Idee selbst und leiblich, sie, die in allen Sträußen abwesend ist." (Autor)
[2] Valéry: „Die Bedeutung eines Wortes besteht nur im jeweiligen besonderen Gebrauch."
[3] Siehe T. 41.

Wir werden hier weder Valéry und Wittgenstein zustimmen noch auch die Semantik in der Nähe der platonischen Ideenlehre belassen. Vielmehr werden wir aus der These und Antithese die Synthese bilden und die voraufgehenden Überlegungen zu den Grundzügen einer dialektischen Semantik weiterentwickeln. Wir lösen nämlich — es ist schon höchste Zeit —
5 die eingangs eingeführte Modellsituation wieder auf. Wir befreien also das Wort aus seiner Isolierung und stellen es in den Zusammenhang seines Kontextes und mit diesem zusammen in eine Lebenssituation. So nämlich begegnen uns normalerweise Wörter. Das Wörterbuch, in dem das nicht der Fall ist, stellt die Ausnahme, nicht die Regel dar. Und ein gutes Wörterbuch, wenn es schon die Situation nicht mitbezeichnen kann, gibt den Wörtern
10 doch wenigstens den bescheidenen Kontext der Beispielsätze mit.
Wörter gehören also in Sätze, Texte und Situationen. Wenn man verstehen will, was ein Wort ist und wie es sich mit seiner Bedeutung verhält, muß man das berücksichtigen, sonst gerät man von einer Denkschwierigkeit in die andere. Die vier Hauptsätze der Semantik, die hier aufgeschrieben worden sind, bezeichnen daher erst die Hälfte der Semantik. Sie
15 gelten nur für das kaum mehr als fiktive Modell einer Kommunikation mittels isolierter Wörter ohne Kontext und Situation. Sie gelten nicht für Wörter schlechthin, und sie gelten vor allem nicht für die Wörter, so wie wir sie meistens gebrauchen, nämlich im Text (gesprochen oder geschrieben). Die Semantik der Wörter im Text ist grundverschieden von der Semantik isolierter Einzelwörter und die Wortsemantik ist zu ergänzen durch eine
20 Textsemantik. Die alte Semantik war weitgehend Wortsemantik; sie verwies alles, was die Wortgrenze zum Satz hin überschreitet, in die Syntax. Aber Syntax ist etwas ganz anderes. Sie beginnt erst jenseits der Textsemantik.
Die Textsemantik kennt nun zu den vier Hauptsätzen, die bereits genannt worden sind, vier Korollarsätze, die ebenso wichtig sind wie jene. Man kann sie sich klarmachen, wenn
25 man sich in eine beliebige lebendige Situation versetzt. Da ist der Sprecher scheinbar in einem Dilemma. Er will dem Hörer von einem bestimmten, unverwechselbaren Feuer berichten, das für ihn wichtig und mitteilenswert geworden ist und er hat doch nur Wörter mit ihren weitgespannten, vagen, sozialen und abstrakten Bedeutungen zu seiner Verfügung. Was sonst noch in der Bedeutung „Feuer" stecken mag, interessiert ihn gar nicht,
30 das meint er nicht. Er hat also, während er sich der Bedeutung bedient, eine Meinung, die nicht mit dieser identisch ist. Diese Meinung ist nicht weitgespannt, sondern eng umgrenzt. Sie geht ja auf diesen einen Gegenstand, jene Feuersbrunst, von der man berichten will. Die Meinung ist auch nicht vage, sondern sehr präzise. Sie ist ferner nicht sozial, sondern individuell als das, was er persönlich hic et nunc sagen will. Und sie ist schließlich nicht ab-
35 strakt, sondern konkret. Denn keines der vielen Merkmale dieser Feuersbrunst ist in der Meinung des Sprechenden unterdrückt zugunsten irgendeines Relevanzgesichtspunktes. Jede Meinung, so können wir die vier Korollarsätze der Semantik zusammenfassen, ist also engumgrenzt, präzise, individuell und konkret. Es versteht sich, daß die vier Korollarsätze der Semantik ebenso zusammengehören und aufeinander bezogen sind wie die vier
40 Hauptsätze der Semantik.
Bedeutung und Meinung sind die beiden Grundbegriffe der Semantik. Alles, was zur Semantik zu sagen ist, gruppiert sich um diese beiden Pole. Und nur, was sich zugleich auf beide Pole bezieht, verdient den Namen Semantik. Wir sind in der bisherigen Darstellung vom Bedeutungspol ausgegangen und haben von ihm aus den Meinungspol anvisiert. In ei-

50

ner mehr sprachgenetisch orientierten Darstellung würde man umgekehrt vorgehen. Man erwirbt Sprache durch Sätze und Texte. Man hat also am Anfang nur Meinungen, zuerst wenige Meinungen, dann mit zunehmender Sprachpraxis viele Meinungen, die aus den gehörten und erinnerten Sätzen stammen. Aber man hat nicht nur Meinungen, sondern bildet aus ihnen — das ist eine richtige Hypothesenbildung — die Bedeutung. Damit hat man den zweiten semantischen Pol erworben, und das Wort ist erlernt. Man kann es nun selber gebrauchen. Im Wortgebrauch in eigenen Sätzen wird dann die Bedeutungshypothese ständig korrigiert. Es ist interessant, daß wir als Sprecher einer Sprache alltäglich das Spiel der Hypothesenbildung und ihrer Verifikation oder Falsifikation spielen, das gleiche Spiel, auf dessen Regeln sich die Wissenschaft verpflichtet hat. Die Sprache ist eben ihrer Struktur nach eine vorwissenschaftliche Wissenschaft. [...]

Der Satz ist die Brücke zwischen Bedeutung und Meinung. Der Satz, mitsamt dem weiteren Kontext und der umgebenden Situation, grenzt die (weitgespannte, vage, soziale, abstrakte) Bedeutung auf die (engumgrenzte, präzise, individuelle, konkrete) Meinung ein. Wenn man ein isoliertes Wort hört, kann der Geist im ganzen Umkreis der Bedeutung schweifen. Hört man das Wort im Text, geht das nicht mehr. Der Kontext stellt fest. Er stellt nämlich die Bedeutung fest. Die Wörter des Textes begrenzen sich gegenseitig und schränken sich ein, und zwar um so wirksamer, je vollständiger der Text ist. Ein Beispielsatz aus einem Grimmschen Märchen, als Kontext zu dem Wort „Feuer" aufzufassen: „Der Soldat schaute sich nun einmal recht um; da standen die Kessel ringsherum in der Hölle, und war ein gewaltiges Feuer darunter, und es kochte und brutzelte darin." Unser Wort steht hier in einem Satz, und der Kontext der anderen Wörter reduziert seine Bedeutung zu der Meinung des Märchens. Wir sehen leicht, wie das geschieht. Die Bestimmung „in der Hölle" schließt alle Feuer aus, die nicht Höllenfeuer sind; das Beiwort „gewaltig" schließt alle Höllenfeuer aus, die nicht gewaltig sind, und so tragen auch die anderen Wörter des Satzes dazu bei, daß die Bedeutung des Wortes „Feuer" aufs genaueste determiniert wird.

Was bleibt, ist engumgrenzt, präzise, individuell und konkret: die Meinung der Brüder Grimm an dieser unverwechselbaren Textstelle des Märchens *Des Teufels rußiger Bruder*. Es verschlägt nichts, daß die Präzision der Rede nicht noch weiter getrieben ist, so daß wir nicht noch mehr Einzelheiten von jenem Feuer wissen. Die Präzision hat offenbar das wünschenswerte Maß für die Vorstellungskraft der kleinen und großen Märchenleser erreicht. Man darf nicht vergessen, daß der Text des ganzen Märchens weiterhin zur Determination beiträgt.

Man sieht jedenfalls, wie der Kontext aus der Bedeutung eines Wortes seine Meinung macht. Er schneidet gleichsam aus der weiten Bedeutung Teile heraus, die mit den Nachbarbedeutungen des Satzes nicht vereinbar sind. Was nach allen Schnitten übrigbleibt, ist die Meinung. Wir bezeichnen diesen Vorgang als Determination und erinnern an den alten Lehrsatz Spinozas[4]: *Determinatio negatio* (50. Brief). Es versteht sich, daß auch die Nach-

---

4 Benedictus de Spinoza (1632 - 1677), jüdischer Philosoph, überwarf sich jedoch mit seiner jüdischen Gemeinde wegen seiner radikalen Lehren und führte ein meditatives, bescheidenes Leben als Linsenschleifer in Holland. Sein Hauptwerk, die „Ethik", befaßt sich vorwiegend mit der Bestimmung Gottes und mit metaphysischen Fragen (Fragen, die das Wesen der Wirklichkeit und alles dessen, was ist, betreffen).
Deteminatio negatio: Bestimmung (einer Sache, eines Begriffs) durch Negation, durch Ausschluß dessen, was die Sache, der Begriff *nicht* sind.

barwörter ihrerseits determiniert werden. ‚Kessel' determiniert „Feuer", und „Feuer" determiniert „Kessel". Es bedarf dazu keiner besonderen logischen Konstruktionen. Allein dadurch, daß zwei Wörter nebeneinanderstehen, determinieren sie sich gegenseitig. Wir verwenden jedoch in den meisten Sätzen zusätzlich Funktionswörter (Präpositionen, Konjunktionen usw.) für die Aufgaben der Determination. Ein Text ist also mehr als eine Reihung von Wörtern und vermittelt mehr als einen Haufen von Bedeutungen (wie das Wörterbuch). Er gibt zur Summe der Wörter die Determination hinzu, oder genauer gesagt: Er nimmt von der Summe der Bedeutungen einiges — das meiste — weg und setzt damit einen Sinn. Der Sinn ist das Resultat aus dem Plus der Bedeutungen und dem Minus der Determinationen.

15. JOHN LANGSHAW AUSTIN

Performative und konstatierende Äusserungen

Man kann leicht eine Vorstellung von der ‚performativen Äußerung' gewinnen, obgleich dieser Ausdruck, wie mir wohl bewußt ist, weder in der deutschen noch in irgendeiner anderen Sprache existiert. Der Begriff ist eingeführt worden, um einen Gegensatz zur behauptenden oder, besser gesagt, konstatierenden Äußerung zu bezeichnen. Und das ist auch schon der Punkt, wo meine Frage ansetzt. Müssen wir diese Antithese Performativ-Konstatierend hinnehmen?
Die konstatierende Äußerung, unter dem bei Philosophen so beliebten Namen der *Aussage,* hat die Eigenschaft, wahr oder falsch zu sein. Demgegenüber kann die performative Äußerung niemals eins von beiden sein, sie hat vielmehr eine eigene Funktion: sie wird zum Vollzug einer Handlung gebraucht. Eine solche Äußerung tun, *ist* die Handlung vollziehen, eine Handlung, die man vielleicht kaum, zumindest nicht mit gleicher Präzision, auf andere Weise vollziehen könnte. Hier einige Beispiele:

> Ich taufe dieses Schiff „Freiheit".
> Ich bitte um Entschuldigung.
> Ich heiße Sie willkommen.
> Ich rate Ihnen, das zu tun.

Derartige Äußerungen begegnen uns ständig. Man findet sie beispielsweise stets bei Urkunden in den „operativen" Klauseln, wie es im juristischen Englisch heißt. (Es handelt sich um die Wendungen, in denen der juristische Akt eigentlich vollzogen wird, im Gegensatz zu denjenigen — der sog. Präambel —, welche die näheren Umstände der Rechtshandlung angeben.) Ersichtlich sind viele dieser Äußerungen für den Philosophen von Interesse. Wenn man sagt ‚Ich verspreche, zu...', also nach unserer Terminologie die performative Äußerung tut, dann *ist* eben dies der Akt des Versprechens, ein Akt, der nichts Mysteriöses an sich hat, wie man sieht. Es scheint sogleich ganz offenkundig, daß eine Äußerung dieser Art nicht wahr oder falsch sein kann — nicht *sein* kann, sage ich, weil sie durchaus *implizieren* oder *mitmeinen* kann, daß andere Sätze wahr oder falsch sind, aber das ist, wenn ich nicht irre, etwas ganz anderes.

Allerdings ist die performative Äußerung nicht von jeder Kritik ausgenommen; vielmehr läßt sie sich durchaus kritisieren, freilich in einer Dimension, die von der des Wahren und Falschen vollkommen verschieden ist. Die performative Äußerung muß in einer in jeder Hinsicht der fraglichen Handlung angemessenen Situation vorgebracht werden; erfüllt der Sprecher nicht die für den Vollzug erforderlichen Bedingungen, und es gibt deren nicht we- 5 nige, so mißlingt seine Äußerung oder „verunglückt", wie wir allgemein sagen wollen.

Zunächst einmal kann unsere performative Äußerung wie jedes andere Ritual, jede Zeremonie ‚null und nichtig' sein, um mit den Juristen zu sprechen. Wenn etwa der Redner nicht in der Lage ist, einen derartigen Akt zu vollziehen, oder wenn der Gegenstand, in bezug auf den er ihn zu vollziehen vorgibt, dafür ungeeignet ist, dann gelingt es ihm nicht, 10 einfach durch Aussprechen der Wendung den gemeinten Akt zu vollziehen. Der Bigamist ist so nicht schon neu verheiratet, sondern hat sich nur der Form einer zweiten Eheschließung unterzogen. Ein Schiff vermag der nicht zu taufen, der nicht die eigens dazu autorisierte Person ist. Auch wird es mir kaum gelingen, Pinguine zu taufen, da diese Lebewesen für ein solches Unternehmen nicht vorgesehen sind. 15

Zum andern kann eine performative Äußerung, auch ohne nichtig zu sein, noch auf andere Weise mißglücken, wenn sie nämlich *unaufrichtig* vorgetragen wird. Sage ich „Ich verspreche...", und habe nicht die geringste Absicht, das Versprochene auch zu tun, vielleicht nicht einmal die Überzeugung, daß die Erfüllung in meiner Macht liegt, dann ist das Versprechen leer. Man hat es zwar gemacht, aber die Sache behält etwas „Unglückliches": ich 20 habe die Formel *mißbraucht*.

Nehmen wir einmal an, unsere Handlung sei vollzogen, alles sei normal verlaufen und, wenn Sie wollen, auch aufrichtig. In diesem Falle ist die performative Äußerung für gewöhnlich „wirksam". Ich meine damit nicht, daß ein soundso bestimmtes, zukünftiges Ereignis als Wirkung dieser verursachenden Handlung eintritt oder eintreten wird. Vielmehr 25 ist gemeint, daß als Folge der vollführten Handlung ein soundso bestimmtes, zukünftiges Ereignis, *falls* es eintritt, *in Ordnung* sein wird und die und die anderen Ereignisse, falls sie eintreten, nicht in Ordnung sein werden. Wenn ich gesagt habe „Ich verspreche", dann ist es nicht in Ordnung, wenn ich mein Wort nicht halte. Wenn ich gesagt habe ‚Ich heiße Sie willkommen', dann ist es nicht in Ordnung, wenn ich Sie daraufhin wie einen Feind oder 30 Eindringling behandle. In diesem Sinne sprechen wir, selbst wenn die performative Äußerung wirksam geworden ist, noch von einer dritten Weise möglichen Mißlingens, die wir „Bruch der Verpflichtung" nennen wollen. Dabei sei angemerkt, daß Verpflichtungen mehr oder weniger vage sein können und uns in höchst unterschiedlichem Maße binden.

Wir haben also drei Arten des Mißlingens, die zur performativen Äußerung gehören. Nun 35 kann man eine ganze Klassifikation solchen Mißlingens aufstellen; es muß freilich zugegeben werden, — was sich nahezu von selbst versteht — daß die Abgrenzungen nicht immer scharf sein können und Überschneidungen kaum zu vermeiden sind. Hinzu kommt, daß, was wir performativ nannten, *Handlung* und *Äußerung* zugleich ist, und also bedauerlicherweise den Maßstäben, die man an alle Arten von Handlungen bzw. von Äußerungen 40 im allgemeinen legt, nicht stets genügen wird. Zum Beispiel kann die performative Äußerung erzwungen oder zufällig vorgebracht werden; sie kann syntaktische Mängel aufweisen oder Mißverständnissen unterliegen; sie kann in Zusammenhängen auftreten, wo sie nicht im Ernst gilt, in einem Theaterstück etwa oder einem Gedicht. All das lassen wir bei-

53

seite und behalten nur die spezifischeren Formen des Mißlingens performativer Äußerung im Gedächtnis, nämlich die Nichtigkeit, den Mißbrauch oder Mangel an Aufrichtigkeit und den Bruch der Verpflichtung.

16. WALTER PORZIG

Kunstsprachen als internationale Verkehrssprachen

Die Sprachgemeinschaft ist die erste Voraussetzung dafür, daß menschliche Gemein-
5 schaftsleistungen, d. h. aber Kultur, überhaupt möglich sind. Wo immer wir also Kultur-
leistungen treffen, finden wir als ihre Voraussetzung die Sprache, d. h. aber die Gemeinschaft der Sprechenden. [...]
In diesem Sinne hat der italienische Mathematiker G. Peano (seit 1903) das Lateinische
umgestaltet, um es als internationale Verkehrssprache brauchbar zu machen. Dabei folgte
10 er den Fingerzeigen, die ihm die geschichtliche Entwicklung der romanischen Sprachen
gab. Er ging aber weit darüber hinaus und beseitigte jede Flexion einschließlich der Bezeichnung des grammatischen Geschlechts vollständig. Die lateinischen Wörter erscheinen
in ihrer Stammform und bleiben in jeder Lage unverändert. Ihre Beziehungen werden
durch die Wortstellung oder durch Partikeln angegeben. Das ist ein Sprachbau etwa wie
15 der des Chinesischen, der Peano auch zum Vorbild gedient hat. Für den Wortschatz läßt
Peano alle lateinischen Wörter zu, die in mehreren romanischen Sprachen erhalten geblieben sind, außerdem die lateinischen Lehrwörter in nichtromanischen Sprachen, von denen
es namentlich im Englischen sehr viele gibt. Auf diese Weise wird erreicht, daß einem beim
Lernen dieser Sprache, die ihr Erfinder erst „Latino sine flexione" und später „Interlin-
20 gua"nannte, die meisten Wörter schon bekannt und also leicht zu merken sind — vorausgesetzt freilich, daß man entweder Lateinisch kann oder eine romanische Sprache spricht
oder mit den Fremdwörtern in seiner Muttersprache gut vertraut ist.
Ganz anders muß ein solcher Versuch aussehen, wenn man von einer lebenden Sprache
ausgeht. Der englische Logiker C. K. Ogden machte 1930 einen Vorschlag, der dem Engli-
25 schen Aufstieg zum Rang der internationalen Verkehrssprache erleichtern sollte. Sein Ehr-
geiz dabei war, grammatisch einwandfreies Englisch zu behalten und die Sprache doch für
den Fremden zu vereinfachen. Das Englische hat nur noch wenige grammatische Formen,
die man dem Gedächtnis wohl zumuten kann. So behält Ogden die sieben Formen des Ver-
bums *to be* „sein" und die paar unregelmäßigen Mehrzahlbildungen, die noch gebräuch-
30 lich sind. Aber dann bleibt noch eine harte Nuß für den Fremden: die Vergangenheitsfor-
men der vielen starken Verba, die alle unregelmäßig sind und daher einzeln gelernt werden
müssen. Die Beseitigung dieser Schwierigkeit ist das eigentliche Patent von Ogdens (von
ihm so genannten) „Basic English" („British-American Scientific International Commer-
cial English" — britisch-amerikanisches wissenschaftliches, internationales, geschäftliches
35 Englisch. Das Wort *basic* bedeutet aber im Englischen zugleich „grundlegend"). Er schafft
die Verben zum größten Teil völlig ab und behält nur 18 davon, deren Vergangenheitsfor-
men gelernt werden müssen. Sie sind so gewählt, daß sich mit ihrer Hilfe alle übrigen Verben umschreiben lassen. Man soll also z. B. sagen *eine Frage stellen (to put a question)* statt

fragen (to ask), den Versuch machen (to make an attempt) statt *versuchen (to try)*, *Geld geben (to give money)* statt *kaufen (to buy)*. Die Hauptschwierigkeit der englischen Formenlehre ist damit tatsächlich umgangen, aber wenn Ogden meinte, auch den Wortschatz dadurch vermindert zu haben, so irrte er sich: die Umschreibungen dürfen, wenn es Englisch bleiben soll, nicht willkürlich gewählt werden, und so muß man sie doch einzeln lernen. Aber abgesehen davon stellte Ogden einen Grundwortschatz des Englischen auf, der für alle praktischen Bedürfnisse genügen sollte und — wenn man jedes Wort in allen seinen Verwendungen nur einmal zählt — nur 850 Wörter umfaßt. Die Kunst freilich, die Situationen des Lebens und seine Gedanken darüber in diese 850 Wörter zu pressen muß nicht nur der Fremde, sondern auch der Engländer lernen.

Neben diesen Versuchen, eine geschichtliche tote oder lebende Sprache durch Anpassung zur internationalen Verkehrssprache tauglich zu machen, gibt es nun den im Ansatz ganz anderen Weg, eine neue Sprache unabhängig von den geschichtlich gewordenen zu planen. [...]

Der erste Versuch dieser Art, der einen starken, zeitweise sogar sehr starken Widerhall in weiteren Kreisen fand, muß nur noch ehrenhalber erwähnt werden. Es ist das Volapük („Weltsprache" aus engl. *world speak)* des badischen Pfarrers Schleyer (1880). Die Sprache enthielt noch überflüssig viel Flexion und war auch deswegen schlecht zu lernen, weil die ganz zweckmäßig aus lebenden Sprachen entnommenen Wörter so stark verändert waren, daß man sie nicht mehr erkennen konnte. Das hatte Schleyer getan, um Schwierigkeiten der Aussprache möglichst für alle Menschen zu beseitigen — ein richtiger Gedanke, der nur leider mit einem andern ebenso wichtigen in Widerstreit geriet. In ähnliche Lagen sind Plansprachen sehr häufig gekommen.

Der Siegeszug des Volapük kam zu einem raschen Ende, als sich herausstellte (1889), daß die Sprache doch nicht ohne weiteres zur mündlichen Verständigung zwischen Angehörigen verschiedener Sprachgemeinschaften taugte. Aber kurz vorher (1887) hatte der polnische Arzt Dr. Zamenhof den Plan für eine internationale Verkehrssprache vorgelegt, die man nach dem Pseudonym, das er gewählt hatte, Esperanto („Hoffnungsvoll") nannte. Für die Frage, die uns hier beschäftigt, hat Esperanto eine besondere Bedeutung: es ist die einzige unter allen Plansprachen, die die Sprache (wenn auch nicht die ausschließliche) einer größeren Gemeinschaft geworden ist. Sie dient im Kreise ihrer Anhänger seit über einem halben Jahrhundert im schriftlichen und mündlichen Gebrauch als internationale Verkehrssprache, und keine andere ist je der amtlichen Anerkennung oder sogar Einführung so nahe gekommen wie sie.

Zamenhof verzichtet nicht gänzlich auf Flexion. Er behält die Bezeichnung der Zahl, der Zeitstufen und der Wortarten durch lautliche Veränderungen bei und hat sogar eine besondere Form des Akkusativs, um eine gewisse Freiheit der Wortstellung möglich zu machen. Den Grundwortschatz nimmt er aus den europäischen Sprachen, wobei er großen Wert auf verhältnismäßige Beteiligung der romanischen und der germanischen Sprachen legt. Die Hauptsache ist aber, daß dieser Grundwortschatz klein gehalten werden kann, weil von jedem dieser Wörter alle erforderlichen oder wünschenswerten Ableitungen gebildet werden können. Zu diesem Zwecke stehen 6 Vorsilben und 22 Nachsilben mit genau festgelegter Bedeutung zur Verfügung. Außerdem kann man zusammengesetzte Wörter bilden, und schließlich ist es sehr leicht, von einer Wortart zur andern überzugehen, indem man einfach den auslautenden Vokal ändert. Wenn man das ausprobiert, kann einem vor der Fülle der Möglichkeiten angst und bange werden. Esperanto wäre in Gefahr, für viele Begriffe mehrere ganz verschiedene Wörter nebeneinander zu besitzen, wenn es nicht über eine straffe Organisation verfügte, die über die Aufnahme eines neugebildeten Wortes in den anerkannten Wortschatz entscheidet. Praktisch läuft das darauf hinaus, daß man eben die anerkannten Wörter für eine Sache lernen muß und ihre durchsichtige Bildung nur als Gedächtnishilfe verwertet. Man könnte es dem gewöhnlichen Sprachbenutzer auch gar nicht zumuten, alle Erscheinungen in ihre (mitunter recht willkürlich gewählten) begrifflichen Bestandteile zu zerlegen. Aber gerade diese Möglichkeit zu einer fast unbeschränkten Wortbildung, die vom Standpunkt der Zweckmäßigkeit aus so bedenklich ist, verhilft dem Esperanto zu einem ganz unbeabsichtigten und unerwarteten Liebhaberwert: Esperanto ist eine Sprache zum Basteln. Hier tritt eine Seite im Verhältnis des Menschen zur Sprache hervor, die gerade der Sprachwissenschaftler am wenigsten übersehen darf. Hat sie doch gewiß bei der Wahl seiner Forschungsaufgabe bewußt oder unbewußt eine Rolle gespielt.

[...]

Ist es wahrscheinlich, daß ein solcher Beschluß der Staaten der Erde über die Einführung einer Kunstsprache zustandekommt? Man darf nicht vergessen, daß die Aufnahme eines neuen Pflichtfaches in die Schulen viel Geld kostet. Für die höheren Schulen stellt sich außerdem die Frage, welche von den bisher gelehrten Sprachen denn künftig wegfallen soll. Die Regierungen und auch die Steuerzahler werden wissen wollen, was sie für diese Ausgaben und diesen Verzicht als Gegenwert bekommen. Nun bietet eine internationale Verkehrssprache in der Tat beträchtliche Vorteile, sonst hätten sich nicht im Laufe der Geschichte solche Sprachen ganz ohne Zwang immer wieder durchgesetzt. Der entscheidende Vorteil dabei ist, daß dem einzelnen ein viel größeres Sprachgebiet als bisher für seine Betätigung erschlossen wird. Bei der Plansprache ist das offenbar nicht der Fall, sondern es wird erst für künftige Jahrzehnte erwartet. Die heutige Generation müßte die Opfer für die kommende bringen.

Ein anderer Gesichtspunkt ist aber auf die Dauer noch wichtiger. Die geschichtlichen Sprachen, mit denen in der gegenwärtigen Lage die Plansprache in Wettbewerb treten müßte, also etwa Englisch, Spanisch, Französisch, eröffnen nicht nur den Zugang zu einer größeren Sprachgemeinschaft, sondern zu einer eigenen geistigen Welt. Wer diese Sprachen lernt, erwirbt außer dem wirtschaftlichen Vorteil einen Anteil an dem Kulturerbe eines großen Volkes. Das ist es, was das kulturelle Ansehen einer Sprache ausmacht und in der Vergangenheit so oft die Wahl internationaler Verkehrssprachen bestimmt hat. Es ist selbstverständlich, daß die Plansprache etwas Derartiges im besten Falle erst in Jahrhunderten zu bieten hätte. Aus diesen Gründen ist es unwahrscheinlich, daß sich die Staaten jemals auf eine Plansprache als internationale Verkehrssprache einigen.

17. IRENÄUS EIBL-EIBESFELDT

Möglichkeiten und Grenzen der Tiersprache

a) Kontrollierte und erlernte Ausdrucksformen

Angeborenes Ausdrucksverhalten kann bei höheren Tieren und beim Menschen der willentlichen Kontrolle unterstelle werden. Jedermann weiß wohl, daß Kinder, die sich leicht verletzt haben, erst angesichts der elterlichen Wohnung laut loszuweinen beginnen. Ein im Basler Zoo geborenes Gorillaweibchen wimmerte vom 4. Lebensjahr an in gleicher Weise nur, wenn es sicher war, daß es von jemandem gehört wurde.

Von nachweislich *erlernten Ausdrucksbewegungen* seien zunächst die Bettelbewegungen vieler Haus- und Zootiere genannt, die meist aus Intentionsbewegungen des Greifens und der Annäherung, bisweilen auch durch Nachahmung von Gebärden entstehen. Die Tiere lernen dabei am Erfolg, und die Bewegungen werden stereotyp, rhythmisch und oft in ganz ähnlicher Weise mimisch übertrieben wie die angeborenen Ausdrucksbewegungen. Höhere Säuger können sich auch verstellen. Eine Chow-Chow-Hündin, die ihren Herrn nur ungern auf Radfahrten begleitete, hinkte erbärmlich, wenn sie aufgefordert wurde, mitzukommen. Beim Nachhauseweg lief sie dagegen munter voraus. Ein Gorillaweibchen im Basler Zoo, das ungern allein blieb, versuchte durch allerlei vorgetäuschte Unfälle den Pfleger zu sich zu locken. Eine neue Wärterin fiel auch prompt darauf herein, als das Weibchen vorgab, daß seine Hand zwischen den Käfigstäben verklemmt sei. Als sie den Käfig betrat, um das Tier zu befreien, stürzte das kontaktbedürftige Tier auf die Wärterin zu und hielt sie die ganze Nacht über umklammert.

Hunde verwenden andressierte Bewegungen wie das „Pfötchengeben" sehr oft als Besänftigungsgebärde, was, wie K. Lorenz (1950) hervorhebt, dem Sprechvermögen schon nahekommt. „Wer kennt nicht den Hund", schreibt er, „der irgendwas angestellt hat und nun zu seinem Herrn schleicht, sich vor ihn aufrecht hinsetzt und mit zurückgelegten Ohren und extremem „Demutsgesicht" in krampfhafter Weise das Pfötchen zu geben sucht? Einmal sah ich einen Pudel, der diese Bewegungsweise sogar einem anderen Hunde gegenüber ausführte, vor dem er Angst hatte." Hunde verstehen es überdies, sich einsichtsvoll der jeweiligen Situation anpassend, sich durch einfache Gebärden dem Menschen gegenüber verständlich zu machen.

„Wenn dein Hund dich mit der Nase stößt, winselt, zur Tür läuft und daran kratzt oder die Pfoten auf die Muschel des Ausgusses unter der Wasserleitung legt und sich fragend umsieht, dann tut er damit etwas, was dem menschlichen Sprechen unvergleichlich näherkommt als alles, was eine Dohle oder eine Graugans je sagen kann..." (K. Lorenz 1949).

Das Gorillakind Goma (Weibchen) begann mit zwei Jahren durch Vorführen oder andeutungsweises Zeigen dem Pfleger Wünsche mitzuteilen. Wollte sie die Käfigtüre geöffnet haben, steckte sie den Finger ins Schlüsselloch. Später zog sie Personen an einer Hand zur Tür.

Und noch mehr an menschliches Sprechen erinnert das Verhalten eines von K. Lorenz aufgezogenen zahmen Raben *(Corvus corax),* den er „Roa" rief. Raben haben eine besondere Verhaltensweise, mit der sie sitzende befreundete Artgenossen zum Mitfliegen auffordern.

Sie fliegen von hinten dicht über den andern Raben hin, wackeln mit dem zusammengefalteten Steuer und rufen „Krackrackrack". Der Rabe „Roa" tat dies auch seinem Pfleger gegenüber, vor allem wenn er ihn an Orten erblickte, die er selbst fürchtete, weil er einmal dort erschreckt worden war. Er flog den Pfleger dann wie einen anderen Raben von hinten
5 an, anstatt des angeborenen Rufes rief er jedoch mit Menschenstimme „Roa, Roa, Roa". Dabei beherrschte er durchaus seinen angeborenen Warnlaut und gebrauchte ihn auch seinem artgleichen Geschlechtspartner gegenüber. [...]
Ihre höchste Stufe erreichen die gelernten Ausdrucksbewegungen in der menschlichen Sprache. Das, was man beim Tier im allgemeinen als „Sprache" zu bezeichnen pflegt, be-
10 wegt sich, von den letztgenannten Beispielen abgesehen, ja ausschließlich auf dem Gebiet der Interjektion, der uneinsichtigen Stimmungsäußerung.
Die Wortsprache des Menschen kann man geradezu zu einer Definition heranziehen. Interessanterweise entbehrt aber auch sie keineswegs einer angeborenen Grundlage. In den ersten drei Lebensmonaten unterscheiden sich Kinder taubstummer Eltern in ihren Laut-
15 äußerungen nicht von solchen hörender und sprechender Eltern. Taubgeborene Kinder beginnen zu lallen und hören erst nach einer Weile damit auf, weil offenbar eine zur Weiterführung notwendige Rückmeldung über das Gehör ausbleibt. Auf der Grundlage dieser Sprachmotorik dürften Kinder sogar in der Lage sein, selbst eine Sprache zu entwickeln. O. Jespersen (1925) beschreibt den Fall zweier dänischer Kinder, die sehr verwahrlost auf-
20 wuchsen und nur von einer taubstummen Großmutter betreut worden waren. Sie unterhielten sich ungezwungen in einer eigenen, durchaus unverständlichen Sprache, die nicht die geringste Ähnlichkeit mit dem Dänischen aufwies.
Der von C. Hayes (1951) aufgezogene Schimpanse lallte bis zum 4. Monat die Silben pu, pwa, bra, bu, wa, io, aho, baho und gurgelte mit Speichel k-k. Mit viel Mühe und nur nach
25 wiederholtem Aufzwingen der Bewegung gelang es, dem Tier die vier Worte Mama, Papa, cup und up beizubringen. Das Tier verwendete sie jedoch oft nicht sinngemäß, obgleich es in der Lage war, 50 Wortbefehle richtig zu befolgen. Allerdings versagte der Schimpanse bei Neukombinationen („Küß Becher", „Küß Hund").[...]
Typisch menschlich ist die Wortsprache. Wir haben bereits hervorgehoben, daß fast alle
30 Lautäußerungen der Tiere Interjektionen sind; nur ganz ausnahmsweise beobachten wir so etwas wie ein Benennen oder sprachähnliche Mitteilungen. Während Tiere mit ihrem ihnen meist angeborenen Repertoire fast nur über ihre Erregungslage berichten, belegt der Mensch Umweltgegenstände mit Namen und kann so Aussagen über seine Umwelt machen.
35 Für die Mitteilung emotionaler Zustände brauchen wir dagegen selbst heute die Sprache nicht unbedingt, da unser angeborenes Ausdrucksrepertoire dazu völlig ausreicht. Wahrscheinlich hatte die Sprache ursprünglich überhaupt nur die Aufgabe, Mitteilungen über bestimmte Umweltgegebenheiten zu vermitteln, wie das die Zusammenarbeit z.B. bei der Jagd notwendig macht. Kinder verwenden ihre ersten Sätze ebenfalls zu Mitteilungen über
40 ihre Umwelt, und erst viel später drücken sie auch ihre Stimmungen sprachlich aus. R.J. Andrew (1963) nennt die Emanzipation der Lautäußerungen von den Emotionen eine wichtige Voraussetzung für die menschliche Sprache. Dazu paßt, daß wir unseren empfindlichsten Hörbereich von 3000 Hz nicht zum Sprechen nützen. In diesem Bereich liegt nämlich der Notruf eines Kindes oder einer Frau, auf den wir wahrscheinlich angeborener-

maßen reagieren. Der Bereich ist also emotional besetzt. Zum Sprechen nützen wir die freien Frequenzen um 1000 Hz. Auch hier zeigt sich die Unabhängigkeit vom Instinktiven, und damit erst gewinnt die Sprache jene Freiheit, die Voraussetzung für sachliche Verständigung ist. Diese Sachlichkeit ist ein spezifisch menschlicher Zug. Diese Instinktunabhängigkeit ist jedoch begrenzt. Zwar überwiegen bei uns erlernte Verhaltensmuster die angeborenen. Absolut dürfen wir aber nicht weniger Erbkoordinationen besitzen als andere Primaten, sondern eher mehr (Mimik!). 5

b) Sprache zur Kenntnisvermittlung: Die Tänze der Bienen

Durch die sorgfältigen und richtungweisenden Untersuchungen von K. v. Frisch (letzte Zusammenfassung 1965) wissen wir, daß Honigbienen ihren Stockgenossinnen durch besondere Tänze die Richtung und Entfernung einer Futterquelle melden können. 10
Liegt die Futterquelle nah, dann tanzen die heimkehrenden Arbeiterinnen einen einfachen *Rundtanz.* Dieser geht in einen Schwänzeltanz über, wenn die Futterquelle weiter als 25 m vom Stock entfernt liegt. Die durch den Rundtanz alarmierten Bienen suchen in allen Richtungen um den Stock herum, die durch einen *Schwänzeltanz* alarmierten dagegen in einer ganz bestimmten Entfernung und Richtung. K. v. Frisch erforschte, wie ihnen das mitgeteilt wird. 15

1 Der Schwänzeltanz
der Honigbiene

Die heimkehrende Biene beginnt auf der Wabe in ganz bestimmter Weise zu tanzen. Befindet sich die Futterstelle in der Nähe des Stockes, dann macht die Biene einen Rundtanz, der keinerlei Richtungsweisung enthält. Neulinge werden durch diesen Tanz alarmiert und suchen dann nach allen Seiten die Umgebung des Stockes ab. Sie suchen nach dem Duft, den die Tänzerin von der Futterstelle mitbrachte. Liegt die Futterstelle dagegen weiter vom Stock entfernt, dann tanzt die Biene anders: Mit dem Hinterleib schwänzelnd, läuft sie eine kurze Strecke geradeaus und betont diese Schwänzelstrecke durch ein schnarrendes, mit den Flügeln erzeugtes Geräusch. Dann wendet sie sich nach einer Seite und läuft, ohne zu schwänzeln, im Bogen wieder zum Ausgangspunkt, wo sie mit ihrem geradlinigen Schwänzeltanz erneut beginnt. Sie läuft dabei wieder in die gleiche Richtung wie zuvor, nur macht sie die Wendung diesmal nach der Gegenseite (Abb. 1) und so fort. Ein Teil der Bienen wird durch diesen Tanz erregt und folgt der Vortänzerin. Sie nehmen dabei den Geruch der Blüten wahr, die diese gerade besucht hat. Darüber hinaus erfahren sie auch, in welcher Entfernung und in welcher Richtung sie zu suchen haben. Ist die Futterstelle nahe beim Stock, dann ist die gerade und schwänzelnd durchlaufene Strecke nur kurz, und die Schwänzelläufe folgen daher rascher aufeinander. Daraus errechnen die Bienen die Entfernung zum Futterplatz. Einem geübten Beobachter gelingt das mit einer Stoppuhr ebenfalls. 20 25 30 35

59

Auch die Windgeschwindigkeit und Windrichtung gehen in das Tanztempo ein. Bei Gegenwind tanzen die Bienen langsamer, melden also eine größere Entfernung. Ebenso verhalten sie sich, wenn sie einen Steilhang hinauf zur Futterquelle geflogen sind. Die Entfernungsmeldung bezieht sich offenbar weder auf die wirkliche Entfernung noch auf die
5 Flugdauer, sondern auf den Kraftaufwand, den die Bienen benötigen, um das Ziel zu erreichen. Das geben sie durch die Schwänzelzeit bekannt, die zur besseren Markierung durch die obenerwähnten Lautäußerungen betont wird.

Neuere Untersuchungen von K. Esch (1967) weisen darauf hin, daß den Lautäußerungen eine etwas größere Bedeutung zukommt, als bisher angenommen wurde. Gelegentlich tan-
10 zen heimkehrende Honigbienen auf der Wabe ohne Lautäußerungen. Esch hat 15 000 solcher Tänze beobachtet, und in keinem Fall führte der stumme Tanz die anderen Arbeiterinnen zur Futterstelle.

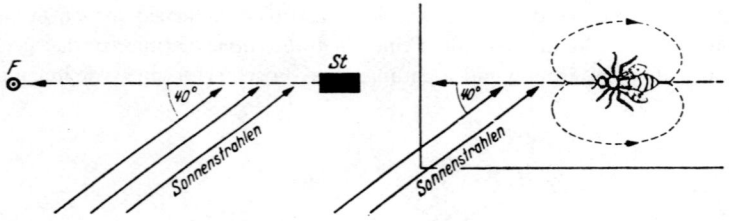

2. Die Richtungsweisung nach dem Sonnenstand beim Tanz auf horizontaler Fläche: St = Stock, F = Futterplatz, —
— — — = Flugrichtung zum Sammelplatz; rechts: der Schwänzeltanz auf horizontaler Fläche. Aus K. v. Frisch (1959).

Die Richtung wird in bezug zur Sonnenrichtung mitgeteilt. Tanzt die Biene, was sie nur selten tut, vor ihrem Stock, kann man die Methode der Informationsübermittlung beobach-
15 ten. Die gerade Strecke des Schwänzeltanzes hält nämlich denselben Winkel zur Sonne ein, den die Biene beim geradlinigen Flug zur Futterquelle eingehalten hat (Abb. 2). Das tut die Biene auch, wenn man die Waben des Stockes horizontal legt und sie die Sonne sehen kann. Auch dann weist die gerade durchlaufene Strecke direkt zum Ziel. Verdeckt man aber den Ausblick zur Sonne, sind die Bienen desorientiert, und die alarmierten Neulinge
20 finden dann nur zufällig zum Futterplatz. Hatte K. v. Frisch bei diesem Versuch vier Duftplatten in jeder Himmelsrichtung um den Stock ausgelegt, dann wurden sie von den Neulingen gleichmäßig besucht. Tanzten die Sammlerinnen dagegen bei Sonnensicht auf den horizontal liegenden Waben, dann konnten sie die Richtung weisen, und die alarmierten Neulinge bevorzugten eine der Duftplatten. Normalerweise tanzt die Biene jedoch auf den
25 vertikalen Waben im dunklen Stock. In diesem Falle wird der Winkel zur Sonne als Winkel zur Schwerkraft übersetzt (Abb. 3). Lag der Futterplatz in der Richtung zur Sonne, dann weist der geradlinige Schwänzellauf nach oben. War der Platz genau 50° links von der Sonne, weicht der Schwänzellauf um 50° nach links von der Vertikalen ab. Führte der Kurs von der Sonne weg, läuft die Biene beim Schwänzellauf nach unten. [...]

60

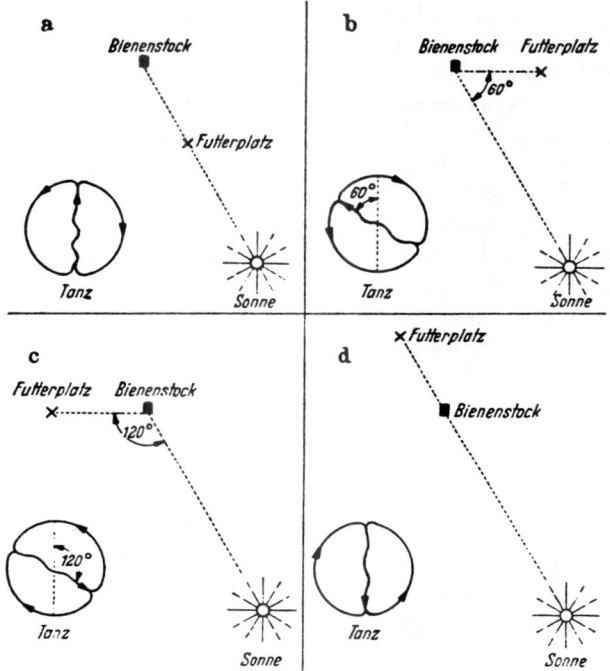

3. Die Richtungsweisung nach dem Sonnenstand beim Tanz auf der vertikalen Wabenfläche. Links ist jeweils dargestellt, wie bei der gegebenen Lage des Futterplatzes der Tanz auf der Wabe orientiert ist (nähere Erläuterungen im Text).

Würden die Bienen bei ihrer Richtungsweisung stets den zu Beginn angezeigten Winkel zur Sonne anzeigen und einhalten, dann würde sie das schließlich in die Irre führen, da ja die Sonne wandert und sich der Winkel damit in gesetzmäßiger Weise ändert. V. FRISCHS Versuche zeigen nun, daß die Bienen diese Sonnenwanderung auf Grund einer noch nicht näher bekannten Verrechnungsart kompensieren. Voraussetzung für diese Fähigkeit ist jedoch, daß sie die Sonnenwanderung einmal erleben. Aus ihr müssen sie offenbar lernen. Bienen, die in ihrem Leben nur wenige Male die Sonnenwanderung an Nachmittagen sehen konnten (die übrige Zeit befand sich der Stock in einem Keller), erfaßten dennoch den vollen Tageslauf. Prüfte man sie danach am Vormittag im Tageslicht, irrten sie sich nicht in der Dressurrichtung.

Bei Umwegen tanzen die Bienen die Luftlinie, geben aber die Länge des Umweges an. Die Tänze sind den Tieren angeboren. Es gibt verschiedene Dialekte. Die ägyptische Honigbiene beginnt bereits mit Schwänzeltänzen, wenn die Futterstelle weiter als 10 m vom Stock entfernt ist, die Krainer Rasse dagegen erst bei 50—100 m. Sie ist zugleich die am schnellsten tanzende Rasse. [...]

Die Tanzsprache der Bienen hat einige Züge mit der menschlichen Sprache gemein. Sie ist ein Kommunikatiosnmittel zwischen Artangehörigen, und es werden Beziehungen zwi-

5

10

15

61

schen Dingen mitgeteilt. Im Unterschied zur menschlichen Sprache handelt es sich aber um ein starres, angeborenes Kodesystem. Die menschliche Sprache beruht zwar auch auf einer angeborenen Fähigkeit zu bestimmten Lautäußerungen und wohl auch auf dem Drang zu sprechen, aber die Sprechsymbole werden vom einzelnen Individuum erlernt und tradi-
5 tionsgemäß weitergegeben. Individuelle Erfahrungen können sprachlich gefaßt und mitgeteilt werden, und das abstrakte Denken erlaubt Mitteilungen über Beziehungen zwischen Beziehungen. Der Bienentanz kommt der menschlichen Sprache insofern nahe, als er eine Symbolsprache ist, bei der Kenntnisse an Unerfahrene weitergegeben werden, ohne daß dabei das vermittelte Objekt vorliegen muß. Die Kenntnisvermittlung ist jedoch unmittel-
10 bar an die vorangehende Erfahrung gekoppelt. Keine Biene gibt das ihr Mitgeteilte weiter, ohne vorher selbst mit dem Objekt Erfahrungen gemacht zu haben. Sie ist gewissermaßen gegen „Gerüchtebildung" abgesichert.

III WAS MAN MIT SPRACHE ALLES MACHEN KANN — FUNKTIONEN DER SPRACHE

Einführung

In diesem Kapitel soll die Sprache weiter analysiert werden, indem einmal untersucht wird, welchen verschiedenen Zwecken Sprache zu dienen hat. Dabei kann deutlich werden, welcher Reichtum an Verwendungsweisen von Sprache zu beobachten ist und daß gängige Klassifikationen, die diese Mannigfaltigkeit der Funktionen in wenigen Hauptgruppen zusammenfassen, diesem Reichtum kaum gerecht werden und meist grobe Reduktionen darstellen. Es sei hier auf die Bemerkungen Wittgensteins in T. 41 verwiesen, wo er in § 23 dieses Textes in ähnlicher Weise die Mannigfaltigkeit der „Sprachspiele" hervorhebt und betont, wie schematisierend etwa die Logik mit dieser Mannigfaltigkeit verfährt. So sind natürlich auch in der hier vorliegenden Textsammlung bei weitem nicht alle Sprachfunktionen angesprochen, doch geben die angeführten Beispiele vielleicht Anregungen für weitere Untersuchungen in dieser Richtung. Insbesondere die Sammlung der konkreten Beispiele dafür, was man mit Sprache alles machen kann (T. 18), könnte beliebig erweitert werden; eine entsprechende Aufgabenstellung an die Schüler ist naheliegend. Einige der hier (in 18) zitierten Beispiele zur Verwendungsweise von Sprache thematisieren selbst wieder bestimmte Aspekte der Sprache und sind insofern mit anderen Teilen der Textsammlung verflochten — etwa das Beispiel „sich unterhalten": wenn alle denselben Namen trügen (z.B. „Bobby Watson"), verlöre die Namengebung ihren Sinn; oder das Beispiel „Märchen erzählen": im Märchen sprechen ganz selbstverständlich auch Gegenstände die menschliche Sprache; das Beispiel „Rätsel aufgeben" benutzt eine Sprachverwirrung, wie sie in komplexerer Weise von der sprachanalytischen Philosophie (Kapitel VI, besonders T. 45) untersucht wird, usw.
Eine berühmte Dreiteilung der Sprachfunktionen stammt von Karl Bühler und wird hier von einem seiner Schüler referiert: die Kundgabe-, Auslösungs- und Darstellungsfunktion (T. 19). Eine sinnvolle Aufgabe könnte darin bestehen, Bühlers Klassifikation auf die vorangegangenen Beispiele einmal anzuwenden oder auch die im folgenden genannten Funktionen in die drei „Dimensionen der Sprache" einzuordnen, wenngleich eine solche Zuordnung sicher nicht eindeutig und unzweifelhaft verlaufen wird. — Der folgende Text von Gehlen (20) charakterisiert die Funktion der Sprache aus anthropologisch-biologischer Sicht und betont den ökonomischen Aspekt der Sprachbenutzung: sie dient dazu, den reizüberfluteten Menschen zu entlasten, ihm Distanz gegenüber „Mensch und Welt" zu verschaffen und diese gleichzeitig leichter verfügbar zu machen. Eine weitere wichtige Funktion der Sprache, die auch in vielen anderen Texten der Sammlung betont wird (s. Themenbereichsverzeichnis) wird in Text 21 von Hayakawa dargestellt: Sprache dient zur Verständigung der Menschen untereinander und ermöglicht wesentlich deren Kooperation — sei es durch einfache Warnrufe, sei es durch kompliziertere Berichte über bestimmte Problemlösungen, so daß der Mensch niemals nur von seiner eigenen Erfahrung abhängig ist, sondern die Erfahrungen der Mitmenschen mitverwerten kann, auch wenn diese längst gestorben sind (vgl. T. 4). Die Betonung des Gemeinschaftscharakters der Sprache betont auch Stalin (T. 22). Seine Überlegungen erhalten jedoch einen besonderen Stellenwert, weil sie aus marxistischer Perspektive erfolgen und herausstellen, daß Sprache nicht das Werk einzelner Klassen sondern das Werk aller Klassen, also der ganzen Gesellschaft ist; Sprache gehört also nicht zum „Überbau" der ökonomischen „Basis". — Zum Gemeinschaftsbezug der Sprache gehört wesentlich, daß man mit ihr andere Menschen beeinflussen und lenken kann und zwar zu deren Nutzen (etwa im Rahmen von Erziehung oder Psychotherapie), aber auch zu deren Schaden (etwa im Rahmen politischer Manipulation). Ein Beispiel für diese zweite Verwendungsweise stellt T. 23 von Brecht dar, der zeigt, wie durch die Verwendungsweise bestimmter Vokabeln die wirklichen Sachverhalte im Interesse einer bestimmten Politik beschönigt, verhüllt oder verzerrt werden könnten (vgl. T. 9a).
Eine zentrale Stellung nimmt die Analyse der Sprache und ihrer Funktionen bei der Kommunikationswissenschaft ein. Sie wird in dieser Textsammlung jedoch nur kurz berührt, indem in T. 24 zwei

Grundbegriffe der Kommunikationswissenschaft, nämlich Nachricht und Information, erläutert werden, wobei die sprachlich formulierte Nachricht der Vermittlung von Information dient; es ist aber fraglich, ob diese Abgrenzung immer aufrecht erhalten werden kann. — In analoger Weise kann man sagen, daß Sprache der Vermittlung von Gedanken dient, und in Frage stellen, ob Gedanken nur durch Sprache möglich sind oder ob es auch Denken ohne Sprache gibt. Dies ist eine alte und vieldiskutierte Fragestellung (vgl. T. 8), die hier nur durch einen Text (25) dargestellt wird (vgl. aber die Bemerkungen von Grimm, Leibniz, Heidegger, Montaigne und Kleist in T. 1).

Der folgende Text (26) knüpft an die schon erörterte Gemeinschaftsfunktion der Sprache an, jedoch in einem neuen Sinn: Sprache dient nicht nur dazu, Zusammenarbeit zwischen Menschen zu ermöglichen oder Menschen zu beeinflussen, sondern auch, um Gemeinsamkeit, Übereinstimmung, Zusammengehörigkeitsgefühl überhaupt erst einmal herzustellen. Sprache dient dann nicht der Informationsvermittlung, sondern appelliert eher an emotionale Bereiche. In diese Richtung zielen auch die drei folgenden Texte (27, 28a, 28b), die non-verbale Kommunikationsformen wie Schreien, Lachen und Schweigen betreffen und als archaische Ausdrucksformen nicht so sehr den Verstand, als vielmehr die Gefühle und unbewußte Gedankengänge berühren. Abschließend sei nochmals betont, daß diese Textauswahl sicher nicht alle Funktionen der Sprache nennt; manche Texte der übrigen Kapitel können jedoch als Ergänzung hinzugezogen werden (zum Beispiel 3, 4, 9a, 9b, 9c, 10, 14, 15, 30a, 32, 41).

18. Zum Beispiel kann man mit Sprache ...

Über etwas berichten

Mehr als ein Autofahrer hat im geheimen gewünscht, er könnte das tun, was nach der Anklage Samuel Rios, 30 Jahre alt, gestern getan hat. Als er um 12.30 Uhr durch Williamsburg fuhr, kurvte er um eine Ecke und streifte zufällig eine Limousine, die in der Kurve vor
5   dem Haus Hopkin's Straße 141 geparkt war. Rios stoppte wütend, nahm den Wagenheber aus seiner Werkzeugkiste, wie der Polizeibericht sagt, und schlug das ärgerliche Hindernis von der Windschutzscheibe bis zu den Schlußlichtern kurz und klein.

New York, POST; zit. nach Hayakawa, Semantik

★

Zum Gebrauch anleiten

10   Zum Auswechseln der Farbbandspule nehmen Sie die Abdeckhaube durch leichten Zug nach oben ab. Wenn Sie den Bremshebel nach außen schwenken, kann die Farbbandspule nach oben abgenommen werden. Sie brauchen jetzt nur das neue Band nach untenstehenden Abbildungen in die Farbbandgabel und in den Fühlhebel einzusetzen. Mit den beiden Farbbandumschaltern können Sie die Transportrichtung des Bandes einstellen.

15   *Bandwechsel bei einer Schreibmaschine*

★

Für einen Nagellack werben

Großer Juwelen-Diebstahl! N... stiehlt das Funkeln kostbarer Edelsteine für ihre Fingernägel. Welch ein Glück! N... häuft ein Vermögen von Perlen, Amethysten und Rubinen auf Ihre Fingerspitzen. Aber Sie brauchen keinen Safe auszuräubern, um sie zu besitzen. N...-Lack mit seinem diamanthellen Funkeln kommt einem kostbaren Juwel an nächsten.

★

Sich unterhalten

Mr. Smith immer noch mit seiner Zeitung: Schau, da steht, daß Bobby Watson gestorben ist. 5
Mrs. Smith: Mein Gott, der Arme! Wann ist er denn gestorben?
Mr. Smith: Warum bist du so erstaunt? Du wußtest doch, daß er seit zwei Jahren tot ist. Erinnerst du dich nicht? Wir waren an seiner Beerdigung vor anderthalb Jahren.
Mrs. Smith: Natürlich entsinne ich mich. Es kam mir sofort wieder in den Sinn, aber ich begriff nicht, warum du so erstaunt warst, daß es in der Zeitung steht. 10
Mr. Smith: Das steht ja gar nicht in der Zeitung. Schon vor drei Jahren hat man von seinem Tod gesprochen. Es kam mir wieder in den Sinn aus...weil es mir wieder in den Sinn kam! [...]
Mrs. Smith: Die arme Bobby!
Mr. Smith: Du willst doch sagen: der arme Bobby. 15
Mrs. Smith: Nein, ich denke an seine Frau. Sie hieß Bobby wie er: Bobby Watson. Weil sie denselben Namen trugen, konnte man sie nicht unterscheiden, wenn man sie zusammen sah. Erst nach seinem Tode hat man wirklich gewußt, wer wer war. Und noch heute gibt es Leute, die sie mit dem Toten verwechseln und ihr kondolieren. Kennst du sie?
Mr. Smith: Ich habe sie erst einmal gesehen — rein zufällig — bei Bobbys Begräbnis. [...] 20
Mrs. Smith: Aber wer wird für die Kinder sorgen? Du weißt, sie haben einen Jungen und ein Töchterchen. Wie heißen sie nur?
Mr. Smith: Bobby und Bobby, wie ihre Eltern. Bobby Watsons Onkel, der alte Bobby Watson, ist reich und liebt den Jungen. Er könnte sich sehr gut um Bobbys Erziehung kümmern. 25
Mrs. Smith: Das wäre nur natürlich! Und Bobby Watsons Tante, die alte Bobby Watson, könnte sich ihrerseits auch sehr gut um die Erziehung der Bobby Watson, der Tochter der Bobby Watson, bemühen. So könnte Bobby, Bobby Watsons Mama, sich wieder verheiraten. Hat sie jemanden im Auge?
Mr. Smith: Ja, einen Neffen der Bobby Watson. 30
Mrs. Smith: Den Bobby Watson?
Mr. Smith: Von welchem Bobby Watson sprichst du?
Mrs. Smith: Von Bobby Watson, dem Sohn des alten Bobby Watson, dem zweiten Onkel des Bobby Watson, der tot ist.
Mr. Smith: Nein, nicht der, ein anderer. Es ist Bobby Watson, der Sohn der alten Bobby 35
Watson, die Tante des Bobby Watson, der tot ist.
Mrs. Smith: Du meinst Bobby Watson, den Handelsreisenden?
Mr. Smith: Alle Bobby Watsons sind Handelsreisende.

E. Ionescu, Die kahle Sängerin

Einen Witz erzählen

Der Arzt, der gebeten worden ist, der Frau Baronin bei ihrer Entbindung beizustehen, erklärt den Moment noch nicht gekommen und schlägt dem Baron unterdes eine Kartenpartie im Nebenzimmer vor. Nach einer Weile dringt der Wehruf der Frau Baronin an das Ohr der beiden Männer. *„Ah mon Dieu, que je souffre!"* Der Gemahl springt auf, aber der Arzt wehr ab: „Es ist nichts, spielen wir weiter." Eine Weile später hört man die Kreißende wieder: *„Mein Gott, mein Gott, was für Schmerzen!"* — „Wollen Sie nicht hineingehen, Herr Professor?" fragt der Baron. — „Nein, nein, es ist noch nicht Zeit." — Endlich hört man aus dem Nebenzimmer ein unverkennbares: *„Ai, waih, waih"* geschrien; da wirft der Arzt die Karten weg und sagt: „Es ist Zeit."

Sigmund Freud, Der Witz und seine Beziehung zum Unbewußten

★

Märchen erzählen

In einem Dorfe wohnte eine arme alte Frau, die hatte ein Gericht Bohnen zusammengebracht und wollte sie kochen. Sie machte also auf ihrem Herd ein Feuer zurecht, und damit es desto schneller brennen sollte, zündete sie es mit einer Hand voll Stroh an. Als sie die Bohnen in den Topf schüttete, entfiel ihr unbemerkt eine, die auf dem Boden neben einen Strohhalm zu liegen kam; bald danach sprang auch eine glühende Kohle vom Herd zu den beiden herab. Da fing der Strohhalm an und sprach: „liebe Freunde, von wannen kommt ihr her?" — Die Kohle antwortete: „ich bin zu gutem Glück dem Feuer entsprungen, und hätte ich das nicht mit Gewalt durchgesetzt, so war mir der Tod gewiß: ich wäre zu Asche verbrannt." Die Bohne sagte: „ich bin auch noch mit heiler Haut davon gekommen, aber hätte mich die Alte in den Topf gebracht, ich wäre ohne Barmherzigkeit zu Brei gekocht worden wie meine Kameraden." — „Wäre mir denn ein besser Schicksal zuteil geworden?" sprach das Stroh, „alle meine Brüder hat die Alte in Feuer und Rauch aufgehen lassen, sechzig hat sie auf einmal gepackt und ums Leben gebracht. Glücklicherweise bin ich ihr zwischen den Fingern durchgeschlüpft." — „Was sollen wir aber nun anfangen?" sprach die Kohle. — „Ich meine", antwortete die Bohne, „weil wir so glücklich dem Tode entronnen sind, so wollen wir uns als gute Gesellen zusammen halten und, damit uns hier nicht wieder ein neues Unglück ereilt, gemeinschaftlich auswandern und in ein fremdes Land ziehen."

Gebrüder Grimm, Strohhalm, Kohle und Bohne

★

Rätsel aufgeben

Was hat mehr Beine — *ein* Pferd oder *kein* Pferd? — Antwort: Kein Pferd. Denn *ein* Pferd hat vier Beine, aber kein Pferd hat fünf Beine.

66

Lügen auftischen

Es wollten drei Kerle einen Hasen fangen,
sie kamen auf Krücken und Stelzen gegangen,
der eine konnt nicht hören,
der andre war blind, der Dritte stumm,   5
der Vierte konnt sich nicht rühren.
Nun will ich euch singen, wie es geschah:
Der Blinde zuerst den Hasen sah
im Feld geschwind hertraben.
Der Stumme rief dem Tauben zu,   10
da faßt ihn der Lahme am Kragen.

★

Zungenbrechen

Hansen Hansens Hans hackte Holz.
Hätte Hansens Hannchen
Hansen Hansens Hans Holz hacken hören,   15
hätte Hansens Hannchen
Hansen Hansens Hans Holz hacken helfen.

Aus: H. M. Enzensberger, Allerleirauh

★

Sprachforschung treiben (Etymologie und Etymogelei)

Einem alten Gymnasialwitz zufolge ist das deutsche Wort „Tisch" in folgender Entwick-   20
lungsreihe aus dem gleichbedeutenden lateinischen Wort „mensa" entstanden: mensa —
mesa — misa — mies — misch — Tisch.

★

Koseworte flüstern

Dickerle, Engel, Gold, Häschen, Herzbändel, Herzchen, Liebe, Liebste, Mausi, Puppe,
Puttchen, Schäfchen, Schluffe, Schmackeduzchen, Schneck, Schnuckelchen, Schnucki,   25
Schnuckilein, Schnuckiputzi, Schnuckiputzilein, Süße, Tuttchen, Tschaperl, Wonne,
Wonneproppen; Bubi, Dicker, Liebster, Männe, Schatzi, Schelm, Schlawitzer, Strick,
Stromer, Stropp, Süßer. Aas, Hexe, Mörder, Schlingel, Spitzbub, Strolch, Ungetüm.

Aus: Ernest Bornemann, Sex im Volksmund

★

Gefühle ausdrücken   30

Ich legte mich nieder, und morgens, in der Ruhe des Erwachens, steht er noch fest, noch
ganz stark in meinem Herzen: ich will sterben. — Es ist nicht Verzweiflung, es ist Gewiß-
heit, daß ich ausgetragen habe und daß ich mich opfere für dich. Ja, Lotte! warum sollt'

ich's verschweigen? Eins von uns dreien muß hinweg, und das will ich sein! O meine Beste! in diesem zerrissenen Herzen ist es wütend herumgeschlichen, oft — deinen Mann zu ermorden! — dich! — mich! — So sei's denn! — Wenn du hinaufsteigst auf den Berg an einem schönen Sommerabende, dann erinnere dich meiner, wie ich so oft das Tal herauf-
5 kam, und dann blicke nach dem Kirchhofe hinüber nach meinem Grabe, wie der Wind das hohe Gras im Schein der sinkenden Sonne hin und her wiegt — Ich war ruhig, da ich anfing, nun, nun wein' ich wie ein Kind, da alles das so lebhaft um mich wird. —

J. W. v. Goethe, Die Leiden des Jungen Werther

★

Beten

10 Aus der Tiefe rufe ich, Herr, zu dir,
höre auf meine Stimme!
Laß deine Ohren merken
auf mein lautes Flehen!
Wenn du die Sünden anrechnest,
15 Herr, wer kann bestehen?
Doch bei dir ist Vergebung,
auf daß man dich fürchte.
Ich hoffe auf dich, o Herr,
meine Seele hofft auf dein Wort.

20 *Psalm 130, 1 — 5* ★

Fluchen

[Karl Moor (verflucht den Bruder, der den Vater zugrunde richtete):]
Rache, Rache, Rache dir! grimmig beleidigter, entheiligter Greis! So zerreiß ich von nun an auf ewig das brüderliche Band, *er zerreißt sein Kleid von oben an bis unten.* So verfluch
25 ich jeden Tropfen brüderlichen Bluts im Antlitz des offenen Himmels! Höret mich Mond und Gestirne! Höre mich mitternächtlicher Himmel! der du auf die Schandtat herunterblicktest! Höre mich dreimalschröcklicher Gott, der da oben über dem Monde waltet, und rächt und verdammt über den Sternen, und feuerflammt über der Nacht! Hier knie ich — hier streck ich empor die drei Finger in die Schauer der Nacht — hier schwör ich, und so
30 speie die Natur mich aus ihren Grenzen wie eine bösartige Bestie aus, wenn ich diesen Schwur verletze, schwör ich das Licht des Tages nicht mehr zu grüßen, bis des Vater-Mörders Blut, vor diesem Steine verschüttet, gegen die Sonne dampft.

F. v. Schiller, Die Räuber

✶

Schwören

35 Ich schwöre, daß ich das mir übertragene Amt nach bestem Wissen und Können verwalten, Verfassung und Gesetz befolgen und verteidigen, meine Pflichten gewissenhaft erfüllen und Gerechtigkeit gegen jedermann üben werde. So wahr mir Gott helfe.

Amtseid eines deutschen Beamten, unter Erheben der rechten Hand zu sprechen

Auf magische Weise etwas bewirken

Fol und Wotan fuhren zu Holze.
Dort ward dem Balders-Fohlen sein Fuß verrenkt...
Da besprach ihn Wodan, der es wohl verstand:
Wie die Beinrenke, so die Blutrenke,   5
So die Gliedrenke!
Bein zu Bein, Blut zu Blute,
Glied zu Gliedern, als ob sie geleimt wären.

Merseburger Zauberspruch, im 10. Jahrhundert niedergeschrieben

★

Dichten   10

Ein Wort, ein Satz — : Aus Chiffren steigen
erkanntes Leben, jäher Sinn,
die Sonne steht, die Sphären schweigen
und alles ballt sich zu ihm hin.
Ein Wort — ein Glanz, ein Flug, ein Feuer,   15
ein Flammenwurf, ein Sternenstrich —
und wieder Dunkel, ungeheuer,
im leeren Raum um Welt und Ich.

Gottfried Benn

19. HELLMUTH DEMPE

Die Funktionen der Sprache nach Karl Bühler

Die menschliche Sprache weist nach Bühler[1] drei Funktionen, Leistungen oder Zwecke   20
auf: er nennt sie *Kundgabe, Auslösung* und *Darstellung.* Diese Funktionen bezeichnet
Bühler auch als den Sinn der Sprachgebilde; Funktion, Zweck und Sinn ist ihm ein und
dasselbe. Ein Sprachzeichen hat Sinn heißt: es ist für einen Zweck bestimmt, es erfüllt eine
Aufgabe. Der Sinn braucht nicht bewußt zu sein. Sinn ist nicht identisch mit bewußter Absicht oder bewußtem Ziel. Sinn hat ihm vielmehr auch die Bedeutung eines objektiven und   25
überindividuellen Naturzweckes, der in der menschlichen Sprache bewußt und mit Absicht
gebraucht werden kann, ohne es zu müssen. [...]

a) Die Kundgabefunktion.
Sprachliche Kundgabe ist immer *Kundgabe seelischer Erlebnisse des Sprechenden.*
In ihrem biologischen Ursprung läßt sie sich bis ins Tierreich zurückverfolgen. So ist z.B.   30
das Singen des Vogels Kundgabe. Hat ein Tier einen Kampf siegreich bestanden, so sind

---

[1] Karl Bühler, 1879-1963, Psychologe. Hauptforschungsgebiete: Entwicklungspsychologie, Wahrnehmungspsycho-
logie und Sprachpsychologie. Sein Hauptwerk über dies letzte Forschungsgebiet ist die ‚Sprachtheorie' (1934).

seine folgenden Schreie Kundgabe, ebenso wie die Schmerzensschreie des unterliegenden Tieres. Die Entwicklung des Kindes beginnt mit der Kundgabefunktion. Sein Schreien gibt Unlustgefühle, Hunger, Schmerz usw. kund. Die ersten Worte, die das Kind sich aneignet, gebraucht es ebenfalls als Mittel der Kundgabe. Auch im Leben des Erwachsenen gibt es
5 Sprachgebilde, die reinen Kundgabecharakter tragen, z.B. die primären Interjektionen „Au!" oder „Oh!", die nur den Zweck haben, Schmerz oder Staunen auszudrücken. Das Verhältnis des Kundgabemittels zum kundgegebenen seelischen Akt ist das Kausalverhältnis. Die Sprachlaute zeigen die seelischen Erlebnisse an, wie der Blitz anzeigt, daß eine elektrische Entladung vor sich gegangen ist.
10 In der gewöhnlichen Rede der Menschen sind es neben den begleitenden Gebärden insbesondere die musikalischen Elemente, die Stärke und Schwäche, mit der die Laute hervorgebracht werden, Tempo, Rhythmus und Melodie, die das seelische Leben des sprechenden Menschen kundgeben. Daher bietet die Lyrik die reichste Ausbeute an sprachlichen Kundgabemitteln. Ob die Kundgaben wissentlich und willentlich oder unwissentlich und
15 unwillentlich geäußert werden, ist für den Kundgabecharakter selbst ohne Belang. Doch kann der Wille des Menschen das Kausalverhältnis zwischen Kundgabeakt und Kundgabemittel verschieben. Dann wird aus einer echten Kundgabe eine unechte, z.B. in der Lüge.[...]

b) Die Auslösungsfunktion.
20 *Auslösungsfunktion* der Sprache nennt Bühler die *Wirkung eines Gesprochenen im Hörer.* Entwicklungsgeschichtlich ist sie älter als die Kundgabefunktion. So fungieren schon bei den primitiven Lebewesen die Sinneseindrücke als Auslösungssignale und steuern in zweckmäßiger Weise den Lauf der Instinkthandlungen. Kundgabefreie Auslösung ist ferner das Auffliegen der Spatzen auf einen Schuß hin oder das Zupacken der Katze auf den
25 Anblick einer Maus hin. Hier verläuft der Prozeß in einer Phase. Zweiphasig dagegen sind alle Auslösungen, die auf Grund einer Kundgabe erfolgen, wobei die Kundgabe die erste und die Auslösung die zweite Phase darstellt. Der Gemsführer gibt durch einen Ruf eine Warnung kund, und der Warnruf wirkt auslösend auf die Gemsenschar, indem sie daraufhin das Weite sucht. In diesem Zweiphasenprozeß tritt also das soziale Moment in Erschei-
30 nung, und in ihm liegt die Wurzel der menschlichen Sprache.
Neben der reinen Kundgabe ist die Auslösung der einzige Zweck im Gebrauch der Worte des kleinen Kindes. Relativ reinen Auslösungscharakter in der Sprache des Erwachsenen birgt der Anruf „He!", da sein Hauptzweck ist, Aufmerksamkeit im Angerufenen auszulösen. Ebenso gehen Befehle, Bitten und Wünsche unmittelbar darauf aus, eine Auslösung
35 im Hörenden herbeizuführen. Wie die Kundgabe beruht auch die Auslösung auf einem Kausalverhältnis. Kundgabemittel und Auslösung stehen zueinander im Verhältnis von Ursache und Wirkung: die Auslösung erfolgt rein mechanisch. Soweit die Auslösung in der menschlichen Sprache beabsichtigt ist, fällt sie in den Bereich des rhetorischen Momentes. Der Sprecher, dessen Sprachmittel wirksam sein wollen, muß wissen, wie er die seeli-
40 sche Kontaktwirkung herstellt und am besten den Hörer beeinflußt.

c) Die Darstellungsfunktion.
Als *Darstellungsfunktion* bezeichnet Bühler, der diesen Terminus geprägt hat, die *Leistung der Sprachmittel, Sachverhalte darzustellen.*

70

Sie ist die einzige Funktion, die im Tierreich nicht vorgebildet ist, wenigstens hat man sie dort bis jetzt noch nicht nachweisen können. Sie ist nicht auf ein Kausalverhältnis zurückführbar, sondern beruht auf dem Verhältnis der Zuordnung. „Die Zuordnung aber ist ein ideelles Verhältnis, das nie und nimmer aus realen Zusammenhängen 'abgeleitet' werden kann." Die Sprachformen stehen hier, wenn auch an erster Stelle, in einer Reihe mit anderen Darstellungsmitteln, wie Bildern, Landkarten, Kurven, mathematischen oder chemischen Formeln usw., die ebenfalls dazu bestimmt sind, Sachverhalte wiederzugeben. Doch gibt es innerhalb der Darstellung noch wichtige Unterschiede. Denn ein Photogramm oder eine Fieberkurve unterscheiden sich noch wesentlich von einem sprachlichen Satz. Während im ersten Falle „eine Zuordnung der repräsentierenden zu den repräsentierten Gestaltsmomenten durch Ähnlichkeit vorliegt", ist in der menschlichen Lautsprache nur in bestimmten Fällen Ähnlichkeit der Darstellungsmittel mit dem Dargestellten vorhanden. In der Regel ist die sprachliche Darstellung keine unvermittelte, ihre bezeichnete Gegenständlichkeit direkt abbildende, sondern eine lediglich symbolische und vermittelte. In der sprachlichen Darstellung sind die Laut- bzw. Schriftsymbole keine Zeichen, die mit dem Bezeichneten in einem natürlichen Zusammenhang stehen, sie sind keine Anzeichen oder Zusammenhangszeichen, sondern symbolische Ordnungszeichen, die nur in ideeller Relation zu den bezeichneten Gegenständen stehen und nur kraft ihrer geregelten Verbindungen und Beziehungen untereinander das Verständnis der ihnen zugeordneten Sachverhalte ermöglichen. Man muß daher die Zuordnung erst kennen, ehe man aus der Darstellung den Sachverhalt 'entnehmen' kann.

In erkenntnistheoretischer Beziehung ist ein Darstellungssatz entweder wahr (richtig) oder falsch. [...]

d) Der gegenseitige Zusammenhang der drei Sprachfunktionen

Kundgabe, Auslösung und Darstellung sind die drei primären Zwecke, denen die Sprache dienen kann. Wie der Raum drei Dimensionen hat, so hat die Sprache *diese* drei Dimensionen. Und ein Sprachzeichen kann nur in diesen drei Dimensionsrichtungen sinnvoll sein, nämlich in der *Richtung auf den Sprecher,* dessen seelische Erlebnisse es *anzeigend* kundgibt, in der *Richtung auf den Hörer,* in dem das Sprachzeichen *signal*mäßig eine Wirkung auslöst, und in *Beziehung auf einen Gegenstand oder Sachverhalt,* den das Zeichen in symbolischer Weise nennt oder darstellt. Bühler stellt fest, „daß die drei Sinndimensionen der Kundgabe, Auslösung und Darstellung den Kosmos der reinen Sprache restlos konstituieren."

Ein konkretes Sprachzeichen ist oft in jeder der drei Richtungsbeziehungen sinnvoll. So kann ich z.B. mit dem Satz: „Es gibt einen Gott" erstens einen Sachverhalt behaupten, zweitens durch die Art des Aussprechens meine Überzeugung, daß der Satz wahr ist, kundgeben, und drittens eine entsprechende Wirkung auf einen Zuhörer beabsichtigen. Meist kommen die drei Funktionen in einem komplizierten In- und Durcheinander vor und müssen erst sorgfältig getrennt werden.

Doch braucht nicht jedes Sprachmittel alle drei Funktionen auf einmal aufzuweisen; wie z.B. einerseits Frage-, Wunsch- oder Befehlssätze, der Anruf ‚He!' oder auch die primären Interjektionen ‚Au!', ‚Oh!', ‚Aha!' keine Sachverhalte darstellen, so gibt es andererseits viele Worte, besonders Konjunktionen und Partikeln, die keine Nennfunktion haben.

„Wenn man etwa gefragt würde: ‚Was stellt obgleich dar?', würde man um eine Antwort recht verlegen sein, dagegen wäre es verhältnismäßig leicht zu sagen, was es kundgibt und auch was es im Hörer bewirken soll."

20. ARNOLD GEHLEN

Entlastungsfunktion der Sprache

Die „Weltoffenheit" des Menschen *(Scheler)*[1] ist eigentlich, biologisch gesehen, ein negati-
5   ver Sachverhalt. Dem Tier ist durch die Weisheit der Natur das abgeblendet, was nicht als Feind-, Beute-, Geschlechtszeichen usw. lebenswichtig zur Wahrnehmung kommen muß; oder in anderen Fällen wird in einem Wahrnehmungsfeld mit biologisch überflüssigen In-halten doch nur das Gegenstand des Verhaltens, was triebbedeutsam ist und werden kann. Der Mensch aber ist einer *Reizüberflutung* ausgesetzt, einem biologisch nur dann versteh-
10 baren Reichtum des *Wahrnehmbaren,* wenn man diesen in Beziehung setzt zu der Notwen-digkeit, unter beliebigen, niemals angepaßten und also in zufälligem Grade mannigfaltigen und verschiedenen Bedingungen. Chancen für seine Tätigkeit finden zu müssen, von der er physisch lebt. Die damit gegebene *Belastung* wird nun [...] von ihm selbsttätig überwun-den, wenn es auch ein langer Weg ist, bis der mühelose Überblick erreicht ist, der Reichtum
15 der Inhalte bekannt, das Können der Bewegung und Hantierung entwickelt und eingeübt. Wir können daher diese Entwicklungen auch als *Entlastungsprozesse* bezeichnen, und da-mit soll folgendes gemeint sein: der wechselseitige Einfluß, in dem die Bewegungserlernung und der Aufbau der Wahrnehmungswelt zueinander stehen, geht in der Richtung auf zu-nehmende *Distanzierung* von Mensch und Welt. Unser Verhalten wird immer mannigfalti-
20 ger, zugleich aber immer potentieller, ein bloßes ‚Können', das Wahrgenommene zuneh-mend bloße Andeutung von *möglicher* Entwickelbarkeit, auf die wir uns meist gar nicht mehr einlassen. Diesen Prozeß der Entlastung führt nun die Sprache geradlinig weiter, ja strenggenommen ist sie ja schon in ziemlich frühe Phasen desselben in ihren Anfängen eingeschaltet. Hier-
25 über sei das folgende ausgeführt. Wenn man die Sprache einmal nicht von oben her, vom Begriff und vom Denken aus, son-dern von der biologischen Seite ansieht, also einfach als Bewegung und als Klasse besonde-rer, sagen wir lautmotorischer Vollzüge, so ist zunächst zu sagen, daß der allgemeine und elementare biologische Zusammenhang zwischen Reiz und Reaktion auch hier vorhanden
30 ist, denn das kleine Kind reagiert auf Eindrücke sehr bald in Lautbewegungen, und sein Tönebilden und Lautbewegen zeigt uns, daß jener allgemeine Zusammenhang durchaus vorhanden ist, nur sozusagen ‚abgeschoben' in ein besonderes Organ, eben das lautmoto-rische oder Sprachorgan. Sprachlaute ersetzen beim kleinen Kinde zunehmend die Ant-wortreaktionen sonstiger körperlicher Art, und der Mensch kann eine Masse von Reizen
35 akustischer oder optischer Herkunft, von denen er überschwemmt wird, rein lautmoto-

---

[1] Max Scheler, 1874-1928, Philosoph. Seine Hauptarbeitsgebiete waren die Ethik, die Anthropologie (Wissenschaft vom Menschen), die er — als philosophische Disziplin und Betrachtungsweise — begründete, und die Religionsphilo-sophie.

risch abreagieren, während sein Gesamtverhalten aus dem suggestiven Anstoß der Reiz-
welt herausgenommen ist, der das Tier in seiner Umwelt herumtreibt.

Weil nun der Laut die außerordentliche Eigenschaft hat, *zugleich* Bewegung zu sein und,
als gehörter, Bestandteil der Außen- und Wahrnehmungswelt, noch dazu eines Fernesin-
nes, so ist es möglich, sich in einer sehr mühelosen, leicht automatisierenden Bewegung auf
eine Sache zu richten *und* sie darin gleichzeitig zu empfinden und zu ‚vernehmen'. Indem
die Lautbewegung auf den Reiz anwortet, schafft sie selbst das Symbol, das leicht mit jenem Reiz verschmilzt, sie empfindet dabei zugleich sich selbst und in dem einen Eindruck
auch den anderen, im Laut auch das gesehene Ding. Das ist ein müheloser, hochgradig er-
leichterter und noch dazu schöpferischer Umgang mit den Dingen, weil die empfindbare
Fülle der Welt wirklich vermehrt wird. So wird die Distanz noch einmal entscheidend ver-
größert: zwischen unser Verhalten und die Wirklichkeit schiebt sich eine ‚Zwischenwelt'
aktiv gesetzter Symbolik. Die Welt der Tiere mit ihren hochgezüchteten Sinnen ist unvergleichlich enger, aber auch unvergleichlich dramatischer als unsere, nicht nur weil die Reize
meist in Bewegung, oft in Panik umgesetzt werden, sondern auch deshalb, weil das Tier,
stets ganz gegenwärtig und als Ganzes bewegt, auch immer in jede Situation seinen Vorrat
von Trieben und Bedürfnissen, Erfahrungen und Gewohnheiten mit hineinzieht. Dagegen
ist im ‚Ansprechen' (Bezeichnen) der Dinge ein *aktives* Verhalten möglich, *das nichts praktisch verändert,* sondern eine entlastete, *bloß empfindbare Bewegung ist* — die Bedingung
alles „theoretischen Verhaltens". Soll es überhaupt etwas wie vorstellendes (vorsehendes),
auf das Sosein der Dinge selbst gerichtetes Verhalten geben, so muß es auf einer eigenen,
praktisch unwirksamen Bahn laufen und so darf nicht der ganze Organismus motorisch
auf den Reiz eingehen, nicht immer die Totalität der Bedürfnisse mobilisiert werden.

Durch diese einzigartige Tätigkeit, welche also die Dingreize bewegungsmäßig erledigt und
das Symbol, den Laut schafft, in dem man sich auf sie richtet, und somit zugleich aktive
und sinnlich empfangene Zuwendung ist, werden die Dingreize entdramatisiert, erledigt
und ferngerückt, wird der ‚Anspruch' derselben ein Minimum. Es ist eine alte Wahrheit,
daß die Sprache die Dinge ‚bannt', ihnen ihre Wirkungsmacht nimmt. Aber andererseits
wächst ihnen ein sinnliches Plus durch unsere Eigenständigkeit zu, denn der Laut, mit dem
wir den Eindruck begleiten, tritt ja als gehörter zu dem sinnlichen Stoff des optischen Ein-
drucks dazu; dadurch wird die Wirklichkeit, die so distanziert wird, doch wieder intim, ihre Inhalte werden weitgehend entmachtet, aber in den Umkreis unseres Daseinsgefühls ein-
gewoben, hineingezogen in das Selbstgefühl des sinnlichen Eigenlebens; an ihren Namen
treten die Dinge in unser Inneres. Ohne diese Anschauung wird es unverständlich, wie
durch die Sprache der Welt eine durchaus phantastische Dramatik aufgeprägt wird, die die
Wissenschaft später erst mühsam abträgt, mit Aktivum und Passivum, mit Geschlechts-
phantasmen männlicher und weiblicher Worte, mit Metaphern und Bildern usw.

Um die jetzt freigelegten Möglichkeiten zu ermessen, muß man erwägen, daß alle Laute ja
beliebig verfügbar sind, d.h. daß sie in dem „daß" ihres Zustandekommens nicht auf bestimmte Anregungen angewiesen sind: sie können ganz unabhängig vom tatsächlichen in-
haltlichen Bestand der Situation hervorgebracht werden, was damit zusammenhängt, daß
die Sprachbewegungen wie die Tast- und Gehbewegungen den empfindbaren Reiz selbst
hervorbringen, der zu einer Fortsetzung der Bewegungen anreizt. Wenn aber, wie gesagt,
Laute und Worte beliebig verfügbar sind, so kann man sich in diesen Symbolen auf irgend-

welche gar nicht jetzt gegebenen Dinge richten, an Nichtanwesendes sich erinnern, wodurch man, wie Schopenhauer[2] sagt, „in Gedanken die Übersicht der Vergangenheit und Zukunft wie auch des Abwesenden erhält". So von außen, von der Sprache her ansetzend, entwickelt sich das Denken allmählich zu seiner vollkommenen Unabhängigkeit vom Hier
5 und Jetzt und damit erst zu seiner welthaften Bedeutung. Damit ist der Bannkreis des Unmittelbaren, in dem das Tier immer gefangen bleibt, gebrochen. Erinnerung des Gewesenen und damit bewußter Vergleich, Auswertung der Erfahrung in Hinsicht auf Erwartungen des Zukünftigen, Inrechnungstellen des Entfernten werden möglich, alle jene Leistungen, auf welchen eine planende, intelligent gesteuerte und nach der Zukunft hin gerichtete
10 Tätigkeit beruht. Das jetzt und hier Vorhandene ist im menschlichen Verhalten fast immer bloßer Durchgangsbestand, bloßes Material, ihm wächst in unserem Denken die Verfügbarkeit zu, und jede beliebige Einzelheit des Vorgefundenen kann „vorstellend" räumlich und zeitlich verlagert und mit jeder anderen kombiniert werden. Ob die Horde der Wilden im Baume schon das künftige Boot sieht oder ob Großvölker der Neuzeit Krieg führen um
15 künftige Wohnräume, für künftige Geschlechter, es ist dieselbe, „untierische" Struktur ihres Verhaltens. Man kann sogar einfach den Menschen in höherem Grade ein vorstellendes als ein wahrnehmendes Wesen nennen, und gerade davon lebt er, denn er verhält sich mehr von den vorausgedachten und entworfenen Umständen her, als von den vorgefundenen und „wirklichen". Mit diesen Bestimmungen ist das umrissen, was man die Weltoffenheit
20 des Menschen nennen muß.

Noch gar nicht angedeutet ist hier die ebenso entscheidende und schicksalsvolle Seite der Sprache als Verständigung und Mitteilung, weil wir eben nur das Verhältnis des Wortes zur Sache, zum gemeinten Gegenstand behandelten. Auch in dieser anderen Richtung wird die ‚Entlastung', die immer steigende Indirektheit des Verhaltens zur Welt gefördert, denn wer
25 in der Verständigung mit einem andern handelt, handelt gar nicht mehr, grob gesagt, aus seiner eigenen Welt, sondern ebenso von den Vorstellungen und Motiven jenes anderen her wie der, der einem Befehl oder Ratschlag folgt.

21. S. I. HAYAKAWA

Sprache ermöglicht menschliche Kooperation

Wenn uns jemand zuruft, „Achtung!" und wir springen gerade noch rechtzeitig beiseite, um nicht von einem Auto angefahren zu werden, so verdanken wir unsere Rettung vor
30 Verletzungen dem fundamentalen kooperativen Verhalten, durch das die meisten höheren Tiere überleben, nämlich durch die Kommunikation mittels Geräuschen. Wir sahen den Wagen nicht kommen; dies tat jedoch ein anderer, und er macht bestimmte Geräusche, um sein Alarmiertsein auf uns zu übertragen. Mit anderen Worten, obgleich unser Nervensystem die Gefahr nicht wahrnahm, blieben wir unverletzt, weil dies ein anderes Nervensy-

---

[2] Arthur Schopenhauer (1788-1860), deutscher Philosoph. In seinem Hauptwerk „Die Welt als Wille und Vorstellung", in dem er sich mit den Lehren Kants und Hegels auseinandersetzt und sie zu überwinden versucht, analysiert er die Bedeutung des Willens für die menschliche Erkenntnis und für das Leben. Seine Philosophie mündet in eine sehr pessimistische Weltanschauung.

stem tat. Wir hatten zeitweise den Vorteil, außer dem eigenen Nervensystem noch über ein anderes zu verfügen.

Die meiste Zeit, wenn wir den Geräuschen zuhören, die Leute machen, oder auf die schwarzen Markierungen auf dem Papier blicken, die an der Stelle von solchen Geräuschen stehen, machen wir uns in der Tat die Erfahrungen von anderen zunutze, um das zu bekommen, was uns selbst fehlt. Je mehr ein Individuum vom Nervensystem anderer Leute Gebrauch machen kann, um ein eigenes zu ergänzen, um so leichter gelingt es ihm, zu überleben. Und je mehr Individuen in einer Gruppe zusammenarbeiten, in der sie für einander hilfreiche Geräusche produzieren, desto besser ist es freilich für alle — natürlich innerhalb der Grenzen der Eignung der Gruppe für soziale Organisation. Vögel und Tiere versammeln sich mit ihrer eigenen Art und machen Geräusche, wenn sie Futter finden oder alarmiert werden. Tatsächlich ist die Herdenhaftigkeit, als eine Hilfe zum Überleben und zur Selbstverteidigung für Tiere wie auch für Menschen, mehr noch durch die Notwendigkeit erzwungen, ihre Nervensysteme zu vereinigen, als durch die Notwendigkeit, physische Stärke zu akkumulieren. Sowohl tierische wie menschliche Gesellschaften könnten geradezu als riesige kooperative Nervensysteme angesehen werden.

Während Tiere nur eine beschränkte Anzahl von Schreien verwenden, benutzen Menschenwesen vorwiegend äußerst komplizierte Systeme von hervorgestoßenen, zischenden, gurgelnden, glucksenden und girrenden Lauten, genannt Sprache, mit denen sie zum Ausdruck bringen und durch die sie darüber berichten, was in ihren Nervensystemen vor sich geht. Sprache ist nicht nur viel komplizierter, sondern auch unmeßbar flexibler als die Tierlaute, aus denen sie sich entwickelte — so flexibel nämlich, daß sie nicht nur dafür verwendet werden kann, über die gewaltige Vielfalt der Vorgänge im menschlichen Nervensystem zu berichten, sondern auch über diese Berichte zu berichten. Das heißt, wenn ein Tier kläfft, dann mag dies ein zweites Tier veranlassen, zur Nachahmung oder als Alarm zu kläffen; das zweite Kläffen ist jedoch nicht *über* das erste Kläffen. Wenn aber ein Mann berichtet: „Ich sehe einen Fluß", kann ein anderer Mann sagen: „Er sagt, er sähe einen Fluß", was eine Feststellung über eine Feststellung ist. Über diese Feststellung-über-eine-Feststellung können weitere Feststellungen gemacht werden — und über diese noch mehr. *Kurz gesagt kann Sprache über Sprache sprechen.* Dies ist eine fundamentale Art, in der die menschlichen Geräusche machenden Sprach-Systeme sich von den Lauten der Tiere unterscheiden.

Der Mensch hat nicht nur die Sprache entwickelt, sondern auch Mittel, um auf Tontafeln, Holz- und Steintafeln, auf Fellen von Tieren und auf Papier mehr oder weniger dauerhafte Markierungen und Kratzer zu machen, die anstelle der Sprache treten. Diese Markierungen befähigen ihn, mit Leuten zu kommunizieren, die seine Stimme, sei es im Raum oder in der Zeit, nicht erreichen kann. Es ist ein weiter Entwicklungsweg von markierten Bäumen, die Indianerpfade bezeichneten, bis zu den großstädtischen Tageszeitungen, aber sie haben dies gemeinsam: sie vermitteln anderen Individuen zu deren Nutzen oder im allgemeinsten Sinne zu deren Unterrichtung, was ein Individuum erfahren hat. Viele markierten Pfaden in den kanadischen Wäldern, die von längst verstorbenen Indianern markiert wurden, kann man heute noch folgen. Archimedes ist tot, aber wir haben noch seine Berichte darüber, was er in seinen naturwissenschaftlichen Experimenten beobachtete. Keats ist tot, aber er kann uns noch erzählen, was er fühlte, als er erstmals Chapman's Homer

las. Aus unseren Zeitungen und Radioapparaten erfahren wir mit großer Geschwindigkeit Tatsachen über die Welt, in der wir leben. Aus Büchern und Illustrierten erfahren wir, wie Hunderte von Leuten, die zu sehen wir nie in der Lage sein werden, fühlen und denken. All diese Information ist für uns zu der einen oder anderen Zeit hilfreich, indem sie unsere ei-
5 genen Probleme erhellt.
Ein Menschenwesen ist also niemals zu seiner Unterrichtung nur von seiner eigenen Erfahrung abhängig. Selbst in einer primitiven Kultur kann der Mensch von der Erfahrung seiner Nachbarn, Freunde und Verwandten Gebrauch machen, die sie ihm durch die Sprache vermitteln. Anstatt hilflos zu sein wegen der Begrenztheit seiner eigenen Erfahrung und
10 seines eigenen Wissens, anstatt selbst entdecken zu müssen, was andere bereits entdeckt haben, anstatt die falschen Pfade zu erforschen, die sie erforschten, und anstatt ihre Fehler zu wiederholen, kann er *dort beginnen, wo sie aufhörten.* Das heißt soviel wie: Sprache macht Fortschritt möglich. [...]
Ein Arzt zum Beispiel, der nicht weiß, wie er einen Patienten behandeln soll, der an einer
15 seltenen Krankheit leidet, kann die Krankheit in dem Index Medicus nachschlagen, der ihn seinerseits auf medizinische Zeitschriften verweisen wird, die in allen Teilen der Welt veröffentlicht worden sind. In diesen mag er Berichte über ähnliche Fälle finden, die von einem Arzt in Rotterdam, Holland, im Jahre 1913, von einem anderen Arzt in Bangkok Siam, im Jahre 1935, und noch von anderen Ärzten in Kansas City im Jahre 1954 mitgeteilt und be-
20 schrieben worden sind. Anhand der ihm vorliegenden Berichte kann er seinen Fall besser behandeln. Wenn andererseits jemand über eine ethische Frage beunruhigt ist, ist er nicht allein auf den Rat des Pastors der Elm Street Baptist Church angewiesen; er mag sich an Konfuzius, Aristoteles, Jesus, Spinoza und viele andere wenden, deren Gedanken über ethische Probleme erhalten sind. Wenn ihn die Liebe in Unruhe versetzt, so kann er Ver-
25 ständnis nicht nur bei seiner Mutter oder seinem besten Freund finden, sondern bei Sappho, Ovid, Properz, Shakespeare, Havelock Ellis oder bei irgend einem der tausend anderen, die etwas von der Liebe wußten und ihre Erfahrungen niederschrieben. [...]
Lesen und schreiben zu können, bedeutet deshalb, aus der größten der menschlichen Leistungen Nutzen zu ziehen und an ihr teilzunehmen — durch welche alle anderen Leistun-
30 gen erst möglich werden —, nämlich die Zusammenfassung (pooling) unserer Erfahrungen in großen kooperativen Zentren des Wissens, die für alle zugänglich sind (ausgenommen, wo Sonderprivilegien, Zensuren oder Unterdrückung dem im Wege stehen). Vom Warnungsruf des primitiven Menschen bis zu den letzten Blitznachrichten oder einer wissenschaftlichen Monographie ist die Sprache gesellschaftlich. Kulturelle und intellektuelle
35 Kooperation ist das große Prinzip des *menschlichen* Lebens.

22. JOSEF WISSARIONOWITSCH STALIN

Ist die Sprache ein Überbau der ökonomischen Basis?

Frage: Ist es richtig, daß die Sprache ein Überbau der Basis ist?
Antwort: Nein, das ist nicht richtig.
Die Basis ist die ökonomische Form der Gesellschaft in einem bestimmten Stadium ihrer

Entwicklung. Der Überbau — das sind die politischen, rechtlichen, religiösen, künstlerischen, philosophischen Ansichten einer Gesellschaft und die ihnen entsprechenden politischen, rechtlichen und anderen Strukturformen.
Jede Basis hat einen eigenen, ihr entsprechenden Überbau. Die Basis des Feudalsystems hat ihren Überbau, ihre politischen, rechtlichen und sonstigen Auffassungen und entsprechenden Strukturformen, die kapitalistische Basis hat ihren eigenen Überbau und die sozialistische den ihren. Wird die Basis verändert und beseitigt, so verändert sich daraufhin ihr Überbau und wird beseitigt. Entsteht eine neue Basis, so entsteht daraufhin ein ihr entsprechender Überbau.
In dieser Beziehung unterscheidet sich die Sprache grundsätzlich vom Überbau. Nehmen wir als Beispiel die russische Gesellschaft und die russische Sprache. Im Verlauf der letzten dreißig Jahre wurde der Überbau der kapitalistischen Basis beseitigt und ein neuer Überbau, der sozialistischen Basis angemessen, geschaffen. Die alten politischen, rechtlichen und anderen Strukturformen wurden folglich durch neue, sozialistische ersetzt. Dennoch blieb die russische Sprache im wesentlichen die gleiche wie vor dem Oktoberumsturz.
Was änderte sich in der russischen Sprache in dieser Zeit? In einem bestimmten Maße änderte sich der Wortbestand der russischen Sprache, änderte sich in dem Sinne, daß er durch eine erhebliche Zahl neuer Wörter und Ausdrücke vervollständigt wurde, die mit dem Entstehen einer neuen sozialistischen Kultur, einer neuen Gesellschaft auftraten. Es änderte sich der Inhalt einer Reihe von Wörtern und Ausdrücken, die eine neue gedankliche Bedeutung erhielten; eine gewisse Zahl veralteter Wörter verschwand aus dem Wortschatz.
Der Grundwortschatz und der grammatikalische Bau der russischen Sprache, die den Stamm einer Sprache bilden, wurden nach der Liquidiierung der kapitalistischen Basis weder beseitigt noch durch einen neuen Grundwortschatz ersetzt; sie blieben vielmehr im ganzen und ohne wesentliche Änderungen als Stamm der heutigen russischen Sprache erhalten.
Ferner: aus der Basis entsteht der Überbau, doch bedeutet dies keineswegs, daß er nur die Basis wiederspiegelt, daß er sich passiv, neutral verhält, dem Schicksal der Basis, dem Schicksal der Klassen, dem Charakter des Systems gegenüber gleichgültig bleibt. Vielmehr, sobald er sich herausgebildet hat, wird er eine äußerst aktive Kraft, wirkt er aktiv an der Formung und Festigung seiner Basis mit, ergreift er alle Maßnahmen, um die neue Ordnung zu unterstützen und die alte Basis und die alten Klassen zu beseitigen.
Anders kann es auch nicht sein. Der Überbau wird deswegen auf der Basis errichtet, um ihr zu dienen, um ihr aktiv bei der Formung und Festigung zu helfen, um aktiv für die Beseitigung der alten, überlebten Basis mit ihrem Überbau zu kämpfen. Sobald der Überbau seine alte, dienende Rolle aufgibt, allmählich von der Haltung einer aktiven Verteidigung seiner Basis zu einem gleichgearteten Verhalten allen Klassen, und einem gleichgültigen seiner Basis gegenüber übergeht, verliert er seine Wesensart und hört auf Überbau zu sein.
Die Sprache unterscheidet sich in dieser Beziehung grundsätzlich vom Überbau. Innerhalb einer bestimmten Gesellschaft entstammt die Sprache nicht dieser oder jener Basis, einer alten oder neuen Basis, sondern dem geschichtlichen Werden einer Gesellschaft und der Geschichte der verschiedenen Unterbaue im Lauf der Jahrhunderte. Sie wurde nicht von irgendeiner Klasse geschaffen, sondern von der ganzen Gesellschaft, von allen Klassen der Gesellschaft, durch die Anstrengungen von Hunderten von Generationen. Sie wurde nicht

für die Befriedigung der Bedürfnisse irgendeiner Klasse geschaffen, sondern der ganzen Gesellschaft, aller Klassen der Gesellschaft. Sie wurde nämlich als eine einheitliche und für alle Angehörigen des ganzen Volkes gemeinsame Sprache geschaffen. Deswegen besteht die dienende Rolle der Sprache als Verständigungsmittel der Menschen nicht darin, daß sie einer Klasse zum Nachteil anderer Klassen dient, sondern darin, daß sie gleichermaßen der ganzen Gesellschaft dient, allen Klassen der Gesellschaft. Dadurch läßt sich auch erklären, daß die Sprache gleichermaßen einem alten, absterbenden Überbau dient wie einem neuen sich erhebenden, der alten Basis wie auch der neuen, den Ausbeutern wie auch den Ausgebeuteten.

23. BERTOLT BRECHT ⟨ *jill gxf· auch im geteuhol* ⟩

Die List, die Wahrheit unter vielen zu verbreiten

Viele, stolz darauf, daß sie den Mut zur Wahrheit haben, glücklich, sie gefunden zu haben, müde vielleicht von der Arbeit, die es kostet, sie in eine handhabbare Form zu bringen, ungeduldig wartend auf das Zugreifen derer, deren Interessen sie verteidigen, halten es nicht für nötig, nun auch noch besondere List bei der Verbreitung der Wahrheit anzuwenden. So kommen sie oft um die ganze Wirkung ihrer Arbeit. Zu allen Zeiten wurde zur Verbreitung der Wahrheit, wenn sie unterdrückt und verhüllt wurde, List angewandt. *Konfutse* fälschte einen alten patriotischen Geschichtskalender. Er veränderte nur gewisse Wörter. Wenn es hieß, „Der Herrscher von Kun ließ den Philosophen Wan töten, weil er das und das gesagt hatte": setzte Konfutse statt töten „ermorden". Hieß es, der Tyrann Soundso sei durch ein Attentat umgekommen, setzte er „hingerichtet worden". Dadurch brach Konfutse einer neuen Beurteilung der Geschichte Bahn.
Wer in unserer Zeit *statt Volk Bevölkerung und statt Boden Landbesitz* sagt, unterstützt schon viele Lügen nicht. Er nimmt den Wörtern ihre faule Mystik. Das Wort Volk besagt eine gewisse Einheitlichkeit und deutet auf gemeinsame Interessen hin, sollte also nur benutzt werden, wenn von mehreren Völkern die Rede ist, da höchstens dann eine Gemeinsamkeit der Interessen vorstellbar ist. Die Bevölkerung eines Landstriches hat verschiedene, auch einander entgegengesetzte Interessen, und dies ist eine Wahrheit, die unterdrückt wird. So unterstützt auch, wer Boden sagt und die Äcker den Nasen und Augen schildert, indem er von ihrem Erdgeruch und von ihrer Farbe spricht, die Lügen der Herrschenden; denn nicht auf die Fruchtbarkeit des Bodens kommt es an, noch auf die Liebe des Menschen zu ihm, noch auf den Fleiß, sondern hauptsächlich auf den Getreidepreis und den Preis der Arbeit. Diejenigen, welche die Gewinne aus dem Boden ziehen, sind nicht jene, die aus ihm Getreide ziehen, und der Schollengeruch des Bodens ist den Börsen unbekannt. Sie riechen nach anderem. Dagegen ist Landbesitz das richtige Wort; damit kann man weniger betrügen. Für das Wort *Disziplin* sollte man, wo Unterdrückung herrscht, das Wort *Gehorsam* wählen, weil Disziplin auch ohne Herrscher möglich ist und dadurch etwas Edleres an sich hat als Gehorsam. Und besser als das Wort *Ehre* ist das Wort *Menschenwürde*. Dabei verschwindet der einzelne nicht so leicht aus dem Gesichtsfeld. Weiß

man doch, was für ein Gesindel sich herandrängt, die Ehre eines Volkes verteidigen zu dürfen! Und wie verschwenderisch verteilen die Satten Ehre an die, welche sie sättigen, selber hungernd. Die List des Konfutse ist auch heute noch verwendbar. Konfutse ersetzte ungerechtfertigte Beurteilungen nationaler Vorgänge durch gerechtfertigte.

24. FRIEDRICH L.BAUER / GERHARD GOOS

Information — Nachricht — Sprache

„Nachricht" und „Information" sind Grundbegriffe der Informatik, deren technische Be- 5
deutung sich nicht vollständig mit dem umgangssprachlichen Gebrauch der beiden Worte
deckt. Die daher notwendige Präzisierung ihres Begriffsinhalts kann nicht durch eine Definition erfolgen, da diese sich auf andere, ebenfalls undefinierte Grundbegriffe abstützen
würde. Wir führen deshalb *Nachricht* und *Information* als nicht weiter definierbare
Grundbegriffe ein und erläutern ihre Verwendung an einigen Beispielen. Die Richtigkeit 10
der dabei gewonnenen Vorstellung wird sich im weiteren Verlauf überprüfen lassen.
Zur gegenseitigen Abgrenzung von Nachricht und Information gehen wir von Redewendungen wie

„diese Nachricht gibt mir keine Information"

aus und gelangen zu der Beziehung: 15

Die (abstrakte) Information wird durch
die (konkrete) Nachricht mitgeteilt.

Diese Beziehung erlaubt es häufig, das Wort Nachricht durch das Wort Information zu ersetzen und umgekehrt, ohne daß eine falsche Aussage entsteht; jedoch ändert sich der
Sinn: Die Betonung liegt einmal auf der konkreten, dann auf der abstrakten Seite. Nach- 20
richt und Information sind relative Synonyme; manchmal kann es sogar zweckmäßig sein,
den Unterschied ganz außer acht zu lassen.
Die Zuordnung zwischen Nachricht und Information ist nicht eindeutig. Bei gegebener Information kann es verschiedene Nachrichten geben, welche diese Information wiedergeben — z.B. Nachrichten in verschiedenen Sprachen oder Nachrichten, die aus anderen 25
Nachrichten durch Hinzufügen einer *belanglosen* Nachricht entstehen, welche keine weitere Information mitteilt. Umgekehrt kann ein und dieselbe Nachricht ganz verschiedene Informationen wiedergeben: Die Nachricht vom Absturz eines Flugzeugs hat für die Hinterbliebenen eine ganz andere Bedeutung als für die Fluggesellschaft; verschiedene Leser entnehmen aus einem Zeitungsartikel ganz verschiedene, ihrer Interessenlage entsprechende 30
Teilinformationen.
Ein und dieselbe Nachricht kann also, verschieden *interpretiert,* verschiedene Information
ergeben. [...]
Formulieren wir etwa Nachrichten in einer *Sprache,* so bringt der Satz

„*X* versteht die Sprache" 35

zum Ausdruck, daß die Person *X* die Interpretationsvorschrift für sämtliche (oder zumindest die meisten) Nachrichten kennt, welche in dieser Sprache formuliert sind.

Gelegentlich ist die Interpretationsvorschrift nur eingeschränkten Personengruppen bekannt: Hierbei gehören die Interpretationsvorschriften für Spezialsprachen, insbesondere Berufssprachen (Jargon) und wissenschaftliche Fachsprachen. Cant, Argot oder Rotwelsch dienen der Bildung und Abschirmung einer sozialen Gruppe durch absichtliche Einengung der Verständlichkeit der verwendeten Sprache, sie sind aus echten Geheimsprachen krimineller Zirkel entstanden.

Überhaupt sieht man den Zusammenhang zwischen Nachricht und Information besonders deutlich in der Kryptologie: Hier soll niemand der übermittelten Nachricht die Information entnehmen können, es sei denn, er besitzt den Schlüssel.

Einige Möglichkeiten für den Zusammenhang von Nachricht und Information erläutern wir anhand der Beispiele in der Tabelle:

Sprachliche Nachrichten

a) „bis morgen"/„see you tomorrow"

b) „Ta-c2"/„Desoxyribonukleinsäure"

c) „Seelöwe gesichtet"

d) „Momepr"/„JDOOLD HVW RPQLV GLYLVD"

e) „Lirpa"

f) „tante anna gestorben + beerdigung uebermorgen 13. november dinslaken + emma schubert"

g) „Komme heute nacht"/„Komme heute nicht"

h) „Rothschild behandelte ihn ganz famillionär"/ „Mädchenhandelsschule"

Beispiel a) zeigt je eine deutsche und eine englische Nachricht, die normalerweise die gleiche Information übermittelt. Bei b) handelt es sich nicht um Nachrichten in Geheimsprachen, sondern in den Spezialsprachen des Schachspiels bzw. der Chemie. Bei c) könnte es sich um ein vereinbartes Stichwort zur Auslösung einer Handlung handeln, also um eine als offene Nachricht *maskierte Geheimnachricht*. Im Fall d) liegen verschlüsselte Nachrichten vor. Die Kaufmannschiffre zur Preisauszeichnung in einer Variante, die jahrelang zur Kennzeichnung des Verpackungsdatums für Butter benutzt wurde (Schlüsselwort *Milchprobe),* und die schon von Julius Cäsar angewandte Methode, jeweils den drittnächsten Buchstaben des Alphabets zu benutzen. Während es sich in d) beide Male um eine Verschlüsselung durch Substitution handelt, findet sich in e) der einfachste Fall einer Verschlüsselung durch Transposition, der Krebs[1]. Rückwärts gelesen ergibt sich in e) die entschlüsselte Nachricht „April". Bei f) kann es sich um eine als offene Nachricht *getarnte Geheimnachricht* handeln: Die jeweils ersten Buchstaben ergeben, mit dem vierten Wort beginnend und zyklisch weitergelesen, das Wort *Bundestag.* Das Beispiel g) zeigt, wie geringfügige Veränderungen am Text die Information beträchtlich verändern können. Bei h) schließlich liegen Grenzfälle vor, in denen die Nachricht eigentlich unverständlich ist, ein-

---

[1] Auch in der polyphonen Musik häufig benutzt (Krebskanon). (Autor).

mal wegen des orthographisch falschen Wortes famillionär (nach Heinrich Heine), zum
anderen wegen der Doppeldeutigkeit; Wortspiel und Witz leben von der scheinbaren Sinn-
losigkeit. Das zweite Beispiel wird durch Benutzung und Phrasierung in gesprochener Mitteilung eindeutig.

25. HELMUT GIPPER

Denken ohne Sprache?

Wenn man sich darüber einig wäre, was „Sprache" und was „Denken" ist, dann brauchte 5
die Frage, ob es ein Denken ohne Sprache gibt, nicht mehr gestellt zu werden. Aber obwohl Philosophen, Anthropologen, Psychologen und Sprachwissenschaftler das Problem
oft und eingehend erörtert haben, obwohl man mit den Arbeiten, die über dieses Thema
geschrieben worden sind, eine kleine Bibliothek füllen könnte, ist man immer noch nicht
zu einer Einigung gelangt. Nach wie vor stehen sich zwei extrem entgegengesetzte Auffas- 10
sungen gegenüber:
Die erste, vor allem von Philosophen und einer Reihe von Psychologen vertreten, geht dahin, daß Sprechen und Denken nur zwei Seiten desselben geistigen Vorgangs sind: Sprechen ist verlautbares Denken, Denken ist stilles Sprechen. Man kann diese Einstellung mit
Geza Révész die monistische Auffassung nennen. 15
Demgegenüber vertreten andere Forscher, vor allem mehr mathematisch-technisch und
naturwissenschaftlich eingestellte Gelehrte, immer wieder die Ansicht, daß Sprechen und
Denken zwei getrennte Vorgänge sind. Das Denken wird dabei als primär angesehen, es
richtet sich unmittelbar auf die Gegenstände des Geistes und der Sachwelt. Nur wenn das
Denken und seine Resultate benannt und mitgeteilt werden sollen, bedarf es der Sprache. 20
Die Sprache ist demnach nur ein Mittel der Verständigung und der Mitteilung. Diese zweite
Auffassung hat Révész die dualistische genannt.
Zwischen diesen beiden Auffassungen, der monistischen und der dualistischen, liegt eine
ganze Skala von Ansichten, in denen gemäßigtere Standpunkte zum Ausdruck kommen.
Angesichts dieser ungeklärten Lage könnte man meinen, es sei eben in das Belieben des 25
einzelnen gestellt, wie er „Denken" und „Sprache" definiert. Mit dieser freilich unbefrie-
digenden Feststellung müsse man sich eben begnügen. Aber wenn diese Definitionen so
stark voneinander abweichen können, muß der Verdacht aufkommen, daß hier etwas
nicht stimmt. Die Wissenschaft stände in der Tat auf schwachen Füßen, wenn ihre Begriffe
nur von der Laune derer abhängen sollten, die sie definieren. 30
Wir können uns aber auch deshalb nicht mit einer solchen relativierenden Antwort begnügen, weil von der jeweiligen Definition zu viel abhängt. Definiert man Sprache z.B. als ein
Verständigungsmittel, so haben Tiere auch „Sprache", und es wird dann schwer werden,
das spezifisch Menschliche unserer Sprache von den tierischen Kommunikationsmitteln
abzuheben. Definiert man Denken etwa als Mittelfindung, wie es die beachtenswerten Un- 35
tersuchungen des Psychologen O. Selz zur Theorie des produktiven Denkens nahelegen,
dann „denkt" schon der Affe, der mit einem Stock nach einer Banane langt, ja, womög-
lich sogar schon der Darwinfink (Cactos pictus pallida) auf den Galapagosinseln, der einen

81

Kakteenstachel als Werkzeug benutzt, um damit Maden aus Löchern und Ritzen des Holzes herauszupicken. Das menschliche Denken könnte dann nur noch als eine Steigerung dieser tierischen Fähigkeiten verstanden werden, was aber angesichts des Eigen- und Einzigartigen der menschlichen Denkleistungen kaum zu befriedigen vermag.

5 Wir müssen also versuchen, Kriterien zu finden, die den Gegenstand besser treffen und unanfechtbarere Aussagen gestatten.

Will man sich über die Geltung einzelner Begriffe unterrichten, tut man gut daran, zunächst den normalen Sprachgebrauch zu prüfen, aus dem sie häufig entnommen sind.

Zahlreiche Redewendungen mit *denken,* angefangen von *edel denken* bis zu *kühn* und
10 *kleinlich denken,* deuten auf eine bestimmte Gesinnungsart, Fügungen wie *scharf* und *logisch denken* weisen schon eher auf das hin, was die Wissenschaft sagen will, wenn sie von *denken* spricht. Sprichwörtliche Redensarten wie *Der Mensch denkt, Gott lenkt; Alles Gescheite ist schon gedacht worden* (Goethe) usw. deuten noch stärker darauf hin, daß es sich um eine geistige Tätigkeit des Menschen handelt. Die Aussage *Gott denkt* steht unseren
15 muttersprachlichen Gepflogenheiten ebenso fern wie die, daß *das Tier denkt.*

Mit den Worten *sprechen* steht es ein wenig anders. In der Bibel *spricht* Gott, aber auch die Schlange: sie müssen sprechend vorgestellt werden, um Menschenohren vernehmbar zu sein. In der Personifizierung wird der menschliche Verstehenshorizont erreicht, d.h. die Ebene, auf der Gott und das Tier vom Menschen verstanden werden können. Normaler-
20 weise gehören *sprechen* und *Sprache* aber zum Menschen, und wenn man heute häufig von der „Sprache" der Tiere redet, so pflegt man doch durch Anführungszeichen anzudeuten, daß es sich dabei um etwas anderes, höchstens Sprachähnliches handelt. *Denken* und *sprechen* bleiben überdies in unserer Alltagssprache deutlich getrennt und werden weder vermengt noch miteinander identifiziert. Im Logos der Bibel zeigt sich allerdings beides in en-
25 ger gegenseitiger Durchdringung, weshalb ja auch jede Übersetzung dieses Begriffes unbefriedigend bleiben muß.

Das Denken scheint bei alledem schwerer erfaßbar zu sein als das Sprechen, weil es eben nicht wie die Sprache unmittelbar vernehmbar und analysierbar ist.

Wie argumentieren nun die im Zusammenhang unseres Themas wichtigen Forscher, die
30 überzeugt sind, daß es ein Denken ohne Sprache gibt?

Ein typischer Vertreter dieser dualistischen Richtung ist der Züricher Mathematiker B. L. van der Waerden, ein Mann, der in seinem Fach als Forscher von Rang gilt.

In einem Aufsatz „Denken ohne Sprache" aus dem Jahre 1954 vertritt er mit Nachdruck den Standpunkt, daß das Denken primär und entscheidend sei, die Sprache aber nur ge-
35 braucht werde, wenn das Gedachte genannt und mitgeteilt werden soll. Aus der Reihe seiner Beispiele greife ich eins heraus, das kennzeichnend für diese häufig anzutreffende Position ist:

Van der Waerden betrachtet einen Begriff, dessen Entstehungsgeschichte bekannt ist: den Begriff *Schneckenlinie (limaçon)* von Étienne Pascal, dem mathematisch interessierten Va-
40 ter des berühmten Blaise Pascal. Es handelt sich um eine Kurve zweiter Ordnung, die Étienne offenbar zunächst motorisch erzeugt, d.h. mit Lineal und Zirkel konstruiert hat. Dann hat er gesehen, so sagt van der Waerden, daß sie einer Schnecke gleicht, und schließlich hat er ihr den Namen *limaçon* gegeben. „Er hat einen völlig klaren Begriff von der Kurve gehabt, bevor er den Namen erfand".

82

Durch drei Vorstellungen soll der neue Begriff bestimmt sein:
1. durch eine vorwiegend motorische Vorstellung, durch die Art, wie die Kurve erzeugt wird;
2. durch die visuelle Vorstellung, wie die Kurve aussieht;
3. durch die sprachliche Vorstellung, wie die Kurve heißt.

Die erste Vorstellung ist nach Ansicht des Mathematikers wesentlich, die zweite zur Not entbehrlich, die dritte, d.h. die sprachliche, im Grunde überflüssig. Der Begriff steht für das Denken fest, das Wort ist gänzlich nebensächlich. Diese Auffassung ist typisch. Sie wird besonders häufig von Mathematikern, Technikern, Erfindern usw. vertreten, also von Denkern, die es vor allem mit meßbaren und quantifizierbaren Größen zu tun haben, mit denen sie völlig ohne Sprache operieren zu können glauben. Ist dieser Standpunkt haltbar?

Wir müssen es aus mehreren Gründen bezweifeln. Und zwar liegt hier zunächst eine folgenschwere Verwechslung von *Sprache* und *sprechen* vor. Die Sprache, d.h. unsere Muttersprache, ist ein Besitz, der unser Denken und Handeln auch dann mitbestimmt, wenn wir kein einziges Wort aussprechen. Étienne Pascal war ein sprachbesitzender Mann, als er seine geometrischen Figuren zu zeichnen begann, er war mit der Terminologie seines Faches, mit der Fachsprache der Mathematik und der Geometrie, vertraut, bevor er zu Zirkel und Lineal griff. Einen Strich bestimmter Art verstand er schon als Linie, einen andren als Kreis, einen dritten als Radius, einen vierten als Durchmesser usw. Er hantierte also nicht mit anonymen Größen, sondern mit Sprachbegriffen, in denen das mathematische Wissen seiner Zeit faßbaren Ausdruck gefunden hatte.

Dies aber sind bereits spezifisch sprachliche Voraussetzungen des Denkens, was wir an folgendem Beispiel verdeutlichen können:

Gegeben sei ein Gebilde, das so aussieht: ○

Was ist das?

Ein Kind wird an einen Reifen oder einen Ball denken. Der Schüler im ersten Schuljahr mag an den Buchstaben O entdecken oder auch die Ziffer Null. Der Phonetiker mag an ein Glied der Vokalreihe a, e, i, o, u denken, der Billardspieler an eine Billardkugel, der Fußballfan an einen Fußball, der Astronom an einen Himmelskörper, der Geograph an ein Abbild der Erde; der Mathematiker und Geometer aber sieht einen Kreis. Das heißt jedoch: Das Sehen von etwas als etwas (Bestimmtes) ist mitgesteuert von unserem vorgegebenen Wissen, von unserer Erfahrung, von unserem Sprachbesitz. Denkgegenstand wird uns ein Gebilde dieser Art erst, wenn entsprechende sprachliche Voraussetzungen geschaffen sind. Um diese Figur als Kreis verstehen zu können, muß Unterrichtung und Belehrung über Gegenstände dieser Art vorausgegangen sein, muß Sprache und damit geistiger Inhalt erworben und gefestigt sein. Die Beobachtung von kleinen Kindern bestätigt das auf Schritt und Tritt: Das Kind sieht vor allem, was es weiß, wofür ihm ein Wort zu Gebote steht; das andere bleibt zumeist unbeachtet und uninteressant.

Sprachbesitz, so dürfen wir sagen, ist auch eine Vorbedingung, um geometrische Kurven hervorbringen zu können. Daß dabei ein noch unbenanntes Gebilde herauskommen kann, bleibt unbestritten und unbestreitbar.

Wenn aber Étienne Pascal seine Kurve *limaçon* nennt, so tut er mehr, als nur einen Namen an seine Entdeckung anzukleben: er verwendet ein Wort mit bestimmtem Inhalt, einen lebendigen Begriff seiner Muttersprache also, in der berechtigen Hoffnung, daß dieser Inhalt die geistige Fixierung und Einordnung des neuen Gebildes in das Bedeutungsgewebe der geometrischen Begriffe erleichtern und fördern möge.

Was hier vor sich gegangen ist, war also sicher kein Denken ohne Sprache, sondern höchstens ein Denken ohne Sprechen. Der Begriff *limaçon* kam nicht überflüssigerweise hinzu, sondern er schloß im Grunde erst die geistige Erfassung des neuen Denkgegenstandes ab. Wenn dies aber kein Denken ohne Sprache ist, wo finden wir dann etwas, was man so nennen könnte? Wo gibt es menschliches Denken ohne Sprache? Wo gibt es Menschen ohne Sprache?

Man kann dabei an das noch nicht sprechende Kleinkind denken oder an den Sprachgeschädigten, also z.B. den Gehörlosen, den Taubstummen.

Gibt es beim Taubstummen ein Denken ohne Sprache? Man hat die Frage gelegentlich mit Ja beantwortet, so der Taubstummenlehrer Gerhart Lindner in einem bemerkenswerten Aufsatz „Denkvorgänge beim Schachspiel. Prozesse außerhalb der Sprache".

Lindner berichtet, daß taubstumme Schüler gut schachspielen lernen und vollsinnige Altersgenossen darin sogar gelegentlich übertreffen. — Niemand wird leugnen, daß man beim Schachspielen denken muß; da die Taubstummen nicht sprechen können, denken sie also ohne Sprache. Denken versteht Lindner dabei in dem Sinne, daß geistige Beziehungen zwischen Vorstellungen hergestellt werden, wobei bestimmte Anhaltspunkte vorhanden sein müssen und die geistige Tätigkeit auf ein Ziel gerichtet ist.

Dies alles trifft ohne Frage beim Schachspiel zu. Es fragt sich nur, ob der taubstumme Schachspieler wirklich sprachfrei ist.

Über das „Sprachwerden im taubgeborenen Kinde" unterrichtet uns ein aufschlußreiches Buch von E. Kropp (Halle 1957).

Das taubgeborene Kind ist zumeist geistig durchaus normal, es hat ein in bestimmten Hirnregionen gelagertes Sprachvermögen. Es lernt nur nicht sprechen, weil es nicht hören kann. Es wächst in sprechender Umgebung auf, nimmt Kontakt mit den sprachbesitzenden Eltern und entwickelt schon bald eine Zeichen- und Gebärdensprache, in welche sprachliche Begriffe seiner Umwelt ungewußt und ungewollt mit einfließen. Alles Zeigen und Merken, Erfahren und Erinnern ist von der Sprache der Umgebung mitbeeinflußt. Das taubstumme Kind ist also schon von der Sprache miterfaßt, bevor es — meist recht früh — eingeschult wird. Schule heißt aber gerade beim Taubstummen in erster Linie Sprachschule.

Wie in liebevoller und mühsamer Arbeit ein taubstummes Kind zum Sprechen gebracht wird, ohne das Gesprochene mit dem Ohr kontrollieren zu können, das ist hier nicht zu erläutern. Tatsache ist, daß das taubstumme Kind die Sprache, wenn auch mühselig und rudimentär, erlernt. [...]

Die Schüler aber, die Schach spielen lernen, pflegen noch älter zu sein, sie beherrschen also schon einen bedeutenden Sprachschatz. Das Erlernen des Schachspiels erfolgt natürlich wieder mit Hilfe der Sprache. Die Figuren werden benannt und erkannt: *Bauer, Läufer, Pferd* und *Turm, König* und *Königin* sind „gewortet", ihre Tätigkeiten, das Ziehen und Springen, Bedrohen und Schlagen, werden erlernt und verstanden, d.h. aber: die Voraussetzungen des Schachspielens sind schon von Anbeginn mit Sprache durchtränkt. Freilich braucht der einzelne Zug nicht sprachlich formuliert zu werden. Aber die Sprache ist des-

halb nicht minder mitbeteiligt, und sie wäre es auch dann noch, wenn der Lehr- und Lern-
prozeß wortlos, mit Zeigegebärden usw. erfolgt sein sollte. Ja, das Schachspiel selbst muß
schon nach Idee und Gestalt als ein sprachlicher Prozeß anerkannt werden.

Die Geschichte des königlichen Spiels zeigt deutlich, wie hier bestimmte sprachlich gestütz-
te Ideen, zunächst wohl von vier, dann von zwei streitenden Heeren, zur Ausbildung der 5
uns vertrauten Form geführt haben. Sogar die Geschichte einzelner Figuren zeigt vielfälti-
gen sprachlichen Einfluß, so z.B. die Umdeutung des ursprünglichen Ratgebers des Kö-
nigs, des pers. *farz* oder *farzan, in der latinisierten Form farcia* oder *fercia,* zu frz. *vierge*
und dann in *Dame.* Ich kann auf diese interessanten Wandlungen und ihre Folgen für den
geistigen Gehalt des Spiels hier leider nicht eigehen. Es sollte nur deutlich werden, wieviel 10
Sprachliches im Schachspiel steckt.

Soviel dürfte erwiesen sein: Auch der Taubstumme denkt nicht ohne Sprache, viel weniger
natürlich noch der vollsinnige Blindspieler, der eine ganze Reihe von Partien ohne Blick
auf Brett und Figuren zu spielen vermag. Seine so bewundernswürdige Gedächtnisleistung
wäre nicht möglich, wären nicht die Felder des Schachspiels zusätzlich durch Zahl und 15
Buchstabe der Anonymität entrissen, also begrifflich faßbar, und hätte er nicht einen ganzen Spezialbegriffsschatz zur Verfügung, mit dessen Hilfe die Eröffnungen sowie typische
Spielkonstellationen gegenwärtig gehalten werden können. Ohne theoretische, d.h. begriffliche, also sprachliche Durchdringung des Schachspiels wären die hohen Leistungen
heutiger Spieler gar nicht denkbar. [...] 20
Wir dürfen also mit Fug und Recht sagen: Auch Schachspielen ist kein Denken ohne Sprache — weder bei Taubstummen noch bei Blindspielern —, und wir können hinzufügen: Es
wird überhaupt kaum gelingen, einen sprachfreien erwachsenen Menschen anzutreffen.
Sie alle, ob normalsinnig, taubstumm oder anderswie sprachgestört, verfügen über Sprache. Wo aber Sprache vorhanden ist, da ist sie aus den geistigen Prozessen nicht mehr zu 25
eliminieren.

26. S. I. HAYAKAWA

Sprache dient der Herstellung von Gemeinsamkeit

Predigten, politische Zusammenkünfte, Wahlversammlungen, Propagandaversammlun-
gen und andere zeremonielle Zusammenkünfte illustrieren die Tatsache, daß alle Gruppen
— religiöse, politische, patriotische, wissenschaftliche und berufliche — es lieben, von Zeit
zu Zeit zusammenzukommen, um an bestimmten gewohnten Handlungen teilzunehmen, 30
wobei sie bestimmte Kleidung tragen (Gewänder bei religiösen Organisationen, Hoheitsab-
zeichen in Logen, Uniformen in patriotischen Gesellschaften und so weiter), gemeinsam
essen (Bankette), Fahnen, Bänder oder Embleme ihrer Gruppe zeigen und in Prozessionen
marschieren. Zu diesen rituellen Handlungen gehören immer eine Anzahl Ansprachen, die
entweder in traditionellem Wortlaut abgefaßt sind oder besonders für die Gelegenheit zu- 35
geschnitten sind, deren hauptsächliche Funktion es *nicht* ist, den Zuhörern Informationen
zu geben, die sie vorher nicht hatten, noch neue Wege des Denkens zu erschließen, sondern
etwas völlig anderes. [...]

Lassen Sie uns sehen, was bei einer Ermutigungsversammlung vor sich geht, die einem College-Fußballspiel vorangeht. Die Mitglieder „unseres Teams" werden einer Menge „vorgestellt", die sie bereits kennt. Aufgefordert, eine Rede zu halten, murmeln die Spieler ein paar unzusammenhängende und oft ungrammatikalische Bemerkungen, die mit wildem Beifall aufgenommen werden. Der Versammlungsleiter macht phantastische Versprechungen über das Zusammenschlagen des gegnerischen Teams am folgenden Tag. Die Masse äußert „Beifallsrufe", die normalerweise aus animalischen Geräuschen bestehen, die in äußerst primitiven Rhythmen hervorgebracht werden. Niemand verläßt die Versammlung irgendwie weiser oder besser unterrichtet, als er vorher war.

In gewissem Maße sind religiöse Zeremonien ähnlich rätselhaft beim ersten Hinsehen. Der Priester oder Kirchenbeamte äußert feststehende Reden, *oft in einer der Versammlung unverständlichen Sprache* (in hebräisch in orthodoxen Synagogen, lateinisch in römisch-katholischen Kirchen, Sanskrit in chinesischen und japanischen Tempeln), mit dem Ergebnis, daß meistens keinerlei Information den Anwesenden zugänglich gemacht wird.

Wenn wir diese linguistischen Ereignisse von einem losgelösten Standpunkt aus betrachten, und wenn wir ebenso unsere eigenen Reaktionen prüfen, sobald wir den Geist solcher Gelegenheiten in uns aufnehmen, können wir nicht umhin festzustellen, daß wir im Laufe der rituellen Handlung oft nicht viel über die Bedeutung der Worte nachdenken, die bei rituellen Äußerungen gemacht werden. Die meisten von uns haben zum Beispiel oft das Vaterunser wiederholt oder „Das Sternenbanner" gesungen, ohne überhaupt über die Worte nachzudenken. Als Kinder wurden wir gelehrt solche Wortreihen zu wiederholen, bevor wir sie verstehen können, und viele von uns fahren für den Rest ihres Lebens fort, sie zu sagen, ohne sich viel über ihre Bedeutung Gedanken zu machen. Nur wenn man oberflächlich ist, wird man indessen diese Tatsachen als „einfacher Beweis für die Torheit der Menschen" beiseite schieben. Wir können solche Äußerungen nicht als „bedeutungslos" ansehen, weil sie auf uns eine echte Wirkung ausüben. Wir werden vielleicht aus der Kirche kommen, ohne uns klar daran zu erinnern, wovon die Predigt handelte, aber doch mit einem Gefühl, daß der Gottesdienst uns trotzdem irgendwie „gut getan hat".

Was ist „das Gute" für uns bei rituellen Äußerungen? Es ist die *Bekräftigung des sozialen Zusammenhanges:* der Christ fühlt sich seinen Mitchristen näher, der Logenbruder fühlt sich den anderen Logenbrüdern näher, der Amerikaner fühlt sich mehr amerikanisch und der Franzose mehr französisch; das ist das Ergebnis dieser Riten. Gesellschaften werden durch solche Bande gemeinsamer Reaktionen auf festliegende Zeremonien zusammengehalten. [...]

Bisweilen sprechen wir einfach, um uns selbst sprechen zu hören; das heißt aus demselben Grund, weshalb wir Golf spielen oder tanzen. Die Tätigkeit gibt uns das angenehme Gefühl, lebendig zu sein. Kinder, die schwatzen, Erwachsene, die in der Badewanne singen, erfreuen sich beide am Klang ihrer Stimme. Manchmal machen große Gruppen gemeinsame Geräusche wie beim Gruppensingen, bei Gruppenrezitation oder beim Kirchengesang aus ähnlichen vorsymbolischen Gründen. Bei all dem ist die Bedeutung der gebrauchten Wörter beinahe vollständig unerheblich. Wir können zum Beispiel die traurigsten Worte über unseren Wunsch, zu einem Haus der Kindheit in Altvirginia zurückzukehren, singen, obgleich wir in Wirklichkeit niemals dort gewesen sind und nicht die geringste Absicht haben, dorthin zu gehen.

86

Was wir gesellschaftliche Konversation nennen, hat ebenfalls weithin vorsymbolischen Charakter. Wenn wir zum Beispiel bei einer Tee- oder Abendgesellschaft sind, müssen wir alle sprechen — über irgend etwas: das Wetter, das Spiel der Chicago Weiß-Socken, James Michener's neuestes Buch oder Natalie Woods neuesten Film. Ausgenommen unter sehr guten Freunden sind die während dieser Unterhaltungen gemachten Bemerkungen selten wichtig genug, um wegen ihres informativen Wertes gemacht zu werden. Nichtsdestoweniger wird es als unhöflich angesehen, schweigsam zu bleiben. In der Tat wird es bei solchen Begebenheiten wie Begrüßungen und Verabschiedungen — „Guten Morgen" — „Schöner Tag heute" — „Wie geht es Ihrer Familie?" — „Es war ein Vergnügen, Ihnen zu begegnen" — „Besuchen Sie uns, wenn Sie das nächste Mal in der Stadt sind" — als sozialer Fehler angesehen, diese Dinge nicht zu sagen, selbst wenn wir sie nicht meinen. Es gibt zahllose tägliche Situationen, bei denen wir einfach deswegen sprechen, weil es unhöflich sein würde, es nicht zu tun. Jede soziale Gruppe hat ihre eigenen Formen dieser Art Unterhaltung — „Die Kunst der Konversation", „Belanglose Unterhaltung" und das wechselseitige Uzen, das die Amerikaner so sehr lieben. Aus diesen gesellschaftlichen Gebräuchen ist es möglich, als allgemeinen Grundsatz zu schließen, daß es *eine wichtige Funktion der Sprache ist, Schweigen zu verhindern,* und daß es für uns in Gesellschaft völlig unmöglich ist, nur dann zu reden, wenn wir „etwas zu sagen" haben.

Dieses vorsymbolische Reden um des Redens willen ist, ähnlich den Schreien der Tiere, eine Form der Tätigkeit. Wir sprechen miteinander über gar nichts und begründen dabei Freundschaften. Der Zweck des Redens ist nicht die Kommunikation von Informationen, wie die dabei gebrauchten Symbole nahezulegen scheinen („Wissen Sie schon, die Dodgers Baseball Leute liegen wieder an der Spitze?"), sondern die Herstellung einer Gemeinsamkeit. Menschen haben viele Wege, um Gemeinsamkeiten untereinander herzustellen: Das Brot miteinander zu brechen, Spiele miteinander zu spielen, zusammen zu arbeiten. Aber miteinander zu sprechen, ist die einfachste all dieser Formen kollektiver Tätigkeit. Die *Gemeinsamkeit* des Sprechens ist also das wichtigste Element in der gesellschaftlichen Konversation; der Gesprächsstoff ist zweitrangig.

Daher ist bei der Auswahl des Gesprächsstoffes ein Grundsatz wirksam. Da der Zweck dieser Art Unterhaltung die Herstellung einer Gemeinsamkeit ist, *sind wir sorgsam darauf bedacht, Gesprächsstoffe auszuwählen, über die Übereinstimmung unmittelbar möglich ist.* Achten Sie zum Beispiel darauf, was sich ereignet, wenn zwei Fremde die Notwendigkeit oder den Wunsch empfinden, miteinander zu sprechen:

„Schöner Tag heute, nicht wahr?"

„Das stimmt." (Übereinstimmung über einen Punkt ist erzielt. Man kann fortfahren.)

„Überhaupt war der Sommer schön".

„Ja wirklich. Wir hatten auch einen schönen Frühling". (Nachdem über zwei Punkte Übereinstimmung erzielt wurde, schlägt der Gesprächspartner ein Einvernehmen über einen dritten Punkt vor).

„Ja, es war ein herrlicher Frühling". (Drittes Übereinkommen erzielt).

Die Gemeinsamkeit liegt daher nicht nur im Sprechen selbst, sondern in den zum Ausdruck gebrachten Ansichten. Nachdem die Ansichten über das Wetter übereinstimmen, suchen wir weitere Übereinstimmungen — daß es ein günstiges Farmland hier ist, daß es unbedingt skandalös ist, wie die Preise in die Höhe gehen, daß New York gewiß ein interessanter Platz für einen Besuch ist, daß es aber schrecklich sein muß, dort leben zu müssen, usw. *Mit jedem neuen Einverständnis, gleichgültig wie abgedroschen oder wie selbstverständlich es auch ist, schwindet die Furcht und der Verdacht des Fremden, und die Möglichkeit einer Freundschaft erweitert sich.* Wenn die weitere Unterhaltung ergibt, daß wir gemeinsame Freunde oder politische Ansichten oder künstlerische Neigungen oder Hobbys haben, ist eine Freundschaft gegründet, und echte Kommunikation und Kooperation kann beginnen.

Hier ist ein Beispiel dafür, wie diese Art Konversation wahrscheinlich zwischen jungen Leuten vor sich geht:

10 Junge: Tanzst Du gern?

Mädchen: Ja, gerne.

Junge: Ich heiße Charly.

Mädchen: Ich Ellen. Nette Gesellschaft, nicht?

Junge: Ja, das stimmt. Eine der besten, seit ich in der Schule bin.

15 Mädchen: Oh, gehst Du hier zur Schule?

Junge: Ja, du auch?

Mädchen: Was ist dein Hauptfach?

Junge: Ich weiß noch nicht.

Mädchen: Das ist das Übliche hier.

20 Junge: Vermutlich. Wie wär's mit einem Drink?

Mädchen: Okay.

Junge: Bin gleich wieder zurück.

27. DESMOND MORRIS

Stöhnen, Kreischen, Schreien, Lachen

Das uralte instinktive Knurren, Stöhnen, Kreischen und Schreien, das wir mit anderen Primaten gemeinsam haben, ist nicht etwa durch den Neuerwerb unserer so hell strahlenden
25 Sprachgewalt zum Verschwinden gebracht worden. Unsere angeborenen Lautsignale sind uns geblieben, und noch immer spielen sie eine wichtige Rolle. Sie bilden nicht nur das stimmliche Fundament, über dem wir unsere Sprachwolkenkratzer aufgeführt haben, sondern sie existieren nach wie vor als durchaus selbständige artspezifische Verständigungsmittel. Sie brauchen auch nicht wie die Wortsignale erlernt zu werden, sie kommen „von
30 selbst" und bedeuten in allen Kulturen daselbe. Kreischen, Wimmern, Lachen, Brüllen, Stöhnen und rhythmisches Schreien übermitteln jedermann und überall die gleichen Nachrichten. Wie die Rufe anderer Tiere stehen sie im Zusammenhang mit elementaren Gemütsbewegungen und geben uns sofort und eindeutig Aufschluß über die Stimmung dessen, der solche Laute hören läßt. Genauso haben wir auch den instinktiven Ausdruck von
35 Gemütsbewegungen im Gesicht behalten: das Lächeln, das Grinsen, das Stirnrunzeln, den starren Blick, den Ausdruck der Panik und den der Wut. Auch sie sind allen Gesellschaftsordnungen gemeinsam und haben hartnäckig überdauert trotz des Erwerbs vieler kulturell bedingter Mienen und Gebärden.

Wann diese tief verwurzelten arteigenen Stimmäußerungen und allgemeinen Ausdrucksbewegungen des Gesichts in unserer frühen Entwicklung auftreten, ist recht interessant. Die Reaktion des rhythmischen Schreiens ist (wie wir alle nur zu gut wissen) vom Augenblick unserer Geburt an da. Das Lächeln erscheint später, im Alter von etwa fünf Wochen. Nicht vor dem dritten oder vierten Monat kommt es zum Lachen und zu Wutausbrüchen. Diese Verhaltensweisen gilt es etwas näher zu untersuchen.

Schreien ist nicht nur das früheste Stimmungssignal, es ist auch das ursprünglichste. Lächeln und Lachen sind einzigartige und recht spezialisierte Signale. Das Schreien haben wir mit Tausenden anderer Arten gemeinsam. Alle Säugetiere (ganz zu schweigen von den Vögeln) lassen kreischende, gellende, quiekende oder winselnde Laute hören, wenn sie Angst oder Schmerzen haben. Bei den höheren Säugetieren, bei denen der wechselnde Gesichtsausdruck als optisches Signal hinzugekommen ist, werden diese Alarmsignale begleitet von einem charakteristischen „ängstlichen Gesicht". Ob diese Reaktionen von einem jungen oder von einem erwachsenen Tier kommen — stets zeigen sie an, daß etwas ernstlich schlimm ist. Das Jungtier warnt seine Eltern, das erwachsene Tier die übrigen Angehörigen seiner sozialen Gruppe.

Solange wir Kinder sind, bringt uns eine ganze Reihe von Anlässen zum Schreien. Wir schreien bei Schmerz und bei Hunger, wir schreien, wenn man uns allein gelassen hat, wenn uns ein fremder, unvertrauter Reiz trifft, wir schreien, wenn uns des Leibes Notdurft und Nahrung entzogen wird oder wenn uns etwas beim Verfolgen eines wichtigen Zieles in die Quere kommt. Faßt man all das zu zwei wesentlichen Faktoren zusammen, dann erhält man als Ursache des Schreiens körperliche Beschwerden und das Gefühl der Unsicherheit. Jedesmal, wenn das Signal gegeben wird, löst es bei Mutter und Vater eine auf Schutz abzielende Reaktion aus (oder sollte sie auslösen). Ist das Kind zur Zeit des Signals von den Eltern getrennt, so eilen als unmittelbare Folge des Signals Mutter, Vater oder beide zum Kind, nehmen es auf und wiegen, tätscheln oder streicheln es. Hält das Schreien an, wird das Kind auf die mögliche Ursache des Schreiens untersucht. Diese elterliche Reaktion wird fortgesetzt, bis das Signal erlischt (und in dieser Hinsicht unterscheidet sich das Schreien grundsätzlich vom Lächeln und Lachen).

Der Schreivorgang setzt sich zuammen aus Muskelspannungen mit Rötung des Kopfes, Wasseraustritt aus den Augen, Öffnen des Mundes, Zurückziehen der Lippen, heftigem Atmen (vor allem tiefes Ausatmen), und selbstverständlich gehören dazu die Lautäußerungen hoher Tonlage: gellend und „auf die Nerven gehend". Ältere Kinder laufen außerdem zu Vater und Mutter und klammern sich bei ihnen an.

Ich habe diese Verhaltensweise, obwohl sie uns so vertraut ist, im Detail beschrieben, weil sich aus ihr unsere spezialisierten Signale des Lachens und Lächelns entwickelt haben. Wenn jemand sagt, er habe „geschrien vor Lachen", dann zeigt er damit die Verwandtschaft zwischen Schreien und Lachen auf — stammesgeschichtlich gesehen müßte es allerdings heißen: geschrien bis zum Lachen. Wie aber ist es dazu gekommen? Machen wir uns als erstes klar, wie ähnlich Schreien und Lachen als Reaktionen sind; das ist notwendig, denn wir neigen dazu, die Ähnlichkeit zu übersehen, weil die jeweilige Stimmung so ganz anders ist. Wie das Schreien besteht auch das Lachen aus Muskelspannung, Öffnen des Mundes, Zurückziehen der Lippen und heftigem Atmen mit tiefem Ausatmen. Bei hoher Intensität tritt auch die Rötung des Kopfes auf, und wir lachen Tränen. Nur die Lautäußerungen sind anders, die Tonlage ist tiefer, und sie sind nicht so auf die Nerven gehend schrill. Auch halten sie nicht so lange an, sondern folgen einander in schnellen kurzen Stößen — es ist, als sei das lange Wehgeschrei des Kindes in kurze Abschnitte zerhackt worden, wobei es zugleich ruhiger und tiefer wurde.

5 Offenbar hat sich die Lachreaktion als Signal sekundär aus dem Schreien wie folgt entwickelt: Das Schreien ist, wie bereits erwähnt, im Moment der Geburt da, das Lachen jedoch erscheint nicht vor dem dritten oder vierten Lebensmonat, und sein Auftreten fällt mit dem ersten Erkennen der Eltern zusammen. Ein Kind, das den eigenen Vater erkennt, mag ein kluges Kind sein. Aber ein lachendes Kind erkennt seine Mutter. Bevor es gelernt

10 hat, das Gesicht seiner Mutter von denen anderer zu unterscheiden, wird es glucksende und babbelnde Laute hören lassen, aber es wird nicht lachen. Wenn es die Mutter zu erkennen beginnt, wird es anfangen, vor anderen, fremden Erwachsenen Angst zu haben. Im Alter von zwei Monaten ist noch jedes freundliche Erwachsenengesicht willkommen. Jetzt aber beginnt die Angst vor der Welt rundum zu reifen — alles Ungewohnte führt zu Aufre-

15 gung und Geschrei. (Später wird das Kind lernen, daß auch manche anderen Erwachsenen ihm nichts anhaben wollen, und so seine Furcht vor ihnen verlieren; doch das geschieht dann auf der Basis des persönlichen Kennenlernens und Erkennens.) Als Ergebnis dieses Vorgangs der Prägung auf die Mutter gerät das Kind in einen ernsthaften Konflikt. Wenn die Mutter nämlich etwas tut, was den Kind fremd ist, oder es erschreckt, gibt sie ihm zwei

20 einander widersprechende Signale. Das eine besagt: ,,Ich bin deine Mutter, deine Beschützerin; du brauchst keine Angst zu haben''; das andere meldet: ,,Paß auf, jetzt kommt etwas, worüber du erschrickst.'' Dieser Konflikt kann sich erst dann einstellen, wenn die Mutter persönlich erkannt wird und bekannt ist — hat sie nämlich vorher etwas Beunruhigendes getan, war sie damit einfach nur die Quelle eines angstauslösenden Reizes und sonst

25 nichts. Jetzt aber kann sie das doppelte Signal geben: ,,Es ist zwar eine Gefahr, aber doch keine Gefahr.'' Oder anders ausgedrückt: ,,Es mag zwar wie eine Gefahr aussehen, weil es aber von mir kommt, brauchst du es nicht ernst zu nehmen.'' Und der Erfolg ist, daß das Kind eine Antwort gibt, die halb eine Schreireaktion ist und halb ein glucksendes Eltern-Erkennen. Diese magische Kombination läßt das Lachen entstehen. (Oder, besser gesagt,

30 ließ es einst im Verlauf der Stammesgeschichte entstehen. Seit damals nämlich ist das Lachen erblich fixiert und hat sich zu einer selbständigen Reaktion entwickelt.)
So besagt das Lachen: ,,Ich erkenne, daß eine wirkliche Gefahr nicht besteht'' und übermittelt diese Nachricht an die Mutter. Und diese kann jetzt lebhaft mit dem Kind spielen, ohne daß sie es dadurch zum Schreien bringt.

28. Beredtes Schweigen

a) OTTO FRIEDRICH BOLLNOW

Das Schweigen als Form des Sprechens

35 In die Formen des Sprechens ist endlich auch das Schweigen einzuordnen. Das Schweigen ist selber eine Weise des Sprechens, eine ,,Sprachhandlung'', wie man mit einem unge-

schickten, aber manchmal nicht gut vermeidbaren Wort sagt (denn strenggenommen ist das Sprechen ja kein Handeln). Schweigen kann nur ein der Sprache fähiges Wesen. Wo also bloß die Geräusche fehlen, kann man noch nicht von einem Schweigen sprechen. Und wenn man das Wort in einem weiteren Sinn gebraucht und etwa von dem Schweigen der Wälder oder dem Schweigen des Weltraums (Pascal) spricht, so ist das nur in einem uneigentlichen, übertragenen Sinn zu verstehen. Selbst hier aber besagt das Wort Schweigen, daß — im beruhigenden oder bedrückenden Sinn — etwas fehlt, etwas fortgefallen ist, was im Regelfall vorhanden ist. Und so bedeutet auch beim Menschen das Schweigen nicht die einfache Tatsache, daß er im Augenblick nicht spricht, sondern daß er in einer Situation nicht spricht, wo man von ihm das Sprechen erwartet hätte, wo er also das von der Situation her nahegelegte Sprechen zurückhält. Insofern ist das Schweigen in der Tat ein Tun, die Verweigerung des Sprechens, und insofern als eine Ausfallserscheinung nur vor dem Hintergrund des Sprechens in seinem Wesen zu verstehen.

b) WERNER KEMPER

Arten des Schweigens

Zunächst fallen uns einige Sprichwörter und Redewendungen ein: ,,Reden ist Silber, Schweigen ist Gold" oder ,,Keine Antwort ist auch eine Antwort" oder das zum Thema gehörige Lied ,,Gedanken sind frei..." Weiter wissen wir, daß man etwas ,,Verschwiegenes" dennoch ,,durch die Blume sagen", es ,,zwischen den Zeilen" ausdrücken, also verschweigen und dennoch sagen kann. Ein Schweigen kann sogar ,,vielsagend" sein! Umgekehrt kann man aber auch durch Vielrederei das eigentlich zu sagen Notwendige verschweigen = verbergen. Auch ,,totschweigen" kann man eine Sache — aber auch einen Menschen, gegen den man etwas hat.
Welche typischen Attribute des Schweigens kennt unsere Sprache? Wir können hier, sinngemäß nach in sich geordneten Gruppen, unterscheiden zwischen einem

überraschten,
erstaunten,
betroffenen,
betretenen,
verstimmten,
verletzten,
benommenen Schweigen.

Eine andere Art des Schweigens beträfe das
verlegene,
ängstliche,
ratlose,
hilflose Schweigen.

91

Einen depressiven Akzent hat das
lähmende,
lastende,
bedrückte Schweigen.

5 Zunehmend aggressiven Charakter weist auf das
vorwurfsvolle,
lauernde,
provozierende,
aufsässige,
10 höhnische,
hämische,
feindselige Schweigen.

Ihm stehen gegenüber die zwar undramatischen, deshalb aber nicht weniger aggressiven
Formen des
15 beharrlichen,
hartnäckigen,
eisigen,
tödlichen Schweigens.

All diesen aufgezählten Gruppen entsprechen Tönungen, die normalerweise auch in der
20 Gefühlsskala des gesunden Menschen vorkommen können. Die Reihenfolge ihrer Anordnung innerhalb jeder einzelnen Gruppe sowohl wie auch der Gruppen untereinander weist
einen zunehmend unlustvollen bis zuletzt eindeutig negativen Charakter auf.
Muß Schweigen immer von dieser Art sein? Unsere Sprache kennt auch ganz andere Attribute des Schweigens, zum Beispiel das

25 staunende,
andächtige,
ergriffene,
erfürchtige,
beglückte,
30 erhabene Schweigen.

Ja, es gibt paradoxerweise sogar ein
beredtes (!) Schweigen.

IV WIE DIE SPRACHE ENTSTANDEN IST — GENESE DER SPRACHE

Einführung

Die Frage nach dem Ursprung der Sprache hat seit den Anfängen des Nachdenkens über Sprache die Mythen, Religionen, Philosophien und Wissenschaften immer wieder beschäftigt (vgl. T. 8) und hat viele verschiedene Antworten gefunden. Sie ist außerdem mit einer Reihe anderer Probleme der Sprachphilosophie und Sprachwissenschaft verbunden: zum Beispiel mit der Frage, ob Sprache etwas spezifisch Menschliches ist und erst mit dem Menschen vorgefunden wird oder ob etwa auch Tiere über eine Sprache verfügen, die vielleicht gewisse Vorformen der menschlichen Sprache darstellt (vgl. die relevanten Stichworte im Themenbereichsverzeichnis); oder mit der Frage, ob die *individuelle* Sprachentwicklung des einzelnen Menschen analog und nach denselben Gesetzen verläuft wie die Sprachentwicklung der *Menschheit insgesamt,* insbesondere die Sprachentwicklung der Urmenschen. Die Frage nach der Genese der Sprache betrifft ferner die Frage, ob all die vielen Sprachen im Lauf der Entwicklung aus einer einzigen (Monogenese) oder aus mehreren *Ursprachen* an verschiedenen Orten entstanden sind (Polygenese). Zur Ursprungsfrage gehört schließlich die Überlegung, woher der Mensch die Sprache hat: ob sie von Gott in ihn hineingelegt wurde, ob sie ihm angeboren ist, ob er sie zufällig erfunden hat oder ob er sie den Dingen abgelauscht hat (etwa bei den lautmalenden, Naturgeräusche nachahmenden Wörtern). Hiermit verknüpft ist das Problem, ob die Wörter das *Wesen* einer Sache zur Sprache bringen oder ob sie bloß auf Konvention beruhende Zeichen darstellen und nur zufällig mit der bezeichneten Sache verbunden sind (vgl. hierzu T. 7 und Kapitel V A). — In der hier vorliegenden Textsammlung sind diese verschiedenen Aspekte der Genese der Sprache nicht systematisch dargestellt (ausgenommen vielleicht die Texte 34 und 35 über moderne Theorien der individuellen Sprachentwicklung); eine Systematik hätte den Rahmen einer so kleinen Textauswahl weit überschritten, so daß die abgedruckten Textbeispiele nur als Anregung zu einer ersten Diskussion der Entstehungsfrage anzusehen sind; sie sind auch nicht unbedingt repräsentativ für die Meinung des jeweiligen Autors.

Die Auswahl beginnt mit dem religiösen Mythos der babylonischen Sprachverwirrung aus dem Alten Testament (T. 29 a), welcher konfrontiert wird mit dem Bericht über das Pfingstfest im Neuen Testament (T. 29 b), wo jeder den anderen in eigener Sprache reden hört. Zwei antike Erklärungsversuche schließen sich an. In der hellenistischen Zeit (Zeit von Alexander dem Großen bis etwa zum Ende des Altertums, also ca. 350 v. Chr. bis 650 n. Chr.) befaßten sich zwei philosophische Schulen mit der Frage des Sprachursprungs: die Stoiker und die Epikureer. Erstere vertraten eine Nachahmungstheorie, wonach die Wörter ursprünglich onomatopoetischer (= schallnachahmender) Natur sind, letztere vertraten den Standpunkt, daß die Wörter willkürliche Setzungen sind und entstanden sind aus irgendwelchen willkürlichen Ausrufen, die der erste Sprecher beim Anblick der Gegenstände ausgestoßen hat. Eine solche Auffassung vertritt der Römer Lukrez in seinem Lehrgedicht „De rerum naturae" („Über die Natur"); er lehnt den Gedanken an einen Erfinder der Sprache und Lehrmeister der Menschen ab und sieht die Entstehung der Sprache so wie den Spracherwerb des Kindes (T. 30 b). — Diodor von Sizilien (T. 30 a) vertritt eine Art Entwicklungstheorie der Sprache, nach der die Rede der Menschen anfangs „unbezeichnend und verworren" gewesen sei, unter dem Druck der gemeinsamen Verteidigung und Zusammenarbeit jedoch gruppenweise immer „unartikulierter" geworden sei. — Gegen die These einer allmählichen Entwicklung aus irgendwelchen nichtsprachlichen Vorformen stellt sich Humboldt in T. 31 und behauptet, daß die Sprache als *Ganzes* von Anfang an in den Menschen gelegt sei — nicht zwar als fertig Gegebenes und damit totes Werk *(ergon),* sondern als lebendige, geistige Tätigkeit, als etwas in jedem Augenblick Werdendes, Entstehendes und Vergehendes, als eine Kraft, eine Wirksamkeit *(energeia).* Denn in der Sprache gibt es nichts Einzelnes, jedes ist Teil des Ganzen und nur möglich als verwoben mit dem Ganzen (vgl. T. 35). Außerdem ist Sprache wesentliches Kennzeichen des *Menschen* und um sie zu „erfinden", müßte er schon Mensch sein. An diese Auffassung von der Sprache als Wesensmerkmal des Menschen knüpft T. 32 von Gehlen an, der aus dieser Charakterisierung folgert, daß sprachlos aufgezogene Kinder auch aus sich heraus, also ohne Erwachsenenhilfe, Sprache entwickeln müßten. Hierfür zitiert er eine Reihe von Beispielen, in denen alle Gruppen miteinander handelnder Kinder beschrieben werden. Diese Situation eines Kollektivs miteinander handelnder Menschen ist für Gehlen eine anthropologische „Schlüsselsituation" für die Entstehung von Sprache.

Eine Überleitung zu den Texten 34 und 35, die über Theorien des kindlichen Spracherwerbs berichten, soll der folgende Text (35) darstellen; der Philosoph und Sprachforscher Steinthal schildert darin seine Beobachtungen bei der Sprachentwicklung seines Sohnes. — Ausgehend von den beiden Grundpositionen zur Sprachentwicklung (T. 34a), nämlich der These vom Angeborensein und von der Vererbbarkeit des Sprachvermögens (nativistische Position) gegenüber der These von der Vermittlung jeglichen Sprachvermögens durch eine konkrete Sprachgemeinschaft (empiristische Position), referiert Text 34b zwei psychologische Theorien der Sprachentwicklung, die beide die empiristische Position einnehmen und innerhalb der Psychologie dem sogenannten Behaviorismus zuzurechnen sind. (Der Behaviorismus beschränkt sich auf die Erforschung des von außen beobachtbaren Verhaltens von Lebewesen und klammert Innerpsychisches als nicht objektiv unmittelbar beobachtbar aus.) Beide Theorien beschreiben den Spracherwerb als allmähliche Herausbildung dauerhafter Reaktionen auf bestimmte Reize, wobei sie jedoch diese Reaktionsbildung in unterschiedlicher Weise erklären: als Koppelung an schon bestehende Reiz-Reaktionsverbindungen (klassische Konditionierung) oder als Belohnung richtiger Reaktionen durch die Umwelt (instrumentelle Konditionierung) (vgl. T. 8). Insbesondere mit dieser zweiten Theorie setzte sich Chomsky sehr kritisch auseinander und entwickelte eine Theorie des Spracherwerbs, die den nativistischen Positionen zuzurechnen ist und die sich u.a. dadurch auszeichnet, daß sie die Struktureigenschaften der Sprache und des Sprachverstehens berücksichtigt. Über Chomskys Theorie berichtet T. 35 von Stegmüller (vgl. T. 8, 12, 31).

29. Erzählungen aus der Bibel

a) GENESIS 11, 1—9

Die babylonische Sprachverwirrung

Es hatte aber alle Welt einerlei Sprache und einerlei Worte. Als sie nun im Osten aufbrachen, fanden sie eine Ebene im Lande Sinear, und sie ließen sich dort nieder. Und sie sprachen untereinander: Wohlan, laßt uns Ziegel streichen und hart brennen! Und es diente ihnen der Ziegel als Stein, und der Asphalt diente ihnen als Mörtel. Und sie sprachen: Wohlan, laßt uns eine Stadt bauen und einen Turm, dessen Spitze bis in den Himmel reicht; so
5 wollen wir uns ein Denkmal schaffen, damit wir uns nicht über die ganze Erde zerstreuen. Da fuhr der Herr hernieder, um die Stadt zu besehen und den Turm, den die Menschenkinder gebaut hatten. Und der Herr sprach: Siehe, sie sind ein Volk und haben alle eine Sprache. Und dies ist erst der Anfang ihres Tuns; nunmehr wird ihnen nichts unmöglich sein, was immer sie sich vornehmen. Wohlan, laßt uns hinabfahren und daselbst ihre Sprache verwirren, dass keiner mehr des andern Sprache verstehe. Also zerstreute sie der Herr von
10 dort über die ganze Erde, und sie ließen ab, die Stadt zu bauen. Daher heißt ihr Name Babel[1], weil der Herr daselbst die Sprache aller Welt verwirrt und sie von dort über die ganze Erde zerstreut hat.

[1] In dem Namen „Babel" hörte man einen Anklang an ein hebräisches Wort, das „verwirren" bedeutet.

b) APOSTELGESCHICHTE 2, 1—13

Pfingsten — Jeder hört die anderen in eigener Sprache reden

Und als der Tag des Pfingstfestes endlich da war, waren sie alle an einem Ort beisammen. Und plötzlich entstand vom Himmel her ein Brausen, wie wenn ein gewaltiger Wind daherfährt, und erfüllte das ganze Haus, worin sie saßen. Und es erschienen ihnen Zungen, die sich zerteilten, wie von Feuer, und es setzte sich auf jeden unter ihnen. Und sie wurden alle mit dem heiligen Geist erfüllt und fingen an, in anderen Zungen zu reden, wie der Geist ihnen auszusprechen gab.   5

In Jerusalem aber wohnten Juden, gottesfürchtige Männer aus jedem Volk unter dem Himmel. Als aber dieses Getöse sich erhob, lief die Menge zusammen, und sie wurde verwirrt; denn jeder hörte sie in seiner eignen Sprache reden. Es erstaunten aber alle, verwunderten sich und sagten: Siehe, sind nicht alle, die hier reden, Galiläer? Und wir hören sie,   10 jeder in seiner eignen Sprache, in der er geboren ist: Parther und Meder und Elamiter und die, welche Mesopotamien, Judäa und Kappadozien, Pontus und Asia, Phrygien und Pamphylien, Ägypten und die Gebiete Libyens bei Cyrene bewohnen, und die hier weilenden Römer, Juden und Judengenossen, Kreter und Araber — wir hören sie in unseren Zungen von den grossen Taten Gottes reden. Sie erstaunten aber alle und waren ratlos und   15 sagten einer zum andern: Was soll das bedeuten? Andere aber spotteten und sagten: Sie sind voll süßen Weines.

30. Zwei antike Erklärungsversuche

a) DIODOR VON SIZILIEN

Entstehung der Sprache zur gemeinsamen Verteidigung

Die ersterschaffenen Menschen sollen eine unkultivierte und tierische Lebensart geführt haben, hin und wieder auf die Weide gegangen sein und die schmackhaftesten Kräuter und wildwachsenden Baumfrüchte gegessen haben. Und weil sie von den wilden Tieren ange-   20 griffen worden, so hätte ihr eigener Vorteil sie gelehrt, sich einander beizustehen, und durch die Furcht zusammengebracht, hätten sie sich bald untereinander als Geschöpfe *einer* Art anerkannt. Ihre Stimme sei anfänglich unbezeichnend und verworren gewesen; allmählich aber hätten sie ihre Ausdrücke artikuliert, untereinander gewisse Zeichen für jeden Gegenstand angenommen und sich mit der sprachlichen Äußerung über alle Gegen-   25 stände vertraut gemacht. Weil aber auf der ganzen Erde dergleichen Menschenverbindungen entstanden und jede ihre Wörter planlos gebildet habe, so hätten nicht alle dieselbe Sprache haben können. Daher seien die vielerlei Besonderheiten der besonderen Sprachen entstanden.

b) LUKREZ

Sprache entstand wie bei den Kindern

Wenn nun der Zwang der Natur verschiedene Laute der Sprache
Bildete und das Bedürfnis die Namen der Dinge hervorrief,
Ging dies geradeso zu, wie wenn sich auch unsere Kleinen
Stummer Gebärden bedienen aus Unvermögen der Sprache
5   Und mit dem Finger auf das, was sie sehen, zu deuten gewöhnt sind...
Wahnsinn ist es daher, an einen Erfinder zu gblauben,
Der einst Namen den Dingen verliehn und den Menschen die ersten Wörter gelehrt...
Endlich was ist denn dabei so sehr zu verwundern, wenn wirklich
Unser Menschengeschlecht, des Stimme und Zunge gesund war,
10   Nach den verschiedenen Gefühlen den Dingen verschiedenen Laut gab?

31. WILHELM VON HUMBOLDT

Die Sprache ist unmittelbar und von Anfang an in den Menschen gelegt

Die Sprache muß ... meiner vollsten Überzeugung nach als unmittelbar in den Menschen
gelegt angesehen werden; denn als Werk seines Verstandes in der Klarheit des Bewußtseins
ist sie durchaus unerklärbar. Es hilft nicht, zu ihrer Erfindung Jahrtausende und abermals
Jahrtausende einzuräumen. Die Sprache ließe sich nicht erfinden, wenn nicht ihr Typus
15   schon in dem menschlichen Verstande vorhanden wäre. Damit der Mensch nur ein einziges
Wort wahrhaft, nicht als bloßen sinnlichen Anstoß, sondern als artikulierten, einen Begriff
bezeichnenden Laut verstehe, muß schon die Sprache ganz und im Zusammenhange in
ihm liegen. Es gibt nichts Einzelnes in der Sprache, jedes ihrer Elemente kündigt sich nur
als Teil eines Ganzen an. So natürlich die Annahme allmählicher Ausbildung der Sprachen
20   ist, so konnte die Erfindung nur mit *einem* Schlage geschehen. Der Mensch ist nur Mensch
durch Sprache; um aber die Sprache zu erfinden, müßte er schon Mensch sein. So wie man
wähnt, daß dies allmählich und stufenweise, gleichsam umzechig, geschehen, durch einen
Teil mehr erfundener Sprache der Mensch mehr Mensch werden und durch diese Steigerung wieder mehr Sprache erfinden könne, verkennt man die Untrennbarkeit des mensch-
25   lichen Bewußtseins und der menschlichen Sprache und die Natur der Verstandeshandlung,
welche zum Begreifen eines einzigen Wortes erfordert wird, aber hernach hinreicht, die
ganze Sprache zu fassen. Darum aber darf man sich die Sprache nicht als etwas fertig Gegebenes denken, da sonst ebensowenig zu begreifen wäre, wie der Mensch die gegebene
verstehen und sich ihrer bedienen könnte. Sie geht notwendig aus ihm selbst hervor, und
30   gewiß auch nur nach und nach, aber so, daß ihr Organismus nicht zwar als eine tote Masse
im Dunkel der Seele liegt, aber als Gesetz die Funktionen der Denkkraft bedingt und mit-
hin das erste Wort schon die ganze Sprache antönt und voraussetzt. Wenn sich daher das-

jenige, wovon es eigentlich nichts Gleiches im ganzen Gebiete des Denkbaren gibt, mit etwas anderem vergleichen läßt, so kann man an den Naturinstinkt der Tiere erinnern und die Sprache einen intellektuellen der Vernunft nennen.

32. ARNOLD GEHLEN

Zwei Gedanken zum Ursprungsproblem der Sprache

Die Frage nach dem Ursprung der Sprache darf [...] nicht so gestellt werden, daß man frägt, wie etwa die „Urmenschen" es gemacht hätten, Sprache zu erfinden. Denn gehört die Sprache in den Zusammenhang eigentlicher menschlicher Leistungen, so ist sie ebenso alt wie der Mensch und das Problem fällt mit der Frage nach dem Ursprung des Menschen zusammen. Solange wir aber über die Entstehung des Menschen aus irgendeiner tertiären Primatenspezies so gut wie nichts wissen, können wir natürlich über den Zusammenhang der dabei entstandenen Funktionsänderungen des Gesamtwesens nichts aussagen — können also diese Frage nur an ein noch größeres Geheimnis anschließen.
Hier haben wir eine positive Aussage gemacht: daß die Sprache zu den Wesensmerkmalen des Menschen gehöre. Das ist die Behauptung der *Ursprünglichkeit* der Sprache, und in eine konkrete Behauptung gefaßt würde sie besagen: auch *ohne* die gewöhnliche Tradierung der Sprache durch Erwachsene würden Kinder, die wir sprachlos aufgezogen dächten, aus sich selbst Sprache entwickeln. [...]
Der hervorragende dänische Sprachforscher Jespersen kommt zu der [...] Überzeugung: „Kinder in einer unbewohnten Gegend, wo sie nicht gleich dem Hunger- und Erfrierungstode anheimfallen, haben die Fähigkeit, eine Sprache zur gegenseitigen Verständigung zu entwickeln, und diese kann von der ihrer Eltern so verschieden sein, daß sie wirklich als Ausgangspunkt eines neuen Sprachstammes dienen kann" (Die Sprache, 1925, p. 169). Jespersen äußert diese Meinung anläßlich der Frage, wie die erstaunliche Buntheit amerikanischer Sprachen wohl zu erklären sei. In Kalifornien fand man eine große Zahl verschiedener einheimischer Sprachen, die man auf nicht weniger als 19 gesonderte Sprachstämme aufteilen konnte, ähnlich in Oregon (30 Sprachfamilien!) und in Brasilien. In Brasilien erscheint eine Sprache oft auf wenige durch Verwandtschaft verbundene Individuen beschränkt, ein wahres Familieninstitut, so daß von den zwanzig Köpfen einer Bootsbesatzung nur drei oder vier in einer Sprache zusammenkamen, während die übrigen stumm und teilnahmslos nebeneinandersaßen (v. Martius aus d. J. 1867, zit. Jespersen). Schon 1886 hat der amerikanische Forscher Hale die Anschauung vertreten, daß das milde Klima und die freigebige Natur der genannten Gegenden es hier Kindern, denen die Zufälle des Jägerlebens die Eltern nahmen, ermöglichten, auch ohne die Hilfe Erwachsener durchzukommen, wobei sie dann genötigt waren, untereinander eine Sprache zu entwickeln. Jespersen diskutiert einen sehr interessanten Fall aus dem 20. Jahrhundert, da sehr vernachlässigte dänische Zwillinge, bei einer fast tauben alten Frau aufwachsend, eine für alle anderen unverständliche Binnensprache entwickelten — also ein Kaspar-Hauser-Versuch der Natur. Als Jespersen sie 5 1/2jährig sah, hatten sie in einem Kinderheim schon etwas dänisch gelernt, aber allein gelassen, unterhielten sie sich ungezwungen in einem durchaus

unverständlichen Kauderwelsch. Sie hatten Laute, die im Dänischen nicht vorkommen, eine völlig verschiedene Wortstellung und mehrfache Verneinung im Satz, wie in Bantusprachen. Lhalh (= Wasser, dän. vand?) bedeutete Wasser, aber auch naßmachen und naß, erinnernd an ähnliche Erscheinungen im Englischen. Die meisten Wörter, deren Bedeutung
5 Jespersen verstand, konnte er als verstümmelte dänische nachweisen („Jop" = sort, schwarz?), aber sie redeten eine Menge, was *niemand verstand*. Wenn so etwas in einem zivilisierten Lande des 20. Jahrhunderts vorkommt, kann man schon mit Hale annehmen, daß Kinder in einer unbewohnten Gegend, wo ihnen die Natur entgegenkommt, untereinander eine Sprache entwickeln würden. Denn was das Kind vom Erwachsenen lernt, das
10 sind ja keineswegs die Intentionen durch Symbole auf Dinge — die lehrt die Natur selbst, und diese besondere Intention durch Laute auf Dinge würde es also wahrscheinlich auch von diesem größeren Lehrmeister übernehmen. Aber es ist natürlich ein ungemein verkürzter und vereinfachter Weg, wenn ihm der Erwachsene eine Uhr zeigt und dazu „glock" oder etwas Ähnliches sagt: da das Kind Gehörtes ohnehin nachspricht (Leben des
15 Lautes) und durch die Situation des Zeigens die Intention auf die Uhr erzwungen wird, so kommt ohne jede Umwege eine direkte Assoziation von Gesichts- und Gehörseindruck zustande: der nachgesprochene Laut erhält ebenso mühelos wie zwangsläufig die Richtung auf die Sache. Das Kind von ein bis zwei Jahren lernt das leicht, weil dies eben bloß ein begünstigter Kurzschluß zwischen Prozessen ist, die das Kind auf zahllosen Umwegen müh-
20 sam und in schwieriger Überwindung von Selbststörungen auch ohne jede Führung aufbauen würde. [...]
Nun gibt es aber noch eine weitere Seite des Ursprungsproblems. Die uns literarisch überlieferten alten Sprachen haben zwar einen außerordentlichen Wort und Formenreichtum, in dem sie die lebenden Sprachen weit übertreffen, doch ist dieser Reichtum ohne Zweifel
25 in sehr langen Fristen aus primitiven Anfängen erst entstanden, in Zeiträumen, die wir beliebig lange ansetzen können, wenn man das Alter des Sinanthropus auf mindestens 400 000 Jahre schätzt. Parallel mit der „Menschwerdung" wird also die „Entwicklung" der Sprache und des Geistes gelaufen sein, wobei wir allerdings [...] uns bereits über den biologischen Mechanismus der Bauplanänderung kaum Vorstellungen machen können,
30 geschweige über die „Entstehung" des kategorialen Novums, das in Sprache und Denken vorliegt. Aber innerhalb dieses rätselhaften Prozesses werden wahrscheinlich unsere Sprachwurzeln eine wichtige Rolle gespielt haben, und es entsteht die Frage, ob es nicht anthropologische „Schlüsselsituationen" gibt, in der einige oder alle zusammenwirken mußten. Eine solche Situation würde außerdem eine eigentlich menschliche, d.h. kollektiv
35 handelnde sein müssen. In der Tat kann man bei vier sehr verschiedenen, unter sich unabhängigen, sehr hervorragenden Sprachforschern, nämlich bei Noiré, Ammann, Jespersen und Karl Voßler eine übereinstimmende Anschauung dieser Art finden, welche genau den Bedingungen entspricht, die wir selbst zu stellen hätten. Die Hypothese Noirés war ja schon dargestellt worden. „Der Sprachlaut", sagt er (Der Ursprung der Sprache, 1877),
40 „ist also in seiner Entstehung der die gemeinsame Tätigkeit begleitende Ausdruck des erhöhten Gemeingefühls." Alle gemeinsame Tätigkeit sei eigentlich mit Gesang oder Rufen begleitet, und aus dem gemeinsam erklingenden, gemeinsam hervorgebrachten und gemeinsam verstandenen Laut habe sich das Wort entwickelt: „Die wesentliche Eigentümlichkeit dieses Lautes war, daß er an eine bestimmte Tätigkeit erinnerte und verstanden

98

wurde."Also die die Aktionen *begleitenden* Laute erhielten aus der gemeinsamen Teilnahme an diesen Handlungen einen bestimmten Aktionssinn, sie erinnerten an diese Handlungen, oder auch: Man konnte sich in einem gemeinsamen Laut auf eine bestimmte Aktionsfolge richten. Ganz ähnlich Voßler (Ges. Aufs. z. Sprachphilosophie 1923, S. 214): „Nehmen wir an, irgendein Laut, zum Beispiel mar, habe in Urzeiten die Handlung des Reibens oder Steineschleifens begleitet(!), ohne besonderen Sinn, nur als natürlicher Reflex- und Gewohnheitslaut. Dies war noch keine Sprache. Wenn nun aber einer dieser mar-Heuler, der an das Steinreiben gehen wollte, noch bevor er es tat, mar rief, um damit anzudeuten, daß er es tun wollte, oder die anderen es tun sollten, so war das Sprache: denn jetzt stellte er das Reibenwollen oder -sollen, das noch kein Reiben war, durch den Natur- und Gewohnheitslaut dieses Reibens dar. Er übertrug und beging das, was man eine Metapher oder Permutation oder ein Symbol nennt, und was das Wesen alles sprachlichen Denkens ausmacht. Zugleich mag dieser erste Sprecher mit einer Gebärde oder einem Akzent, die etwas Aufforderndes, Einladendes oder Befehlerisches hatten, sein mar begleitet und unterstrichen haben, woran man sehen und hören konnte, daß er das Bewußtsein, das logische Bewußtsein hatte, daß das mar-Sagen etwas anderes ist als das mar-Machen."

Ammann (Sprache und Wirklichkeit, Bl. f. Dt. Philos., XII, 239) bedient sich des Voßlerschen Beispiels, um daran sehr viel weitergehende Überlegungen zu knüpfen, von denen ich hier absehe, weil sie bereits sprachtheoretisch sind. Er hebt dabei den Hauptpunkt klar heraus: „Die ursprünglich naturhaft der Handlung verschwisterte Lautgebärde(!) dient einerseits dazu, die Handlung darstellend zu vergegenwärtigen." Der Laut hätte also etwa einerseits die Bedeutung des Imperativs (Ruf!), andererseits die einer ersten Person des Indikativs der Vergangenheit. Man könnte sich, fährt er fort, auch noch vorstellen, daß die anderen ihre Teilnahme durch „Einstimmen in den Ruf" anfeuernd kundgetan hätten. Endlich Jespersen: „Sind eine bestimmte Zahl Leute miteinander zu Zeugen eines Ereignisses geworden und haben sie dieses mit einer Art Stegreiflied oder Kehrreim begleitet, so sind die beiden Vorstellungen in Verbindung getreten, und späterhin wird der nämliche Gesang dazu dienen, in dem Gedächtnis der damals Anwesenden die Vorstellung des ganzen Vorfalles auszulösen." „Hat einer unserer Vorfahren bei einem bestimmten Anlaß zufällig eine Lautfolge geäußert und hat er gesehen (oder gehört), wie seine Umgebung verständnisvoll darauf einging, so wird er danach streben, bei derselben Lautreihe zu bleiben und sie bei ähnlichen Gelegenheiten zu wiederholen; dadurch wird sie allmählich traditionell überliefert werden als Symbol dessen, was damals in erster Linie seinen und ihren Geist beschäftigte."

Es ist leicht zu sehen, wie diese vier Autoren in der Konstruktion eines ganz ähnlichen „Elementarfalles" übereinkommen. Ich glaube nun allerdings nicht, daß hiermit wirklich etwas über die historisch *erste* Sprachverwendung gesagt ist, wie es wohl im Sinne dieser Autoren liegt, wenn sie mit dem „Urmenschen" argumentieren. Trotzdem ist mit diesem Beispiel wohl etwas sehr Richtiges getroffen, denn es umreißt vielleicht nicht den einzigen, aber sicher einen sehr wesentlichen Punkt: es ist eine sehr menschliche und elementare, immer wiederholte Situation getroffen, in der mehrere Sprachwurzeln mit einem solchen Erfolg zusammenwirken, daß damit sehr wohl eine der elementaren Entwicklungslinien *der* Sprache, wohl die wesentlichste, ergriffen sein kann.

33. HAJIM STEINTHAL

Ein Kind lernt Sprache

Derselbe Knabe ... lernte bald einige Namen für Dinge seiner Umgebung, unter andern Hŭt (für Hut), Hŭhú (für Pferd), Dát (für Soldat). Ein und ein Vierteljahr alt, sah er mich auf der Straße und sagte: *Papa hut.* Sonst kannte er mich ja nur in der Stube ohne Hut. Als er einen reitenden Soldaten erblickte, sagte er: *Dat huhu.* So hatte er die Zerlegung der An-
5 schauung in ihre Faktoren erreicht. — Wie zusammengesetzt aber die Elemente seines Bewußtseins um jene Zeit noch waren, zeigt folgendes. Es war Winter, und er sah täglich, wie die Straßenlaterne angezündet ward. Die plötzlich aufbrechende Gasflamme ergriff ihn, und er rief: *dlil* (für Licht). Nun kommt aber eines Tages über Mittag der Mann mit seiner Leiter, um die Laternen zu putzen. Der Kleine erkennt ihn schon aus der Ferne und ruft:
10 *dlil.* Er lernte bald *lich* und sogar *licht* sagen. Aber nach sechs Wochen nach dem eben Erzählten rief er am Tage beim Anblick der Lampenputzschere: *lich.* Er hatte das Wort *nähen* gut aufgefaßt; er brachte z.B. der Mama ein zerbrochenes Spielzeug und sagte: *nähen.* Die Schere hieß aber ebenso. — ... [Die Verbindung von Gebärde und Sprache] ist wohl die erste Form, wie Subjekt und Tätigkeit unterschieden werden. Ich habe sie bei unserem
15 Knaben zuerst beobachtet, als er ein Jahr und fünfzehn Wochen alt war. Da machte er erst die Gebärde und fügte Mama hinzu, um zu erzählen, daß Mama dies getan habe. Anderthalbjährig hatte er in meiner Abwesenheit ein Blatt in einem meiner Bücher zerrissen; Mama schalt ihn darob; er sagte: *Papa!* und klopfte mit dem Fäustchen auf den Tisch, wie ich zuweilen tat, wenn ich mich erzürnt stellte. Er drückt also aus: So würde Papa tun. — Erst
20 im Alter von einem Jahre und acht Monaten kam etwas aus seinem Munde, was ein Satz heißen kann, weil es Subjekt und Prädikat enthielt. Die Tante wiegte ihn und sang ihn in Schlaf; die Wärterin kam dazu und wollte ihre Pflicht üben; er aber rief: *Nante singen,* d.h., die Tante solle singen. Vierzehn Tage später, als die Tante eben weggegangen war, sagte er: *Nante popp.* Das waren Sätze. Noch etwa vierzehn Tage begnügt sich sein Aus-
25 druck mit einem Worte zur Bezeichnung der ganzen Anschauung; dann aber wird die Satzform die gewöhnliche Redeweise, nur daß das Verbum oft im Infinitiv erscheint und das adjektivische Prädikat ohne Kopula an das Subjekt tritt: *Tante bede* (ist böse). Die onomatopoetischen Gebilde traten in den Satz ein, was wohl bemerkt zu werden verdient: *hü kommen Stall,* sagte er, indem er die Pferde aus dem Stalle kommen sieht; *Onkel lange ba-*
30 *ba.* Während nun seine Sprachform schon so entwickelt war, sagte er eines Tages, als in dem Hausflur ein Hund bellte, bloß: *bellt;* darauf gefragt: wer bellt?, antwortete er: *Ami bellt.* Das Kind nämlich spricht anfänglich vorzugsweise und aus freien Stücken nur das, was ihm in den Sinn fällt, und mit großer Aufregung. In unserem Fall bezeichnete *bellt* die Erscheinung, so wie sie in die Sinne fiel, aber die ganze Erscheinung, folglich soviel wie
35 *Ami bellt;* denn als der Knabe sagte *bellt,* stand gewiß der Hund vor seiner Seele.

34. CARL FRIEDRICH GRAUMANN

Sprachentwicklung aus psychologischer Sicht

a) Nativismus versus Empirismus

Kindersprache: Ist das die Sprache des Erwachsenen, nur noch unvollkommen in der Aussprache und — vor allem — in der Beherrschung grammatischer Regeln? Oder ist die Sprache selbst des 12—15 Monate alten Kindes eine Art eigener Sprache mit einer eigenen Syntax, d.h. mit einer Grammatik, die keineswegs eine fehlerhafte Erwachsenen-Grammatik ist? 5
Liegt der Unterschied zwischen Kinder- und Erwachsenen-Sprache in einer Verschiedenheit der *Sprachkompetenz* oder nur der *Sprachperformanz?* Nach Noam Chomsky, der diese Begriffskoppel in die neuere Linguistik eingeführt hat, bezeichnet Sprachkompetenz „die Kenntnis des Sprecher-Hörers von seiner Sprache", Sprachperformanz (oder -verwendung) den aktuellen Gebrauch der Sprache in konkreten Situationen. 10
Diese, zwar linguistisch gemeinte Unterscheidung hat jedoch auch für die neuere Sprachpsychologie, die *Psycholinguistik,* Bedeutung. Zwar würde der empirisch arbeitende Psychologe, der es gewohnt ist, sich am beobachteten *Verhalten* zu orientieren, auf den ersten Blick die Performanz, also die Sprachverwendung, zu seinem alleinigen Thema erklären. Doch muß er, will er die Bedingungen dieses wie jedes Verhaltens erforschen, das Regelsystem, dem Sprachverhalten unterworfen ist, in seine Analyse einbeziehen. Und in irgendeiner Weise *muß* das für eine Sprache gültige Regelsystem, kurz: deren Grammatik, vom Einzelnen erworben werden und internalisiert sein. Die Frage allerdings bleibt, wieviel von dieser Sprachkompetenz oder ihr noch zugrunde liegenden allgemeinen Fähigkeit angeboren ist, wieviel davon reines Lernprodukt ist. Diese Frage mag manchem, der mit der modernen Psychologie oder auch mit der neueren Wissenschaftstheorie vertraut ist, überholt erscheinen, liegen doch die Zeiten des mehr leidenschaftlichen als wissenschaftlichen Streites zwischen Anlage- und Umwelt-Theoretikern hinter uns. Tatsächlich aber bieten uns die heutigen Wissenschaften von der Sprache, speziell Linguistik, Psychologie und Biologie der Sprache, das Schauspiel der Wiederauferstehung einer uralten, ungelösten und wohl nur scheintoten Kontroverse zwischen zwei theoretischen Positionen, nämlich zwischen *Nativismus und Empirismus.* [...]
Ähnlich stellt sich für die Sprachpsychologie, durch Chomsky erneut ausgelöst, die konkrete Frage, ob das den Menschen auszeichnende Sprachvermögen eine allgemeinmenschliche Erbanlage, also angeboren ist (die nativistische Konzeption), oder ob jeder sprachliche Akt, sei es der Sprachproduktion oder der Sprachrezeption, sozusagen von Null an erworben, d.h. innerhalb einer konkreten Sprachgemeinschaft im Vollzug der Sozialisation gelernt werden muß (die empiristische Konzeption).
Wie gesagt, Chomsky hat diese Streitfrage nur erneut ausgelöst und für seine Person zugunsten eines Nativismus beantwortet. Sie ist im Grunde so alt wie das Nachdenken über den Ursprung der Sprache. Zu allen Zeiten hat es, wie Otto Marx es kürzlich dargestellt hat, die Vorstellung gegeben, „daß Sprache — wie Sehen oder Hören — zu den angeborenen Merkmalen des Menschen gehört". Schon Mythen über die Erschaffung des Men-

15

20

25

30

35

schen spiegeln diese Vorstellung wider. Diese nativistische Konzeption impliziert in ihrer reinsten Form, daß jeder Mensch die Sprachfähigkeit entwickelt, auch dann, wenn die sozialen Anregungs- bzw. Lernbedingungen schlecht sind oder im Extremfall gar fehlen mögen.

5 Eines der ersten Experimente im wissenschaftlichen Sine des Wortes, über das Herodot, der griechische Geschichtsschreiber im 5. vorchristlichen Jahrhundert berichtet, geht von dieser nativistischen Grundannahme aus. Der im 7. vorchristlichen Jahrhundert lebende ägyptische König Psammetichos „soll versucht haben, zwei Kinder von Schäfern aufziehen zu lassen, die niemals zu ihnen sprachen, um zu sehen, welche Sprache die Kinder
10 schließlich sprechen würden" (O. Marx). Zwei sehr viel später lebende Herrscher, Kaiser Friedrich II. im 13. und König James IV. von Schottland um die Wende zum 16. Jahrhundert, sollen das Experiment des Psammetichos wiederholt haben, beide doch wohl nur in der Annahme, „daß auch sich selbst überlassene Kinder Sprache entwickeln werden", eine Auffassung, die auch noch der Philosoph Descartes teilte.

15 Die konträre Position, die des Empirismus, hat die Aufgabe, nicht nur zu erklären, daß und wie der Heranwachsende einzelne Wörter und Bedeutungen sowie gewisse Wortfolgen lernt. Sie muß vor allem verständlich machen, wieso wir, schon beim Eintritt ins Schulalter, in ganzen und richtigen Sätzen sprechen, also bereits die wichtigsten Regeln unserer *Grammatik beherrschen, d.h. nicht kennen aber können.*

20 Hier, im Erwerb der Grammatik, der sich so selbstverständlich vollzieht wie das Gehen- und Laufenlernen, spitzt sich die Frage entscheidend zu, ob bei den Kindern, wie es Wilhelm von Humboldt kontrastierend formuliert hat, „ein mechanisches Lernen der Sprache" oder „eine Entwicklung der Sprachkraft" vorgeht.

Nun wäre es falsch, Lernen und Entwicklung in dieser allgemeinen Form zu kontrastieren.
25 Angesichts des heutigen Forschungsstandes müssen und können wir präzisieren. Wenn Kinder, die unter ganz verschiedenen Verhältnissen groß werden, dennoch im etwa gleichen Alter Sprache — und d.h. hier immer auch: Grammatik — erwerben, wieviel dieses Erwerbs ist Zeichen und Folge eines *Reifungsprozesses?*

30 b) Lerntheoretische (behavioristische) Auffassungen zum Spracherwerb

Die ebenso offenkundige wie begrenzte Tatsache, daß Sprache aus Wörtern besteht, und *daß wir mit Wörtern Personen, Dinge, Tätigkeiten und Verhältnisse benennen,* war nicht nur Ausgangspunkt älterer Reflexionen über Sprache. Daß man mit Wörtern Dinge und
35 Personen benennt und gegebenenfalls herbeischafft, entdeckt das Sprache erwerbende Kind relativ früh.

Wissenschaftlich gesehen, stellt der so verstandene Spracherwerb kein besonderes Problem dar. Man muß zweierlei erklären: erstens den Erwerb der motorischen Fertigkeit, die zur Produktion von Wörtern erforderlich ist, zweitens, wie sich solche Wörter, d.h. Wör-
40 ter bildende Lautfolgen, mit Bedeutungen verbinden.

Die behavioristische Lernpsychologie kommt für beide Erklärungen mit den Prinzipien der *Instrumentellen und der Klassischen Konditionierung aus.* Im ersten Fall wird, sehr kurz gesagt, dasjenige Verhalten gelernt, das — im weitesten Sinne des Wortes — belohnt wird. Im zweiten Fall kann ein Reiz, der normalerweise eine bestimmte Reaktion nach sich

102

zieht, in dieser Funktion durch einen anderen Reiz vertreten werden, wenn die beiden Reize, der ursprüngliche oder unbedingte und der neue (bedingte), lange genug oder oft genug zusammen vorgekommen und wahrgenommen worden waren. In beiden Fällen wird also, wenngleich auf verschiedenen Wegen, eine neue dauerhafte Verbindung einer Reaktion mit einem Reiz hergestellt, eine Gewohnheit bildet sich, d.h. es wird etwas gelernt. Auf den Spracherwerb als Worterwerb angewendet, bedeutet das, zuerst einmal für die Sprechfertigkeit, folgendes: Zu den natürlichen Lebensäußerungen eines normalen Säuglings und Kleinkindes gehört die Produktion aller möglichen, d.h. durch die Morphologie des Stimmtraktes ermöglichten Laute. Geraten einige dieser zufällig produzierten Laute in die Nähe von Phonemen der Erwachsenensprache, so beeilen sich die Eltern oder andere Erzieher, diese Laute zu „bekräftigen".

An die Stelle solcher primären Bekräftigung wie Süßigkeiten, Nahrung überhaupt, Zärtlichkeiten treten nach dieser Theorie später sekundäre; d.h. das Kind erfährt auch die Worte derer, die es belohnen, ja seine eigenen Wörter, die belohnt worden waren, als Bekräftigung. Mit *Fremd- und Selbstbekräftigung* nähert sich so das heranwachsende Kind der Sprache der Erwachsenen. Das Nichtbekräftigte, d.h. sinnlose und unübliche Laute, fällt nach dem gleichen Prinzip weg; es wird — in der Sprache der Lerntheorie — „gelöscht".

Unerklärt bleibt nach diesem Prinzip allerdings noch der Erwerb von *Bedeutungen der* nachgesprochenen Laute und Wörter. Hierzu bedient sich der behavioristische Psychologe des Konditionierungsmodells. Watson, der Begründer der behavioristischen Psychologie, wählt das Beispiel, wie die Bedeutung „Flasche" gelernt wird:

„Meine Frau und ich versuchten, eine einfache verbale Gewohnheit bei einem sehr kleinen Kind auszubilden. Das Experiment wurde mit B., dem Kind, dessen eifersüchtiges Verhalten wir behandelten, durchgeführt. Er wurde am 21. November 1921 geboren. Gegen Ende des 5. Monats zeigte er lediglich ein Repertoire wie fast jedes andere Kind dieses Alters. Die Gurgellaute ‚ah goo' und Variationen von ‚a' und ‚ah' waren ziemlich ausgeprägt. Am 12. Mai begannen wir, diesen Laut mit der Flasche zu verbinden (das Baby wurde vom Ende des 2. Monats an mit der Flasche gefüttert). Wir gingen folgendermaßen vor: Wir gaben ihm die Flasche und ließen ihn einen Augenblick lang saugen, dann nahmen wir sie fort und hielten sie vor ihn hin. Er begann zu strampeln, herumzurutschen und danach zu greifen. Dann gaben wir laut den Reizton ‚da'. Wir wiederholten diese Prozedur drei Wochen lang, jeweils einmal am Tag. Wenn er anfing zu wimmern und zu weinen, gaben wir ihm immer die Flasche. Am 5. Juni 1922 sagte er das Wort ‚dada', als wir das Reizwort gaben und ihm die Flasche vorhielten. Die Flasche wurde ihm sofort gegeben. Die Prozedur wurde bei dieser Gelegenheit dreimal mit Erfolg wiederholt, und zwar jedesmal, wenn wir das Reizwort gaben. Dann nahmen wir fünfmal hintereinander die Flasche weg, und ohne daß wir das Reizwort gaben, sagte er ‚dada' zu der Flasche. Bei einem der Versuche sagte er mehrmals ‚dada', ‚dada', ohne daß wir das Reizwort gaben. Danach konnten wir mehrere Wochen diese Reaktion leicht hervorrufen wie jeden anderen körperlichen Reflex auch."

Nach diesem Modell wird das Wort als Substitut, als Ersatz für das Objekt, gelernt. [...] Sprache primär hinsichtlich ihrer Wörter angehen hat zur Folge, Spracherwerb als Wachstum des Wortschatzes zu verstehen. Wortzählung ist denn auch ein wichtiges Werkzeug der an Sprache interessierten Entwicklungspsychologen und Pädagogen geworden. Die Zahl der Wörter, die man im Sprechen verwendet, der aktive Wortschatz, die Zahl der Wörter,

die man insgesamt kennt, der passive Wortschatz — sie steigen vom ersten gesprochenen Wort des Kleinkindes über die gesamte Entwicklung hin an. Ähnlich steigt die durchschnittliche Anzahl der Wörter pro Satzeinheit bis zur Adoleszenz hin an. Es bilden sich im Laufe der Entwicklung verschiedenartige Wortschätze heraus. Der Heranwachsende
5 spricht mit der Zeit mit verschiedenen Gesprächspartnern auch in verschiedenem Vokabular, anders mit dem Klassenkameraden als mit dem Lehrer, anders mit der Schwester als mit der Tante. [...]
Ohne Zweifel ist die Analyse der Sprache nach Wörtern einseitig. Sie ist geradezu unzulänglich, wenn es sich um Fragen der Sprachentwicklung handelt; denn Spracherwerb voll-
10 zieht sich *nicht* vom Wort zum Satz. [...].
In gewisser Hinsicht ist Skinners Analyse des „verbalen Verhaltens" die radikalste Vereinfachung, die dem so komplexen und komplizierten Phänomen Sprache von seiten der Psychologie zuteil wurde. Lediglich von verbalem Verhalten sprechend, interessiert sich Skinner in erster Linie für die Stimuli, die dieses Verhalten dadurch „kontrollieren", daß sie es
15 bekräftigen. Skinner überträgt also ohne weitere Zusatzannahmen die Prinzipien des instrumentellen Lernens auf die Analyse des verbalen Verhaltens. Dieses unterscheidet sich vom nichtverbalen Verhalten lediglich dadurch, daß es sein jeweiliges Ziel nur durch die Vermittlung anderer erreicht.
Das Kind, das den Apfel vom Baum haben will, ihn aber im direkten nichtverbalen Verhal-
20 ten, Pflücken, nicht erreicht, weil er zu klein ist, kommt durch verbales Verhalten in seinen Besitz, wenn es dem Größeren sagt: „Bitte, pflück mir den Apfel!"
Eine solche Bitte verdeutlicht zugleich eine der beiden großen funktionalen Klassen verbalen Verhaltens, die Skinner unterscheidet: die sog. „mands". Mand (abgeleitet *von demand, command* = fordern, befehlen) sind verbale Verhaltensweisen, deren Funktion
25 darin besteht, einem Organismus eine bestimmte Bekräftigung zu verschaffen, und die in der Regel unter der Kontrolle von Bedürfnissen stehen. Zweitens gibt es *tacts (abgeleitet von contact,* hier als Kontakt des Organismus mit der Außenwelt zu verstehen), d.h. verbale Verhaltensweisen, die etwas über die Verfassung der Welt aussagen, wie z.B. „Es ist Post da", „Die Sonne scheint", „Das Telefon hat geklingelt". Der Erwerb von *mands*
30 kann leicht mit den Bekräftigungen erklärt werden, um derentwillen sie ja eigentlich geäußert werden, so wenn auf die Äußerung „Gib mir bitte eine Zigarette!" diese Bitte erfüllt, auf die Frage „Wie spät ist es?" die Uhrzeit genannt wird, auf die Aufforderung „Nun mach schon voran!" der andere sich sichtlich beeilt.
Nicht ganz so leicht ist der Erwerb von *tacts* zu erklären. Das Kind, das die Äußerung tut:
35 „Mutti, die Sonne scheint", kann in der Regel nicht mit einer Bonbon- oder Eis-Belohnung rechnen, noch dürfte, ganz allgemein, der *tacts* äußernde Zeitgenosse zum gleichen Zeitpunkt auch nahrungs- oder flüssigkeitsbedürftig sein. Wo überhaupt liegt der Vorteil für den Sprecher, wenn er mitteilt, die Sonne schiene: Hier, argumentiert Skinner, liegt der Vorteil, prinzipiell wenigstens, beim Hörer, und dieser verfügt über ein ganzes Ar-
40 senal von sekundären Bekräftigungen wie freundliches Lächeln, Lob, Dank, Ermunterung usw. Sie können wegen ihrer allgemeinen Verwendbarkeit ihre Bekräftigungsfunktion ohne rasche Abnutzung bewahren. Da ein großer Teil dieser verallgemeinerten oder sekundären bekräftiger selbst wieder „verbal" ist, wird hier die *bekräftigende Funktion des verbalen Verhaltens deutlich. Auf die weiteren Funktionsklassen, die Skinner neben mands* und

tacts herausgearbeitet hat, sei hier nicht eingegangen. Lediglich die für den kindlichen Spracherwerb wichtigen *Echo*-Reaktionen seien noch erwähnt, die einfach soeben gehörte Sprache imitieren. Selbstverständlich können auch sie durch Lob, Anerkennung bekräftigt und damit im Sprachunterricht sinnvoll eingesetzt werden. Nicht unwesentliche Momente des auf Skinner zurückgehenden programmierten Unterrichts sind auf die Auslösung von Echo-Reaktionen gerichtet, zumindest im Sprachlabor.

Empirische Untersuchungen, die auf Skinners Ansatz zurückgehen, waren im wesentlichen auf den Nachweis beschränkt, daß die Produktion bestimmter Äußerungen durch hochgradig verallgemeinerte Bekräftiger gesteigert werden kann. Ganz allgemein interessiert den Skinnerianer mehr, welches Verhalten bekräftigt und durch entsprechende Techniken modifiziert werden kann, als daß ihn die Frage beschäftigt, wie denn nun eigentlich Sprache produziert und wie Gesprochenes verstanden wird und wie beide Fertigkeiten vom Kind erworben werden.

Daß Skinners Analyse an den Struktureigentümlichkeiten von Sprache, Sprechen und Sprachverhalten völlig vorbeigeht — wenn auch bewußt vorbeigeht —, hat den Sprachwissenschaftler Chomsky zu einer Kritik an Skinners *Verbal behavior* herausgefordert, die heute fast bekannter ist als das kritisierte Buch.

35. WOLFGANG STEGMÜLLER

Chomskys Theorie der angeborenen Sprachstruktur

Angenommen, jemand behaupte, er sei gerade dabei, seinem zweijährigen Sohn Unterricht in Differentialgeometrie und Quantenphysik zu erteilen, und sein Sohn mache darin gute Fortschritte. Wir würden einen solchen Mann entweder für verrückt erklären oder ihn für einen Schwindler halten. Wenn hingegen jemand erzählt, sein einjähriger Sohn beginne sprechen zu lernen und mache gute Fortschritte, so finden wir nichts weiter dabei. Denn dieser Prozeß spielt sich ja auf unserem Planeten milliardenfach ab. Und dennoch handelt es sich in beiden Fällen um etwas ganz Analoges. Daß dies gewöhnlich Forschern nicht auffällt, die sich ausschließlich mit der Sprache beschäftigen, ist nach Chomsky nur so zu verstehen, daß es selbst Spezialisten unklar ist, was es bedeutet, eine natürliche Sprache zu *erlernen* und sie zu meistern. Was den Schwierigkeitsgrad betrifft, *so ist nach Chomsky das Erlernen einer Umgangssprache durchaus vergleichbar mit der Aneignung und begrifflichen Durchdringung einer höchst komplizierten Theorie.* Es sei daher gänzlich müßig, „behavioristische Spekulationen" darüber anzustellen, wie auf dem Wege bedingter Reflexe, Assoziationen, intuitiver und instinktiver Generalisierungen und induktiver Analogien aufgrund empirisch vorgegebener Daten, nämlich vorgesprochener Wörter und Sätze, allmählich das Verständnis und die Beherrschung der Umgangssprache zustandekommen könne. So etwas sei einfach undenkbar.

Nun zum zweiten Beispiel. Wird ein Chinesenbaby nach Italien gebracht, so wird es ebenso mühelos italienisch lernen, wie ein italienisches Baby, sofern es seit dem Zeitpunkt des Beginns der ersten Sprechversuche in China aufwächst, chinesisch lernen wird. Angenommen, die bisherigen kosmischen Erfahrungen hätten im Widerspruch zu den Fakten ge-

105

lehrt, daß auf dem Mars vernunftbegabte Wesen leben. Könnte man dann in Analogie zu dem eben erwähnten Fall schließen, daß ein Marsbaby eine Weltsprache bzw. ein Erdenbaby eine Marssprache erlernen würde? Die meisten Linguisten würden dies bejahen. Es sind bereits Versuche unternommen worden, Sprachen für die interstellare Kommunikation zu
5 entwerfen. Chomskys Antwort ist dagegen verneinend. Ein solcher Analogieschluß ist gänzlich unfundiert. Es ist nach seiner Auffassung im höchsten Grade unwahrscheinlich, daß der junge Erdenbewohner nach seinem planetarischen Domizilwechsel die Marssprache erlernen würde bzw. das Marsbaby eine Weltsprache. Das Erlernen der Sprache der Marsbewohner wäre entweder überhaupt keinem Bewohner unseres Planeten vergönnt
10 oder höchstens einigen linguistischen Genies vom intellektuellen Rang eines Einstein, und auch diesen nur nach langjährigen Bemühungen, wenn sie bereits mehrere Weltsprachen beherrschen und zahlreiche theoretische Einsichten in die überhaupt möglichen grammatischen Sprachstrukturen besitzen.

Worauf soll sich aber diese Annahme über den radikalen Unterschied zwischen den beiden
15 Fällen: Erlernen der chinesischen Sprache und Erlernen der Marssprache, stützen? Die Antwort lautet: *darauf, daß dem Menschen vermutlich die angeborenen Strukturen fehlen, um die Marssprache zu erlernen, während er die erforderlichen Strukturen zur Erlernung einer beliebigen Weltsprache mitbringt.*

Damit sind wir bei unserem Thema angelangt. Chomsky führt zahlreiche empirische Fak-
20 ten dafür an, daß das Erlernen einer Umgangssprache *nicht auf empirischem Wege* vor sich gehen könne. Diese Fakten gewinnen allerdings eine stärkere Überzeugungskraft erst vor dem Hintergrund seiner linguistischen Theorie, welche noch skizziert werden soll.

In einem Schema kann man für ein Kind, das noch keine Sprache gelernt hat, das Modell eines physikalischen Systems K mit vorläufig noch unbekannten Strukturen entwerfen,
25 welches eine abstrakte Vorrichtung zur Erlernung einer Sprache S bildet. Dieses Modell wird als input-output-System konstruiert. Der input besteht in relevanten empirischen Daten, nämlich in einer hinreichend umfassenden und repräsentativen Menge von Äußerungen der Sprache S (Italienisch, Chinesisch, Englisch etc.), die durch die sprechende Umgebung produziert werden.

30 Der output besteht in der Beherrschung von S, insbesondere in der Beherrschung der phonetischen und grammatischen Regeln von S. Wenn wir aus Gründen der Einfachheit von der phonetischen Komponente abstrahieren und unser Augenmerk allein auf den grammatischen Aspekt richten und wenn wir weiter das Resultat von Chomskys Sprachtheorie vorwegnehmen, wonach die linguistischen Fähigkeiten eines reifen Sprechers durch eine *for-*
35 *malisierte Grammatik* der betreffenden Sprache charakterisiert werden können, so kann der output auch durch das abkürzende Schlagwort „fomalisierte Grammatik von S" wiedergegeben werden. Die Aufgabe, das Funktionieren der Spracherlernungsvorrichtung verstehen zu lernen, kann jetzt so formuliert werden: *Wir müssen eine Einsicht in die Natur jener Funktion gewinnen, welche die beobachteten empirischen Daten (Sprachäuße-*
40 *rungen der erwachsenen Sprecher von S) in die formalisierte Grammatik von S abbildet.*
Da generell die Information über die input-output-Relation dadurch verbessert und erweitert werden kann, daß man die input-Bedingungen variiert, wird man analog im Fall der Untersuchungen des Spracherwerbs eine möglichst große Vielfachheit der input-Bedingungen anstreben, etwa dadurch, daß man empirische Daten aus vielen verschiede-

nen Sprachen wählt. Da Spracherlernen eines der wichtigsten Beispiele des Wissenserwerbs darstellt, würde uns ein derartiges Verständnis zugleich einen tiefen Einblick *in die Natur des Prozesses der Gewinnung neuer Erkenntnisse* gewähren.

Es seien kurz die Fakten angeführt, die dagegen sprechen, daß die erwähnte „Funktion", welche die Erzeugung einer formalisierten Grammatik aus den empirischen Daten bewirkt, auf empirischem Wege zustande gekommen ist. *Erstens* bilden die dem Kind verfügbaren Daten nur eine winzige Stichprobe aus dem linguistischen Material, welches es nach relativ kurzer Zeit vollständig beherrschen lernt. Chomsky bemerkt einmal, *daß die Anzahl der Sätze von verschiedener Struktur, die* nicht erst der erwachsene Sprecher, sondern *bereits ein Kind zu bilden oder zu deuten vermag, ungeheuer viel größer ist als die Anzahl der Sekunden der ganzen Lebenszeit eines Menschen.* Zweitens würde man angesicht der Komplexität jener Theorie, die das Kind beim Erlernen der Muttersprache beherrschen muß, a priori erwarten, daß Intelligenzunterschiede sich stark auf das Ausmaß der erlernten Sprachfähigkeiten auswirken müßten: etwa daß der größere Teil der Bevölkerung überhaupt nicht fähig ist, die Sprache zu erlernen; daß ein weiterer großer Prozentsatz über primitivste und rudimentärste Ansätze nicht hinauskommt und daß nur ein äußerst kleiner Teil der Bevölkerung die Sprache wirklich beherrschen lernt. Doch all dies trifft nicht zu. *Vielmehr haben selbst die größten Intelligenzunterschiede nur einen sehr geringen Effekt auf das Ausmaß der Sprachbeherrschung. Drittens* ist zu bedenken, daß die dem Kind zur Verfügung stehenden Erfahrungsdaten nicht nur äußerst gering, sondern bezüglich ihrer Qualität mehr oder weniger *entartet* sind. Ein Kind erlernt die Prinzipien der Bildung und Deutung von Sätzen auf der Grundlage einer Masse von Daten, die größtenteils aus Sätzen bestehen, deren Form von den idealen Strukturen stark abweicht, welche durch die von ihm erlernte Grammatik festgelegt sind. *Viertens* darf man nicht leichtfertig über die Tatsache hinwegsehen, daß die gewaltige geistige Leistung des Spracherwerbes während einer Zeitspanne im Leben des Kindes erbracht wird, da das Kind zu keinerlei vergleichbarer anderer Leistung fähig ist, und daß diese Aufgabe z. B. jenseits der Fähigkeiten der intelligentesten Menschenaffen liegt.

Weitere bemerkenswerte Eigentümlichkeiten treten hinzu: So etwa die Leichtigkeit, mit der ein Kind die Sprache erlernt, ohne explizite Instruktion, sondern allein dadurch, daß es einer sprechenden Umgebung ausgesetzt ist. Oder die Tatsache, daß keinerlei Verstärkung im psychologischen Sinn erforderlich zu sein scheint und daß manche Kinder eine Sprache erlernen, ohne selbst überhaupt zu reden. Vor allem aber wäre auf den *schöpferischen Aspekt des Sprachgebrauchs* hinzuweisen, der in der Fähigkeit der *Erzeugung* und *Interpretation neuer Sätze* besteht (unabhängig von äußeren Reizen oder umreißbaren inneren Zuständen).

Bereits diese und einige weitere empirische Daten müßten den Gedanken nahegelegen, daß die „Spracherlernungsvorrichtung" K mit einer artspezifischen Fähigkeit ausgestattet ist, deren *angeborene Komponente* weit überwiegt. [...]

Die herkömmliche Linguistik war von einem *streng empiristischen Wissenschaftsideal* beherrscht. Außerdem waren ihre Vertreter davon überzeugt, daß die Linguistik eine *rein klassifizierende Wissenschaft* sei. Den Anfang jeder sprachwissenschaftlichen Untersuchung muß danach eine intensive und fleißige Faktensammlung bilden, nämlich die *Sammlung von möglichst vielen Äußerungen der zu untersuchenden Sprache.* In früheren

Zeiten wurden diese Äußerungen in Lautschrift festgehalten. Später machte man sich auch hier den technischen Fortschritt zunutze und zeichnete die Äußerungen auf Band auf. Diese Zusammenstellung empirischer Daten, bisweilen auch *„Corpus" der Sprache* genannt, bildete den Gegenstand der Linguistik. Für die wissenschaftliche Bearbeitung dieses Gegenstandes wurde die *klassifizierende Methode* herangezogen. Man differenzierte zwischen verschiedenen sprachlichen Ebenen und innerhalb jeder dieser Ebenen zwischen verschiedenen Einheiten. Auf der untersten Ebene z. B. wurde die kleinsten Lauteinheiten, die *Phoneme,* zusammengestellt. Auf der nächsthöheren Ebene gelangte man zu den *Morphemen:* den kleinsten Verbindungen von Phonemen zu selbständigen Bedeutungsträgern. Die nächste Stufe bilden die Wörter, die aus Verbindungen von Morphemen hervorgehen. Die Wörter werden ihrerseits zu Klassen zusammengefaßt, wie Nominalphrase, Verbalphrase, Adjektiva, Appellativa. Auf einer noch höheren Ebene verlangt man schließlich zu denjenigen Wortfolgen, die wir *Sätze* nennen. Auch diese lassen eine Klassifikation zu, wodurch man zu *Satztypen* gelangt. [...]

Themen wie „Bedeutung" sowie „Gebrauch von Worten und Sätzen durch die Sprachbenützer" blieben von den Untersuchungen ausgeklammert. Der Grund dafür war ungefähr folgender: Entweder sind Bedeutungen *geistige Objekte.* Dann ging man auf dieses Thema nicht ein, weil man meinte, die Beschäftigung mit solchen Entitäten würde aus der nüchternen empirischen Wissenschaft herausführen und in einen Obskurantismus einmünden. Oder die Bedeutungen sind etwas, das man über die Verhaltensweise von Menschen studieren kann: bestimmte, sich in Stimulus und Response äußernde *Verhaltensmuster.* Dann gehört nach dieser Auffassung der Gegenstand nicht mehr zur Linguistik, sondern zur Psychologie.

Wie Searle in seiner Schilderung der „Chomskyschen Revolution" hervorhebt, kann man in Chomskys Arbeiten einen *Großangriff gegen dieses verhaltenswissenschaftliche Konzept vom Menschen* erblicken, wobei dieser Angriff aber nicht etwa von einem in der Seele getroffenen Humanisten oder von einem philosophischen Aprioristen unternommen wird, sondern von einem Denker in einer Position eben jener Genauigkeit und Strenge, auf welche die Verhaltenswissenschaften Anspruch erheben.

Fassen wir dazu nochmals die bereits angedeuteten Kritiken Chomskys an der herkömmlichen Sprachtheorie und strukturellen Linguistik zusammen:

Erstens funktioniert diese Methode höchstens dort gut, wo man die untersuchten Phänomene in *endlichen Listen* zusammenfassen kann, wie etwa bei den Phonemen und Morphemen. Die *Zahl der Sätze* einer natürlichen Sprache dagegen ist *unendlich.* Und mit dieser Tatsache vermag die überkommene Linguistik nicht fertig zu werden. Die Unendlichkeit ist dabei natürlich im potentiellen Sinn zu verstehen: Zu jedem gegebenen Satz kann man einen längeren produzieren, z. B. durch Einfügung zusätzlicher Relativsätze oder neuer Adjektive.

Zweitens ist die Methode der strukturellen Klassifikation außerstande, *logische Unterschiede zwischen Sätzen, welche dieselbe Oberflächenstruktur besitzen,* zu klären. Betrachten wir dazu ein Beispiel [...], das inzwischen berühmt geworden ist, nämlich die beiden englischen Sätze: „John is easy to please" und „John is eager to please". Der erste Satz besagt, daß es leicht ist, dem Hans eine Freude zu bereiten. Der zweite Satz beinhaltet dagegen die Behauptung, daß Hans darauf aus ist, jemandem eine Freude zu machen. Der

Unterschied ist nicht etwa bloß ein semantischer, sondern auch ein syntaktischer, was sich
z. B. darin zeigt, daß man den zweiten Satz zur Konstruktion der Nominalphrase „John's
eagerness to please" benützen kann, wohingegen man aus dem ersten nicht die analoge
Wendung „John's easiness to please" bilden darf. Die grammatische Oberflächenstruktur
beider Sätze ist jedoch dieselbe; denn in beiden Sätzen handelt es sich um eine Folge von   5
vier Ausdrücken gleichartiger Kategorie, nämlich um ein Nomen, gefolgt von der Kopula
„is", gefolgt von einem Adjektiv, dem wieder ein Verbum im Infinitiv folgt.
Drittens versagt die herkömmliche Methode angesichts eines bestimmten Typs von Mehrdeutigkeiten von Sätzen. Gewöhnlich denkt man, wenn von Mehrdeutigkeit die Rede ist,
nur an sogenannte lexikalische Mehrdeutigkeit, die darin besteht, daß ein und dasselbe   10
Wort mehrere Bedeutungen hat. Daneben gibt es aber eine *strukturelle Mehrdeutigkeit,*
die auch dann vorliegen kann, wenn die im Satz vorkommenden Worte unzweideutig sind.
Ein sehr einfaches englisches Beispiel bildet etwa der Satz: „I like cooking". Mehrdeutige
Worte kommen in diesem Satz nicht vor. Trotzdem ist der Satz syntaktisch mehrdeutig. Er
kann gelesen werden im Sinn von: „Ich mag das gern, was sie kocht" oder von: „Ich habe   15
es gern, daß sie kocht" oder von: „Ich schätze die Art und Weise, wie sie kocht"; ja
schließlich ist sogar diejenige Deutung möglich, an die in unserer Zivilisation kaum jemand
denkt, nämlich: „Ich habe es gern, daß sie gekocht wird". Eine adäquate syntaktische
Theorie hätte diese Unterschiede zu erklären. Die herkömmliche strukturelle Analyse
scheitert an dieser Aufgabe; denn für sie gibt es hier nur die eine Oberflächenstruktur, die   20
sich darin äußert, daß auf ein Nomen ein Verb folgt, auf dieses ein Possessivpronomen
und darauf wieder ein Nomen. [...]
Nach Chomsky ist die Form der Grammatik in das Gehirn des Kindes einprogrammiert, sie
ist ein Teil seines genetischen Erbes. Diese Feststellung enthält implizit eine molekularbiologische Hypothese über den genetischen Code. Beim heutigen Forschungsstand läßt sich   25
diese Hypothese nicht überprüfen. Möglicherweise aber wird die Molekularbiologie einmal das Niveau erreichen, um untersuchen zu können, ob die der Spracherlernung zugrunde liegenden Strukturen auf solche zurückführbar sind, die den von den Behavioristen anerkannten Dispositionen entsprechen, oder ob dies nicht der Fall ist. Bis dahin wird sicherlich noch eine geraume Zeit verstreichen. Sollte sich herausstellen, daß Chomskys These   30
erst auf dieser Allgemeinheitsstufe überprüfbar ist, so wird man die Streitaxt wohl oder
übel bis zu diesem fernen Zeitpunkt wegräumen müssen.

V WIE DIE SPRACHE DIE WELT ERFASST — DER WIRKLICHKEITSBEZUG DER SPRACHE

A. DIE SPRACHE BILDET DIE WIRKLICHKEIT AB

Einführung

Im Vorangegangenen, vor allem wohl in Kapitel III, ist sicher deutlich geworden, daß die Sprache viele Funktionen hat und daß die Vermittlung von Informationen über Welt und Wirklichkeit, die Mitteilung von Tatsachen, nur eine ihrer Aufgaben, wenngleich eine sehr wichtige ist. Die Frage jedoch, wie das möglich ist, daß wir uns mit Hilfe der Sprache über Sachverhalte mitteilen können, und besonders die Frage, welcher Bezug zwischen Sprache und Wirklichkeit besteht, waren seit den Anfängen des Nachdenkens über Sprache eines der Hauptthemen der Sprachphilosophie und auch der Sprachwissenschaft. Man kann hier zwei große Positionen zur Frage des Bezugs zwischen Sprache und Wirklichkeit unterscheiden, wobei es natürlich viele Übergänge zwischen diesen Positionen gibt: die einen behaupten, daß die Sprache die Wirklichkeit bloß abbildet. So wie dem Bild einer Pfeife der Gegenstand Pfeife entspricht und dieser von jenem abgebildet wird (vgl. das Gemälde von René Magritte S. 125), so entspricht dem Satz ein bestimmter Sachverhalt, dem Namen ein bestimmter Gegenstand. Demgegenüber behaupten die anderen, daß die Sprache nicht eine immer schon vorhandene und von Sprache unberührte und unberührbare Wirklichkeit bloß abbildet, sondern daß die Sprache die Wirklichkeit in bestimmtem Ausmaß gestaltet: erst indem wir über etwas in bestimmter Weise sprechen, ist es *so* da, *wie* wir darüber sprechen. Die erstgenannte Vorstellung vom Bezug Sprache-Wirklichkeit (Abbildtheorie) ist wohl die der naiven Sprachbetrachtung sich zunächst aufdrängende Theorie über den Wirklichkeitsbezug der Sprache, die zweite — als die wesentlich hintergründigere, kompliziertere und auch erst in neuester Zeit voll ausdifferenzierte Theorie — sicher die schwerer zugängliche.

Die beiden Positionen, zu denen in dieser Textsammlung zwei getrennte Unterkapitel (V A und B) angelegt wurden, sind bei einem der bedeutendsten Sprachphilosophen, bei Ludwig Wittgenstein, in jeweils extremer Weise ausgearbeitet worden, nämlich in einer frühen Periode seines Denkens (repräsentiert durch den „Tractatus logico-philosophicus", der „Logisch-philosophischen Abhandlung") und in einer späten (repräsentiert vor allem durch die „Philosophischen Untersuchungen"). Texte aus diesen beiden Schriften bilden daher den Schluß bzw. den Anfang der beiden Unterkapitel.

Text 36 aus dem Alten Testament beschreibt recht anschaulich die Grundvorstellung der Abbildtheorie: die Wirklichkeit, hier die Tiere und Vögel, ist schon da und nun gibt der Mensch nachträglich allem einen Namen. Es folgt ein Auszug aus einem der berühmtesten antiken Dokumente der Sprachphilosophie, aus Platons Dialog „Kratylos" (T. 37). In diesem Dialog vertreten die beiden Kontrahenten Kratylos und Hermogenes zwei verschiedene Thesen: ersterer behauptet, daß jedes Ding seine von Natur ihm zukommende richtige Benennung habe, letzterer, daß alle Benennungen auf Vertrag und Übereinkunft beruhen; der berühmte Philosoph Sokrates, Lehrer des Platon, wird zur Schlichtung der Diskussion hinzugezogen. — Die Frage nach der Richtigkeit der Namen versucht der Sprachwissenschaftler Porzig aus neuerer Sicht in Text 38 zu beantworten und kommt dabei zu dem Ergebnis, daß der Bezug zwischen Namen und Benanntem nicht einheitlich, sondern von Wort zu Wort sehr unterschiedlich und zuweilen sehr kompliziert und von mehreren Faktoren bestimmt ist; keinesfalls aber ist dieser Bezug ganz zufällig und willkürlich. — Text 39 behandelt die Beziehung zwischen *Satz* und Wirklichkeit aus der Sicht der Abbildtheorie. Er stammt von dem Naturwissenschaftler und Philosophen Moritz Schlick, dem Begründer des „Wiener Kreises"; diese Gruppe von Philosophen und Gelehrten bemühte sich intensiv um eine Verwissenschaftlichung der Philosophie, wobei Mathematik, Logik und Naturwissenschaften als Maßstab galten für das, was Wissenschaft genannt werden durfte. Bei dem Versuch, Wissenschaft von Nicht-Wissenschaft abzugrenzen und insbesondere viele Bereiche der traditionellen Philosophie als unwissenschaftlich zu erweisen, stand die Analyse der Sprache im

Mittelpunkt. Nach Schlick gründet die Möglichkeit der Sätze, Sachverhalte darzustellen, darin, daß die Bestandteile der Sätze in einer bestimmten Beziehung zueinander stehen und daß dies genau dieselbe Beziehung ist, in der die Bestandteile des Sachverhalts zueinander stehen; gemeinsam ist Satz und Sachverhalt also eine bestimmte jeweilige logische Ordnung, eine Struktur (vgl. T. 12, 13, 14 und 35).

Schlicks Auffassung der Strukturgleichheit von Satz und Sachverhalt ist, wie die Philosophie des Wiener Kreises überhaupt, wesentlich beeinflußt von den Überlegungen des jungen Ludwig Wittgenstein, die er vor allem in seiner berühmten Schrift, „Tractatus Logico-philosohicus" darstellte. Diese Schrift, aus der Text 40 stammt, besteht aus sieben Hauptthesen; zu jeder der Thesen (ausgenommen der siebten) fomuliert Wittgenstein eine Reihe von Unterthesen, zu diesen teilweise wieder Unterthesen usf., so daß eine Hierachie von Thesen entsteht, die entsprechend ihrem Stellenwert durchnumeriert sind. In dieser schwierigen, vielinterpretierten, in ihren Grundgedanken aber doch eindeutigen Schrift schildert Wittgenstein die Wirklichkeit als bestehend aus Sachverhalten, welche Verbindungen von Gegenständen darstellen. Von den bestehenden Sachverhalten machen wir uns Bilder, deren Elemente in derselben Art und Weise zusammengesetzt sind wie die Gegenstände des bestehenden Sachverhalts. Gedanken sind „logische Bilder" der Tatsachen: sie drücken sich im Satz „sinnlich wahrnehmbar" aus. Die einfachsten Elemente eines Satzes nennt Wittgenstein Namen, sie vertreten im Satz den Gegenstand (Beispiele für solche einfachste Elemente und Gegenstände gibt Wittgenstein jedoch nicht, sein Entwurf ist eher als ein Modell zu verstehen). Zu diesen einfachsten Elementen und zur Struktur des Satzes (= Struktur der abgebildeten Tatsache) dringt man aber nur durch eine logische Analyse vor — die Umgangssprache selbst ist vage und vieldeutig, sie verhüllt die wahre Satzstruktur. Daraus ergibt sich die Forderung nach einer *Kunstsprache* (ein Ansatz dazu ist die in einer der Mathematik ähnlichen Zeichensprache formulierte Logik), in der ein Satz der Umgangssprache umformuliert werden muß, damit seine Struktur sichtbar wird. Dann aber ist alles klar, alles Sagbare offenbar — alles übrige, insbesondere Fragen des Lebenssinns und „Mystisches"sind unaussprechlich, darüber muß man schweigen.

36. GENESIS 2,18-20

Der Mensch benennt die Tiere

Und Gott der Herr sprach: Es ist nicht gut, daß der Mensch allein sei. Ich will ihm eine Hilfe schaffen, die zu ihm paßt. Da bildete Gott der Herr aus Erde alle Tiere des Feldes und alle Vögel des Himmels und brachte sie zum Menschen, um zu sehen, wie er sie nennen würde: und ganz wie der Mensch sie nennen würde, so sollten sie heißen. Und der Mensch gab
5 allem Vieh und allen Vögeln des Himmels und allen Tieren des Feldes Namen.

37. PLATON

Über die Richtigkeit der Namen

[1. Die Ansicht des Kratylos von der natürlichen Richtigkeit der Benennungen]
Hermogenes: Willst du also, daß wir auch den Sokrates zu unserer Unterredung hinzuziehen?
Kratylos: Wenn du meinst.
10 Hermogenes: Kratylos hier, o Sokrates, behauptet, jegliches Ding habe seine von Natur ihm zukommende richtige Benennung, und nicht das sei ein Name, wie einige unter sich ausgemacht haben etwas zu nennen, indem sie es mit einem Teil ihrer besonderen Sprache

112

anrufen; sondern es gebe eine natürliche Richtigkeit der Wörter, für Hellenen und Barbaren insgesamt die nämliche. Ich frage ihn also, ob denn Kratylos in Wahrheit sein Name ist, und er gesteht zu, ihm gehöre dieser Name. — Und dem Sokrates? fragte ich weiter. — Sokrates, antwortete er. — Haben nun nicht auch alle andern Menschen jeder wirklich den Namen, mit dem wir jeden rufen? — Wenigstens der deinige, sagte er, ist nicht Hermogenes, und wenn dich auch alle Menschen so rufen. — Allein wie ich ihn nun weiter frage und gar zu gern wissen will, was er eigentlich meint, erklärt er sich gar nicht deutlich und zieht mich noch auf, wobei er sich das Ansehen gibt, als hielte er etwas bei sich zurück, was er darüber wüßte und wodurch er auch mich, wenn er es nur heraussagen wollte, zum Zugeständnis bringen könnte und zu derselben Meinung wie er. Wenn du also irgendwie den Spruch des Kratylos auszulegen weißt, möchte ich es gern hören. Oder vielmehr, wie du selbst meinst, daß es mit der Richtigkeit der Benennungen stehe, das möchte ich noch lieber erfahren, wenn es dir gelegen ist.

Sokrates: Es ist ein altes Sprichwort, Sohn des Hipponikos, daß das Schöne schwierig zu lernen, wie es sich verhält; und so ist auch dies von den Wörtern kein kleines Lehrstück. Hätte ich nun schon bei dem Prodikos seinen Vortrag für fünfzig Drachmen gehört, den man, wie er behauptet, nur zu hören braucht, um hierüber vollständig unterrichtet zu sein, dann sollte dir nichts im Wege stehen, sogleich das Wahre über die Richtigkeit der Benennungen zu erfahren. Nun aber habe ich ihn nicht gehört, sondern nur den für eine Drachme, also weiß ich nicht, wie es sich eigentlich mit dieser Sache verhält. Gemeinschaftlich jedoch mit dir und dem Kratylos sie zu untersuchen bin ich gern bereit. Daß er aber leugnet, Hermogenes sei in Wahrheit dein Name, damit merke ich beinahe, daß er spöttelt. Denn er meint wohl gar, du möchtest gern reich werden, aber als nicht von Hermes abstammend verfehltest du es immer. Allein, wie ich eben sagte, es ist schwer, dergleichen zu wissen, gemeinschaftlich aber müssen wir es vornehmen und zusehen, ob es sich so wie du meinst verhält, oder wie Kratylos.

[2. Gegenthese des Hermogenes: Die Benennungen gründen auf Vertrag und Übereinkunft]

Hermogenes: Ich meines Teils, Sokrates, habe schon oft mit diesem und vielen andern darüber gesprochen und kann mich nicht überzeugen, daß es eine andere Richtigkeit der Worte gibt, als die sich auf Vertrag und Übereinkunft gründet. Denn mich dünkt, welche Namen jemand einem Dinge beilegt, der ist auch der rechte, und wenn man wieder einen andern an die Stelle setzt und jenen nicht mehr gebraucht, so ist der letzte nicht minder richtig als der zuerst beigelegte, wie wir unsern Knechten andere Namen geben. Denn kein Name irgendeines Dinges gehört ihm von Natur, sondern durch Anordnung und Gewohnheit derer, welche die Wörter zur Gewohnheit machen und gebrauchen. Ob es sich aber anderswie verhält, bin ich sehr bereit zu lernen und zu hören, nicht nur vom Kratylos, sondern auch von jedem anderen.

Sokrates: Vielleicht liegt etwas in dem, was du sagst, Hermogenes. Laß uns nur zusehen. Wie jemand festsetzt jedes zu nennen, das ist denn auch eines jeden Dinges Name?

Hermogenes: So dünkt mich.

Sokrates: Nenne es nun ein einzelner so oder auch der Staat?

Hermogenes: Das behaupte ich.

Sokrates: Wie nun, wenn ich irgendein Ding benenne, wie, was wir jetzt Mensch nennen, wenn ich das Pferd rufe und was jetzt Pferd, Mensch: dann wird dasselbe Ding öffentlich und allgemein Mensch heißen, bei mir besonders aber Pferd, und das andere wiederum bei mir besonders Mensch, öffentlich aber Pferd? Meinst du es so?

Hermogenes: So dünkt es mich. [...]

5 Ich wenigstens, Sokrates, weiß von keiner anderen Richtigkeit der Benennungen als von dieser, daß ich jedes Ding mit einem andern Namen benennen kann, den ich ihm beigelegt habe, und du wieder mit einem andern, den du. Und so sehe ich auch, daß für dieselbe Sache bisweilen einzelne Städte ihr eigenes eingeführtes Wort haben und Hellenen ein anderes als andere Hellenen, und Hellenen auch wiederum andere als Barbaren. [...]

10 [3. Das Wesen des Wortes als Nachahmung; ihre Art und ihr Gegenstand]

Sokrates: Aber die Richtigkeit der bis jetzt von uns durchgegangenen Wörter wollte doch darin bestehen, daß sie kund machte, wie und was jedes Ding ist?

Hermogenes: Was sollte sie anders wollen?

Sokrates: Dies also müssen die ersten nicht minder leisten als die letzten, wenn doch jene

15 auch Wörter sein wollen.

Hermogenes: Freilich.

Sokrates: Die späteren oder abgeleiteten Wörter nun, wie es scheint, konnten dies vermittels der früheren bewirken.

Hermogenes: So scheint es.

20 Sokrates: Gut. Aber die ersten Wörter, denen noch nicht andere zugrunde liegen, auf welche Weise werden uns diese wohl so weit als möglich die Dinge deutlich machen, wenn sie doch Wörter sein sollen? — Beantworte mir nur dieses. Wenn wir weder Stimme noch Zunge hätten und doch einander die Gegenstände kundmachen wollten, würden wir nicht, wie auch jetzt die Stummen tun, versuchen, sie vermittels der Hände, des Kopfes und der

25 übrigen Teile des Leibes anzudeuten?

Hermogenes: Wie sollten wir es anders machen, Sokrates?

Sokrates: Wenn wir also, meine ich, das Leichte und Obere ausdrücken wollten: so würden wir die Hand gen Himmel erheben, um die Natur des Dinges selbst nachzuahmen. Wenn aber das Untere und Schwere, so würden wir sie zur Erde senken. Und wenn wir ein laufen-

30 des Pferd oder anderes Tier darstellen wollten: so, weißt du wohl, würden wir unsern Leib und unsere Stellung möglichst jenen ähnlich zu machen versuchen.

Hermogenes: Notwendig, denke ich, verhält es sich so, wie du sagst.

Sokrates: So, denke ich, entstände wenigstens eine Darstellung, wenn der Leib das, was er darstellen will, nachahmte.

35 Hermogenes: Ja.

Sokrates: Nun wir aber mit der Stimme, dem Munde und der Zunge kundmachen wollen, wird uns nicht alsdann, was durch sie geschieht, eine Darstellung von irgend etwas sein, wenn vermittels ihrer eine Nachahmung entsteht von irgend etwas?

Hermogenes: Notwendig, denke ich.

40 Sokrates: Das Wort also ist, wie es scheint, eine Nachahmung dessen, was es nachahmt, durch die Stimme, und derjenige benennt etwas, der, was er nachahmt, mit der Stimme nachahmt?

Hermogenes: Das dünkt mich.

Sokrates: Beim Zeus, mich dünkt noch nicht, daß dies gut erklärt ist, Freund!

Hermogenes: Wieso?

Sokrates: Wir müßten denen, welche den Schafen nachblöken und den Hähnen nachkrähen und so mit anderen Tieren, auch zugestehen, daß sie das benennen, was sie nachahmen.

Hermogenes: Da hast du recht.　　　　　　　　　　　　　　　　　　　　　　　　　　5

Sokrates: Hälst du also das vorige für gut?

Hermogenes: Das nicht. Aber was für eine Nachahmung wäre dann das Wort?

Sokrates: Zuerst, wie mich dünkt, nicht, wenn wir die Dinge so nachahmen, wie wir sie in der Tonkunst nachahmen, wiewohl wir sie auch dann durch die Stimme nachahmen; ferner auch nicht, wenn wir dasjenige nachahmen, was die Tonkunst auch nachahmt, auch　　10 dann, glaube ich, werden wir nichts benennen. Ich meine es nämlich auf diese Weise: Die Dinge haben doch jedes seine Gestalt und Stimme, auch Farbe wohl die meisten?

Hermogenes: Allerdings.

Sokrates: Mir scheint nun nicht, wenn jemand diese nachahmt, und nicht in Nachahmungen dieser Art die benennende Kunst zu bestehen. Denn diese gehören die einen zur Ton-　　15 kunst, die andern zur Malerei. Nicht wahr?

Hermogenes: Ja.

Sokrates: Und das sagst du hierzu? Meinst du nicht auch, daß jedes Ding sein Wesen hat, so gut als seine Farbe und was wir sonst soeben erwähnten? Denn haben nicht zuerst gleich Farbe und Stimme selbst jede ihr Wesen und so alles, dem überhaupt diese Bestimmung,　　20 das Sein, zukommt?

Hermogenes: Ich glaube wenigstens.

Sokrates: Wie nun? Wenn eben dies, das Wesen eines jeden Dinges, jemand nachahmen und darstellen könnte durch Buchstaben und Silben, würde er dann nicht kund machen, was jedes ist? Oder etwa nicht?　　　　　　　　　　　　　　　　　　　　　　　　　　25

Hermogenes: Ganz gewiß.

Sokrates: Und wie würdest du den nennen, der dies könnte? So wie du doch die vorigen den einen Tonkünstler nanntest, den andern Maler, wie ebenso diesen?

Hermogenes: Eben das, o Sokrates, was wir schon lange suchen, scheint mir dieser zu sein, der Benennende.　　　　　　　　　　　　　　　　　　　　　　　　　　30

★

„Daß man die Bahnen der Sterne berechnen kann, begreife ich", sagte der Bauer, den ein Zufall in einen astronomischen Vortrag geführt hatte, „aber wie in aller Welt haben sie ihre Namen herausgebracht?"

(Aus: W. Porzig, Das Wunder der Sprache)

38. WALTER PORZIG

Wie läßt sich eine „natürliche" Beziehung eines Wortes auf seinen Gegenstand denken?

Wie läßt sich eine „natürliche" Beziehung eines Wortes auf seinen Gegenstand überhaupt denken? Nun, ein Wort ist zunächst ein Lautgebilde, und ein großer Teil der Dinge in der Welt sind Töne oder fallen uns durch die Töne auf, die sie hervorbringen. So ist es möglich, die Welt der Töne durch die Laute der Sprache nachzubilden. Und in allen Sprachen der
5 Welt ist diese Möglichkeit in einem gewissen Umfang verwirklicht. Wir haben im Deutschen den Vogel, der seinen Namen ruft, ja der eigentlich für unsere Wahrnehmung nichts ist als dieser sein Ruf: *Kuckuck.* Schon bei den Griechen hieß er danach: *kokkux.* Und dann überhaupt die Stimmen der Tiere: die Kuh *muht,* das Schaf *blökt,* die Ziege *meckert,* das Schwein *quiekt* und *grunzt,* die Katze *miaut,* die Taube *gurrt,* der Rabe *krächzt. Aber*
10 *auch Lebloses tönt; es rasselt, klappert, quietscht, plätschert.* Das sind nicht etwa Überbleibsel aus vorgeschichtlichen Zeiten der Sprache, sondern die meisten dieser Wörter — sie ließen sich leicht vermehren — sind jungen Ursprungs. Der elektrische Schalter sagt *knips,* und *knipsen, anknipsen, ausknipsen* sind geläufige Wörter mindestens der Alltagssprache. [...]
15 Aber die Möglichkeiten einer solchen Beziehung zwischen Sprachlaut und Sache sind mit der reinen Lautnachahmung noch nicht erschöpft. Von Wörtern wie *flirren* und *kribbeln* haben wir ohne weiteres das Gefühl, daß sie in ihrer Lautgestalt irgendwie mit den Eindrücken des zuckenden Lichtes und der oft wiederholten leichten Hautreizung zusammenhängen. Das erklärt sich aus einer Erscheinung, die wir Mitempfindungen oder Synästhe-
20 sien nennen. Unser Bewußtsein ist nämlich so eingerichtet, daß Empfindungen auf einem Sinnesgebiet, die wir auf einen äußeren Anlaß beziehen können, oft von Empfindungen auf einem anderen Sinnesgebiet begleitet sind, für die kein solcher Anlaß besteht. Das bekannte Sehen von Tönen und Hören von Farben sind nur äußerste Fälle dieser allgemeinen Erscheinung. So haben wir bei dem Reiz des zuckenden Lichtes und bei der Reizung des
25 Tastsinns durch rasch wiederholte leichte Berührung gleichzeitig Gehörseindrücke, die eben Wörter wir *flirren* und *kribbeln* wiederzugeben suchen. Es besteht hier eine Möglichkeit, auch andere Erscheinungen als Töne in die Laute der Sprache zu übertragen. Wir sprechen deshalb von *Lautübertragungen.*
Lautnachahmungen und Lautübertragungen verleihen einen äußeren Eindruck der Spra-
30 che ein. Ein Klang wird unmittelbar Sprache, eine andere Erscheinung, nachdem sie in Klang übersetzt ist. Aber der Ursprung der natürlichen Beziehung zwischen Wort und Sache kann auch im Sprechenden selbst liegen, kann Ausdruck sein. Eine der Formen, in denen sich der Mensch der Wirklichkeit bemächtigt, ist die Gebärde. Davon gibt es zwei durch ihre Leistung verschiedene Arten: eine Gebärde weist entweder auf etwas hin (z. B.
35 ein ausgestreckter Zeigefinger), oder sie stellt etwas dar (z. B. eine drohend geballte Faust). Zeigen ist eine Abschwächung des Ergreifens, und durch die darstellende Gebärde eignet man sich etwas gleichsam körperlich an. Nun werden zu Gebärden sowohl die Muskeln der Gliedmaßen als auch die des Gesichts benutzt. Und so können auch Sprechorgane, wie die Lippen oder die Zunge, der Gebärde dienen. Gebärden der Sprechorgane aber können

Laut werden. Das sind also Laute, die einfach durch die Gebärden der Sprechorgane entstehen. Man nennt sie deshalb *Lautgebärden.*

Am deutlichsten beobachten kann man Lautgebärden in der Sprache der Kinder. Das *ta* oder *tata,* mit dem Kinder auf Eindrücke antworten, die ihre Aufmerksamkeit oder ihr Begehren erregen, entsteht aus einer Zeigbewegung der Zunge. Die Mitbewegungen der Zunge beim Zeigen sind ja auch noch beim Erwachsenen zu beobachten. In dieser Beziehung ist bemerkenswert, daß die hinweisenden Fürwörter in vielen Sprachen durch Zahnlaute gekennzeichnet sind, ebenso das persönliche Fürwort der zweiten Person *du.* Das persönliche Fürwort der ersten Person enthält in vielen, gar nicht verwandten Sprachen Nasen-und Gaumenlaute: in den indogermanischen Sprachen wird „ich" durch die Stämme **egho* und **me* wiedergegeben, die semitischen Sprachen haben eine Grundform *anaku,* das Chinesische als älteste Lautgestalt *ngok.* Diese Übereinstimmung geht offenbar auf die Gebärde zurück, mit der man auf sich selbst aufmerksam macht. Wenn andrerseits ein Kind für „essen" und „Speise" *mamá* sagt, so ist das nichts als das Lautwerden der Kaubewegung. Mit Recht hat man vermutet, daß die silbe *ma,* die einfach oder verdoppelt in den meisten Sprachen der Welt die Mutter bezeichnet, ursprünglich das Lautwerden der Saugbewegung ist.

Es können aber auch äußere Bewegungen durch Gebärden aufgenommen werden, z. B. bewegtes Wasser durch wellenförmige Bewegung der Hände. Auch hieran beteiligen sich die Sprechorgane. So versteht man, daß gleitende und fließende Bewegungen durch l-, r- und s-Laute, das heißt aber durch gleitende Bewegungen der Zunge, dargestellt werden: man denke an das deutsche *schleichen* und *gleiten* und an die indogermanische Wurzel *ser* für „fließen". […]

Welche Beweggründe bestimmen die Sprechenden bei der Wahl eines Namens für eine Sache? Die Herakliteer[1] meinten: die Einsicht in das Wesen der Sache. Diese Meinung zu widerlegen war für Platon nicht schwer. Sie würde in der Tat voraussetzen, daß die Menschen früherer Zeiten, die die Benennungen geprägt haben, eine viel tiefere Einsicht besessen hätten als die heutigen. Aber nichts spricht dafür, daß sich die Menschen in dieser Hinsicht wesentlich geändert hätten. Und außerdem: Stammen denn alle Namen von Dingen aus Urzeiten? Werden nicht auch heute und von uns selbst Dinge benannt, sei es, daß die Dinge selbst neu sind, sei es, daß ein altes Ding einen neuen Namen bekommt? Wir haben also Gelegenheit, zu beobachten, wie es bei dieser Namengebung zugeht. Und wir sehen uns vom Hin- und Herdenken an die Stelle verwiesen, die man in sprachlichen Angelegenheiten am zweckmäßigsten immer zuerst befragt, nämlich an die Erfahrung. Was lehrt uns die Erfahrung über den Grund der Benennung von Gegenständen?

Offenbar haben wir dabei mehrere Fälle zu unterscheiden:

Es kann erstens sein, daß der neubenannte Gegenstand selber neu ist, entweder, weil er vorher noch nicht vorhanden war, oder weil die fragliche Sprachgemeinschaft ihn noch nicht kannte. Zweitens aber kann ein Gegenstand, der bekannt und auch benannt ist, aus irgendeinem Grunde einen neuen Namen bekommen.

---

[1] Anhänger des Heraklit. Heraklit von Ephesus, um 500 v. Chr., griech. Philosoph, dessen schwierige Lehren nur in Fragmenten überliefert sind; deren Hauptthese lautet, daß die Welt aus dem Gleichgewicht gegensätzlicher Strebungen besteht.

Wenn man sich nun bestimmte Fälle der Namensgebung genauer ansieht, so wird man gewahr, daß die Entstehung und die Einbürgerung eines neuen Namens ein recht verwickelter Vorgang ist. Zunächst sind schon die Umstände, unter denen ein neuer Name notwendig wird, sehr verschieden. Wenn dann der Name von einer Gemeinschaft angenommen wird, kommen eine Menge von geschichtlichen und gesellschaftlichen Verhältnissen ins Spiel. Und schließlich überspringt der Name sehr häufig die Grenzen einer Sprachgemeinschaft und wird auch von andren übernommen, für die er nun natürlich auch „neu" ist.
[...]
Für die Benennung von Gegenständen, die in jeder Beziehung neu sind, die es vorher überhaupt noch nicht gab, verfügen wir gerade in unserer Zeit über ein reiches Material. Ein sehr großer Teil der Dinge, mit denen wir täglich umgehen, ist wenig älter als hundert Jahre, meistens sogar erheblich jünger. Da hat sich die Namensgebung gewissermaßen vor unseren Augen vollzogen. Woher haben nun *Eisenbahn, Telegraf, Telefon, Fahrrad, Automobil, Flugzeug* und alles, was dazugehört, ihre Namen? Nun, sie sind ihnen von den Erfindern oder denen, die die Erfindung verwerteten, gegeben worden. Wie ist also z. B. die Eisenbahn zu ihrem Namen gekommen?
Was wir heute Eisenbahn nennen, beruht auf zwei Erfindungen, die unabhängig voneinander zu ganz verschiedenen Zeiten gemacht worden sind, nämlich die Befestigung und Glättung eines Weges durch Metallschienen und die Ersetzung der tierischen Zugkraft durch die Dampfmaschine. Der Gedanke, einen Weg für besonders schwere Lasten mit Schienen aus Holz zu befestigen und dadurch zugleich die Reibung zu vermindern, stammt aus dem Betriebe der Bergwerke und der Eisenhütten. Bewegt wurden die Lastwagen auf diesen Wegen zuerst durch Menschen- oder durch Pferdekraft. In England, wo Eichenholz kostbar und knapp war, ersetzte man die hölzernen Schienen durch gußeiserne und nannte die so befestigten Wege teils *iron roads* „eiserne Straßen", teils *railways* „Schienenwege". Der erste Ausdruck wurde mit der Sache in Frankreich als *chemin ferré,* in Deutschland als *eiserner Weg* übernommen, ohne daß er große Verbreitung gefunden hätte. Es handelte sich ja um eine technische Angelegenheit des Bergbaus. Übrigens gab es in Frankreich den *chemin ferré* schon vorher, nur meinte man damit einen besonders hart gepflasterten Weg, es war also eine bildliche Bezeichnung. Die neue Bedeutung, die man aus England übernahm, führte gelegentlich zu Unklarheiten, und dies ist möglicherweise der Grund, weshalb sich die gleichbedeutende, aber noch nicht gebräuchliche Wendung *chemin de fer* im Anfang des 19. Jahrhunderts schließlich durchsetzte. Man benannte also die neue Sache, einen in besonderer Weise hergerichteten Weg, in dem man zu dem gewöhnlichen Worte für „Weg" eine unterscheidende Bestimmung hinzufügte. Dabei macht sich der Wunsch geltend, das Neue möglichst genau zu bezeichnen: „eiserner Weg" war zu unbestimmt, daher sagte man in England „Schienenweg". Auch in Frankreich hat man lange Bedenken gegen den *chemin de fer* gehabt und gelegentlich vorgeschlagen, das englische *railway* einfach zu entlehnen. In Deutschland hat man das *Eisen-* beibehalten, aber den „Weg" näher bestimmt als *-bahn,* das ist ein Weg, der keine Abweichung des Laufs gestattet. [...]
Aber die Frage der Namengebung stellt sich nicht nur, wenn ein ganz neuer Sachverhalt zum ersten Male benannt werden muß, sondern auch, wenn ein bekannter Sachverhalt aus irgendeinem Grunde einen neuen Namen bekommen soll. Wir sprechen vom *Rücken* oder *Kamm,* von den *Flanken,* von der *Schulter,* vom *Fuße,* von der *Nase* eines Berges — alles

eigentlich Namen von Teilen des tierischen Körpers. Wer diese Bezeichnungen zuerst anwendete, sah in dem Berge ein Tier, der *Kamm* läßt etwa an einen Drachen denken. Auch französisch *crête* aus lateinisch *crista* ist „Kamm", dazu gibt es noch *la côte* „die Rippe" für den Bergabhang. Das norwegische *ås* „Höhenzug" bedeutet ursprünglich „Schulter", *nes* „Vorgebirge" ist natürlich „Nase". Bei der *Landzunge* liegt offenbar die Anschauung eines Tieres zugrunde, das mit weit ausgestreckter Zunge Wasser schlürft. *Meerbusen* dagegen täuscht das anatomische Bild nur vor. Er ist durch Übersetzung des griechischen *kólpos* zustande gekommen, das eigentlich den „Bausch eines Gewandes" bezeichnete. Das Wort ist als *golfo* in die romanischen Sprachen, von da als *Golf* ins Deutsche entlehnt worden. Auch bei einem Gefäß sprechen wir von der *Schnauze,* die Griechen nannten die Henkel eines solchen *úata* „Ohren".

Die Sprechenden sahen sich in diesen Fällen vor der Aufgabe, Geländeformen und Gefäßformen zu benennen, die in ihren Einzelheiten offenbar keine festen Namen hatten. Nun sah man in sie menschliche oder tierische Gestalten hinein und gewann so ungesucht die notwendigen Namen. Der Vorgang ist im Leben der Sprache sehr häufig. Man nennt ihn *Übertragung* oder mit fremdem Fachausdruck *Metapher.*

Den Hauptvorteil bietet die Übertragung, wenn man von seelischen oder unanschaulichen Sachverhalten sprechen will. Die heitere Stimmung ist übertragen vom *heiteren,* d. h. „leuchtenden" Himmel. *Lahme Entschuldigungen, faule Ausreden, schiefe Darstellungen, fadenscheinige Begründungen* sagen auch dem Laien sofort, woher der übertragene Ausdruck genommen ist. Er leuchtet so unmittelbar ein, daß man erst nachdenken muß, um den „eigentlichen", d. h. nicht übertragenen Ausdruck zu finden, wie *ungeschickte Entschuldigungen, ungenügende Ausreden, ungenaue Darstellungen, unzureichende Begründungen.* Der Versuch lehrt, daß die „eigentlichen" Ausdrücke weniger geläufig sind als die übertragenen, und daß sie nur verneinende Bestimmungen geben, während die übertragenen die Sachverhalte positiv kennzeichnen konnten. [...]

Aber nicht alle neuen Namen, die man braucht, werden durch Übertragung gewonnen. Ein sehr großer Teil besteht aus *Neubildungen.* Die Neubildung eines Wortes ist ein sehr bemerkenswerter Vorgang, der uns manches vom Bau der Sprache und vom Verhältnis der Menschen zu ihrer Sprache verrät. Wir wollen ihn deshalb etwas genauer betrachten.

Mit der Erfindung des Fliegens entstand eine Gruppe von Menschen, die diese Kunst beherrschte und die es vorher nicht gegeben hatte. Wie sollte man sie nennen? Der Name, der sich durchgesetzt hat, ist *Flieger.* Wie ist er zustande gekommen? Voraussetzung war zunächst, daß es ein Tätigkeitswort *fliegen* gab, das bisher für Vögel und Insekten angewendet worden war und nun auf den Menschen in seiner Maschine übertragen wurde. Ein Tätername davon war zur Bezeichnung der *Fliege* verwendet worden, althochdeutsch *flioga* „die Fliegende". Aber diese Art, Täternamen zu bilden, war außer Gebrauch gekommen. So gab es einen Täternamen zu *fliegen* eigentlich nicht, höchstens daß einmal in wissenschaftlichem Zusammenhang festgestellt wurde, daß z. B. der Albatros *ein guter Flieger* sei. Aber dieses Wort gehörte kaum dem allgemeinen Sprachgebrauch an. Eine zweite Voraussetzung war, daß es eine Gruppe von Täternamen zu Tätigkeitswörtern für Fortbewegungsarten gab. Das älteste Beispiel ist *Reiter* zu *reiten,* dann *Lenker* zu *lenken (seit Ende des 17. Jahrhunderts),* schließlich *Fahrer* zu *fahren,* das zur Verdeutschung von *Chauffeur* diente. Sie sind gebildet mit der Silbe *-er,* die dem Stamm des Tätigkeitswortes angehängt

wird. Entscheidend aber war, daß diese Fortbewegungsarten mit dem *Fliegen,* wie es nun von Menschen betrieben wurde, in einem sachlichen Zusammenhang standen. *Fliegen* war eine neue Art, mit einem Hilfsmittel schneller vom Fleck zu kommen, die neben die alten des *Reitens* und *Fahrens* trat. So kreuzten sich im Bewußtsein der Sprechenden diese Mu-
5 ster mit dem Gedanken an die Tätigkeit des *Fliegens,* und fast ohne sich der Neubildung bewußt zu werden, nannten sie den Mann, der zum *Fliegen* stand wie der *Reiter* zum *Rei-ten* und der *Fahrer* zum *Fahren Flieger.*
Das sind scheinbar viele überflüssige Worte, um einen selbstverständlichen Vorgang zu be-schreiben. Aber man muß die Einzelheiten dieses Vorgangs verstanden haben, um auch
10 verwickeltere Fälle beurteilen zu können. Und so selbstverständlich ist auch nicht alles dar-an. Wenigstens hat es einige Zeit gedauert, bis die Sprachwissenschaft anerkannte, daß die Musterformen einer Neubildung mit dieser nicht nur in einem formalen, sondern auch in einem sachlichen Zusammenhang stehen müßten. [...]
Die Neubenennung von Erscheinungen der Umwelt, von der wir einige typische Beispiele
15 betrachtet haben, erweist sich als ein ziemlich verwickelter Vorgang. Es ist höchst wahr-scheinlich, wenn auch selten unmittelbar zu beobachten, daß ein Einzelner den neuen Na-men zuerst gebrauchte. Aber was ihn bei der Wahl oder der Neubildung beeinflußt, ist nur zum geringsten Teil eigene Willkür, in der Hauptsache vielmehr seine Stellung, sei sie noch so bescheiden, im Zusammenhang von Gesellschaft und Kultur. Erst recht wird dann die
20 Sprachgemeinschaft, die bei der Namengebung immer das letzte Wort hat, in dem, was sie annimmt und was sie verwirft, geleitet von den großen geistigen und materiellen Strömun-gen, die ihre Geschichte ausmachen.
So können wir nun versuchen, die Frage nach der Richtigkeit der Namen von unserm heu-tigen Standpunkt aus zu beantworten. Es besteht gewiß kein eindeutiger, naturgegebener
25 Zusammenhang zwischen den Dingen und den Lauten, mit denen sie benannt werden. Aber ebensowenig wird dieser Zusammenhang durch rein willkürliche Übereinkunft ge-stiftet. Vielmehr geben die Namen die Stellung einer Gemeinschaft zu den Dingen ihrer Umwelt an. Die Namen sind ein Mittel, durch das sich die Gemeinschaft mit ihrer Umwelt auseinandersetzt, sie gliedert und deutet. Dabei ist sie abhängig sowohl von der Beschaf-
30 fenheit des menschlichen Seelenlebens und seinen Antworten auf die Eindrücke der Welt als auch von der geistigen und kulturellen Lage, in der sie sich jeweils befindet. Die Bezie-hung der Namen auf die Sachen ist nicht naturgegeben und nicht willkürlich gesetzt, sie ist geistesgeschichtlich bedingt.

39. MORITZ SCHLICK

Wie können Sätze Tatsachen ausdrücken?

Ist es nicht erstaunlich, daß ich durch Hören gewisser Laute, die von dem Mund einer Per-
35 son ausgehen, oder durch das Hinblicken auf ein paar schwarze Zeichen auf einem Stück Papier die Tatsache erfahren kann, daß ein Vulkan auf einer entlegenen Insel einen Aus-bruch gehabt hat oder daß Herr Soundso zum Präsidenten der Republik Soundso gewählt worden ist? Die Zeichen auf dem Stück Papier und der Ausbruch des Vulkans sind zwei

ganz getrennte und verschiedenartige Tatsachen, es gibt scheinbar keine Ähnlichkeit zwischen ihnen, und doch vermittelt mir die Kenntnis der einen die Kenntnis der anderen. Wie ist das möglich? Welche besondere Beziehung besteht zwischen den beiden?

Wir sagen von der einen Tatsache (der Anordnung von kleinen schwarzen Zeichen), daß sie die andere (den Ausbruch des Vulkans) ausdrückt; Ausdrücken ist demnach die besondere Beziehung, die zwischen ihnen statthat. Um zu verstehen, was Sprache ist, müssen wir das Wesen des Ausdrucks untersuchen. Wie können gewisse Tatsachen von anderen Tatsachen „sprechen"? Darin liegt unser Problem. [...]

Die erste Antwort, die man versucht ist auf die Frage zu geben, ist etwa die: Um zu verstehen, was Ausdrücken ist, genügt es, so könnte man denken, auf die einfache Tatsache der *Stellvertretung* hinzuweisen, d. h. einer Art Entsprechung zwischen zwei Dingen, die wir willkürlich herstellen durch die Festsetzung, daß das eine für das andere stehen soll, es in einem gegebenen Zusammenhang ersetzen, als Zeichen oder Symbol für das andere Ding dienen, kurz gesagt, es *bezeichnen* soll.

So wie für ein spielendes Kind ein Stück Holz ein Schiff bedeuten mag oder wie für einen General, der in eine Schlacht verwickelt ist, ein paar Striche auf seiner Landkarte eine anmarschierende Armee repräsentieren mögen — in ähnlicher Weise sind unsere Worte und alle unsere Zeichen für Worte Symbole, die kraft willkürlicher Festsetzung oder infolge zufälligen Gebrauchs für die Dinge stehen, von welchen sie Symbole sind. Ist es nicht natürlich, anzunehmen, daß in gleicher Weise unsere Sätze für Tatsachen stehen, die sie ausdrücken? [...]

In Wirklichkeit ist Ausdrücken völlig verschieden von bloßer Stellvertretung, es ist viel mehr und läßt sich nicht daraus herleiten. Sprache im echten Sinn des Wortes ist etwas ganz Neues, verglichen mit der einfachen Wiederholung von Zeichen, deren Bedeutung man auswendig gelernt hat [...]. Es ist natürlich richtig, daß die Sprache aus Worten besteht und daß Worte Symbole in dem eben erklärten Sinn sind, aber dies erklärt noch nicht die Möglichkeit des Ausdrückens. Wenn die Sprache lediglich ein System von Zeichen mit feststehender Bedeutung wäre, dann wäre sie unfähig, neue Tatsachen mitzuteilen. Wenn ihre Funktion nur darin bestünde, Gedanken oder Tatsachen durch Symbole zu vertreten, dann könnte sie eben nur solche Gedanken oder Tatsachen darstellen, denen von vornherein ein Zeichen zugewiesen ist; eine neue Tatsache wäre ja eine solche, der noch kein Symbol zugeordnet ist, und es wäre daher unmöglich, von ihr Mitteilung zu machen. Es müßte ebenso viele Zeichen (Namen) geben, als Tatsachen existieren; wenn eine neue Tatsache auftauchte, so könnte sie keine Erwähnung finden, weil es keinen Namen gäbe, mit dem sie benannt werden könnte.

Dieser Stand der Dinge wird sehr klar, wenn wir das betrachten, was man oft die „Sprache" gewisser Tiere nennt, etwa der Ameisen und Bienen. Ihre Verständigungsmittel stellen überhaupt keine Sprache in unserem Sinn des Wortes vor, sondern eine bloße Anzahl von Zeichen oder Signalen, deren jedes für eine ganz bestimmte Klasse von Tatsachen steht, wie etwa „hier ist Honig", „hier ist Gefahr" usf. [...]. Die Signale der Bienen und Ameisen vertreten gewisse Vorkommnisse oder zeigen sie an, aber sie *drücken* sie nicht *aus*. Sie sind durchaus auf diese ganz besonderen Arten von Ereignissen beschränkt und können nichts anderes darstellen.

Das wesentliche Kennzeichen der Sprache besteht dagegen in ihrer Fähigkeit, Tatsachen

auszudrücken, und dies schließt die Fähigkeit des Ausdrucks *neuer* Tatsachen oder vielmehr *irgendwelcher Tatsachen* ein. Ein Schüler schlägt sein Exemplar von Xenophons *Anabasis* auf und erfährt aus dem ersten Satz des Buches, daß König Darius zwei Söhne hatte — eine Tatsache, die, so wollen wir annehmen, ihm gänzlich neu ist. Er weiß, welche ganz
5 bestimmte Tatsache durch jenen ganz bestimmten Satz ausgedrückt ist, obwohl er jenem Satz noch nie begegnet ist und von der Tatsache gewiß keine Kenntnis hatte. Er kann demnach nicht gelernt haben, daß gerade dieser Satz gerade dieser Tatsache entspricht. Es ist eine wesentliche Schlußfolgerung, daß der Satz und die Tatsache, die durch ihn ausgedrückt ist, *von Natur aus* oder *wesentlich* einander entsprechen, daß sie etwas gemein ha-
10 ben müssen. Was sie gemein haben, das wollen wir jetzt ausfindig machen. [...]
Eine erste Antwort scheint sich fast von selbst anzubieten: offenbar ist es die *Anordnung,* die besondere *Reihenfolge* oder Gruppierung der Zeichen, die das Wesen der Sprache ausmacht. [...] Dieselbe Zeichengruppe, die zur Beschreibung einer gewissen Tatsache diente, kann, wenn sie umgeordnet wird, dazu verwendet werden, einen ganz anderen Sachverhalt
15 zu beschreiben, und zwar so, *daß wir den Sinn der neuen Anordnung verstehen, ohne daß er uns erklärt worden wäre.* Diese letztere Eigenschaft ist das wesentliche Moment, das Ausdruck von bloßer Stellvertretung unterscheidet; sie ist das einzig wesentliche Moment.
Wenn die neue Anordnung der alten Zeichen nur ein neues Symbol darstellte, so würde es nichts symbolisieren, es sei denn, daß ihm ein neuer Sinn beigelegt worden ist, etwa zufolge
20 einer besonderen Definition: ein Ausdruck hingegen drückt seinen eigenen Sinn aus, ein solcher kann ihm nicht erst hinterher verliehen werden. Ein Beispiel mag diesen Unterschied erläutern. Wenn ich weiß, daß das Zeichen M für einen bestimmten Laut steht, so haben wir es mit bloßer Stellvertretung zu tun; das umgedrehte Zeichen wird daher keine Bedeutung haben, es sei denn, daß uns jemand erklärt, daß es zufolge willkürlicher Über-
25 einkunft einen gewissen andren Laut darstellen soll (den Laut W): in diesem Fall haben wir also durch die Umordnung des alten Zeichens ein neues gebildet, dessen Sinn bestimmt werden muß.
Nun wollen wir ein Beispiel eines wirklichen Ausdrucks nehmen. Wenn wir den Sinn des Satzes „Das Heft liegt auf dem Buch" verstehen und wenn wir nun die einzelnen Teile des-
30 selben so umordnen, daß sie den Satz ergeben „Das Buch liegt auf dem Heft", so verstehen wir den Sinn des zweiten Satzes unmittelbar, ohne weitere Erklärung. Wir brauchen nicht erst darauf zu warten, daß ihm ein Sinn gegeben werden, der Sinn ist schon durch den Satz selbst bestimmt.
Wissen wir, welcher Sachverhalt durch den ersten Satz beschrieben wird, so wissen wir not-
35 wendigerweise auch, welche Tatsache durch den zweiten beschrieben ist; und zwar unzweideutig und zweifelsfrei. [...]
Es folgt, daß die Möglichkeit des Ausdrückens davon abzuhängen scheint, Zeichen in verschiedener Weise anzuordnen, m. a. W., daß das wesentliche Merkmal des Ausdrucks eine innere Ordnung ist. Das Sprechen beruht auf einer zeitlichen Anordnung der Zeichen, das
40 Schreiben auf einer räumlichen. Beim lauten Lesen eines geschriebenen Satzes wird die räumliche Ordnung in eine zeitliche übertragen, und die Möglichkeit einer solchen Übersetzung zeigt, daß der besondere räumliche oder zeitliche Charakter nicht das Entscheidende ist für das Ausdrücken; Die Ordnung, von der hier die Rede ist, muß von einer mehr allgemeinen und prinzipiellen Art sein, sie muß in etwas bestehen, das dem Sprechen ebenso

wie dem Schreiben zukommt und überhaupt jeder Art von Ausdrucksmittel. Was für das Ausdrücken wesentlich ist, ist nicht die räumliche Ordnung, auch nicht die zeitliche Ordnung, noch irgendeine besondere Art von Ordnung, sondern eben Ordnung schlechthin. Es ist das ein Gegenstand, mit dem es die Logik zu tun hat, und wir mögen darum von *logischer* Ordnung sprechen oder einfach von Struktur. Ein und dieselbe Tatsache kann in tausend verschiedenen Sprachen ausgedrückt sein; die tausend verschiedenen Sätze werden alle dieselbe Struktur besitzen, und ebenso die Tatsache, der sie Ausdruck geben, denn das ist ja eben der Grund dafür, daß alle jene Sätze gerade diese besondere Tatsache ausdrücken.

40. LUDWIG WITTGENSTEIN

Wir machen uns Bilder der Tatsachen

Aus dem Vorwort des „Tractatus":

Dieses Buch wird vielleicht nur der verstehen, der die Gedanken, die darin ausgedrückt sind — oder doch ähnliche Gedanken — schon selbst einmal gedacht hat. — Es ist also kein Lehrbuch. — Sein Zweck wäre erreicht, wenn es einem, der es mit Verständnis liest, Vergnügen bereitete.

Das Buch behandelt die philosophischen Probleme und zeigt — wie ich glaube — daß die Fragestellung dieser Probleme auf dem Mißverständnis der Logik unserer Sprache beruht. Man könnte den ganzen Sinn des Buches etwa in die Worte fassen : Was sich überhaupt sagen läßt, läßt sich klar sagen; und wovon man nicht reden kann, darüber muß man schweigen.

Das Buch will also dem Denken eine Grenze ziehen, oder vielmehr — nicht dem Denken, sondern dem Ausdruck der Gedanken: Denn um dem Denken eine Grenze zu ziehen, müßten wir beide Seiten dieser Grenze denken können (wir müßten also denken können, was sich nicht denken läßt).

Die Grenze wird also nur in der Sprache gezogen werden können und was jenseits der Grenze liegt, wird einfach Unsinn sein.

Wieweit meine Bestrebungen mit denen anderer Philosophen zusammenfallen, will ich nicht beurteilen. Ja, was ich hier geschrieben habe, macht im Einzelnen überhaupt nicht den Anspruch auf Neuheit; und darum gebe ich auch keine Quellen an, weil es mir gleichgültig ist, ob das,was ich gedacht habe, vor mir schon ein anderer gedacht hat.

Aus dem „Tractatus":

2	Was der Fall ist, die Tatsache, ist das Bestehen von Sachverhalten.
2.01	Der Sachverhalt ist eine Verbindung von Gegenständen. (Sachen, Dingen)
2.0272	Die Konfiguration der Gegenstände bildet den Sachverhalt.
2.03	Im Sachverhalt hängen die Gegenstände ineinander, wie die Glieder einer Kette.
2.032	Die Art und Weise, wie die Gegenstände im Sachverhalt zusammenhängen, ist die Struktur des Sachverhaltes.

123

2.1	Wir machen uns Bilder der Tatsachen.
2.12	Das Bild ist ein Modell der Wirklichkeit.
2.13	Den Gegenständen entsprechen im Bilde die Elemente des Bildes.
2.131	Die Elemente des Bildes vertreten im Bild die Gegenstände.
2.14	Das Bild besteht darin, daß sich seine Elemente in bestimmter Art und Weise zu einander verhalten.

2.15   Daß sich die Elemente des Bildes in bestimmter Art und Weise zu einander verhalten, stellt vor, daß sich die Sachen so zu einander verhalten.
Dieser Zusammenhang der Elemente des Bildes heiße seine Struktur und ihre Möglichkeit seine Form der Abbildung.

2.1514 Die abbildende Beziehung besteht aus den Zuordnungen der Elemente des Bildes und der Sachen.

2.1515 Diese Zuordnungen sind gleichsam die Fühler der Bildelemente, mit denen das Bild die Wirklichkeit berührt.

2.171   Das Bild kann jede Wirklichkeit abbilden, deren Form es hat.
Das räumliche Bild alles Räumliche, das farbige alles Farbige, etc.

2.18   Was jedes Bild, welcher Form immer, mit der Wirklichkeit gemein haben muß, um sie überhaupt — richtig oder falsch — abbilden zu können, ist die logische Form, das ist, die Form der Wirklichkeit.

2.182   Jedes Bild ist *auch* ein logisches. (Dagegen ist z. B. nicht jedes Bild ein räumliches.)

3   Das logische Bild der Tatsachen ist der Gedanke.

3.001   „Ein Sachverhalt ist denkbar" heißt: Wir können uns ein Bild von ihm machen.

3.1   Im Satz drückt sich der Gedanke sinnlich wahrnehmbar aus.

3.2   Im Satze kann der Gedanke so ausgedrückt sein, daß den Gegenständen des Gedankens Elemente des Satzzeichens entsprechen.

3.201   Diese Elemente nenne ich „einfache Zeichen" und den Satz „vollständig analysiert".

3.202   Die im Satze angewandten einfachen Zeichen heißen Namen.

3.203   Der Name bedeutet den Gegenstand. Der Gegenstand ist seine Bedeutung.

3.22   Der Name vertritt im Satz den Gegenstand.

3.323   In der Umgangssprache kommt es ungemein häufig vor, daß dasselbe Wort auf verschiedene Art und Weise bezeichnet — also verschiedenen Symbolen angehört —, oder, daß zwei Wörter, die auf verschiedenen Art und Weise bezeichnen, äußerlich in der gleichen Weise im Satze angewandt werden.
So erscheint das Wort „ist" als Kopula, als Gleichheitszeichen und als Ausdruck der Existenz; „existieren" als intransitives Zeitwort wie „gehen"; „identisch" als Eigenschaftswort; wir reden von *Etwas,* aber auch davon, daß *etwas* geschieht.
(Im Satze „Grün ist grün" — wo das erste Wort ein Personenname, das letzte ein Eigenschaftswort ist — haben diese Worte nicht einfach verschiedene Bedeutung, sondern es sind *verschiedene Symbole.)*

124

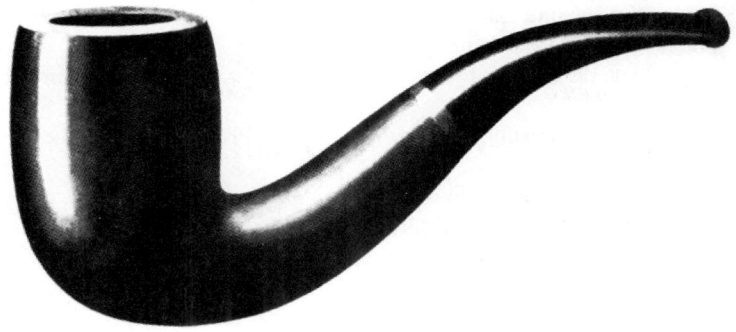

René Magritte: Der Sprachgebrauch („Dies ist keine Pfeife"), 1928/29.

3.324 So entstehen leicht die fundamentalsten Verwechslungen (deren die ganze Philosophie voll ist).

3.325 Um diesen Irrtümern zu entgehen, müssen wir eine Zeichensprache verwenden, welche sie ausschließt, indem sie nicht das gleiche Zeichen in verschiedenen Symbolen, und Zeichen, welche auf verschiedene Art bezeichnen, nicht äußerlich auf die gleiche Art verwendet.

Eine Zeichensprache also, die der *logischen* Grammatik — der logischen Syntax — gehorcht.

4.001 Die Gesamtheit der Sätze ist die Sprache.

4.002 Der Mensch besitzt die Fähigkeit Sprachen zu bauen, womit sich jeder Sinn ausdrücken läßt, ohne eine Ahnung davon zu haben, wie und was jedes Wort bedeutet. — Wie man auch spricht, ohne zu wissen, wie die einzelnen Laute hervorgebracht werden.

Die Umgangssprache ist ein Teil des menschlichen Organismus und nicht weniger kompliziert als dieser.

Es ist menschenunmöglich, die Sprachlogik aus ihr unmittelbar zu entnehmen.

Die Sprache verkleidet den Gedanken. Und zwar so, daß man nach der äußeren Form des Kleides, nicht auf die Form des bekleideten Gedankens schließen kann; weil die äußere Form des Kleides nach ganz anderen Zwecken gebildet ist als danach, die Form des Körpers erkennen zu lassen.

Die stillschweigenden Abmachungen zum Verständnis der Umgangssprache sind enorm kompliziert.

4.003   Die meisten Sätze und Fragen, welche über philosophische Dinge geschrieben worden sind, sind nicht falsch, sondern unsinnig. Wir können daher Fragen dieser Art überhaupt nicht beantworten, sondern nur ihre Unsinnigkeit feststellen. Die meisten Fragen und Sätze der Philosophen beruhen darauf, daß wir unsere Sprachlogik nicht verstehen.

(Sie sind von der Art der Frage, ob das Gute mehr oder weniger identisch sei als das Schöne.)

Und es ist nicht verwunderlich, daß die tiefsten Probleme eigentliche *keine* Probleme sind.

4.0031 Alle Philosophie ist „Sprachkritik". [...]

4.01   Der Satz ist ein Bild der Wirklichkeit.

Der Satz ist ein Modell der Wirklichkeit, so wie wir sie uns denken.

4.011   Auf den ersten Blick scheint der Satz — wie er etwa auf dem Papier gedruckt steht — kein Bild der Wirklichkeit zu sein, von der er handelt. Aber auch die Notenschrift scheint auf den ersten Blick kein Bild der Musik zu sein, und unsere Lautzeichen-(Buchstaben-)Schrift kein Bild unserer Lautsprache.

Und doch erweisen sich diese Zeichensprachen auch im gewöhnlichen Sinne als Bilder dessen, was sie darstellen.

4.012   Offenbar ist, daß wir einen Satz von der Form ‚aRb' als Bild empfinden. Hier ist das Zeichen offenbar ein Gleichnis des Bezeichneten.

4.014   Die Grammophonplatte, der musikalische Gedanke, die Notenschrift, die Schallwellen, stehen alle in jener abbildenden internen Beziehung zu einander, die zwischen Sprache und Welt besteht.

Ihnen allen ist der logische Bau gemeinsam.

(Wie im Märchen die zwei Jünglinge, ihre zwei Pferde und ihre Lilien. Sie sind alle in gewissem Sinne Eins.)

4.0141 Daß es eine allgemeine Regel gibt, durch die der Musiker aus der Partitur die Symphonie entnehmen kann, durch welche man aus der Linie auf der Grammophonplatte die Symphonie und nach der ersten Regel wieder die Partitur ableiten kann, darin besteht eben die innere Ähnlichkeit dieser scheinbar so ganz verschiedenen Gebilde. Und jene Regel ist das Gesetz der Projektion, welches die Symphonie in die Notensprache projiziert. Sie ist die Regel der Übersetzung der Notensprache in die Sprache der Grammophonplatte.

4.015   Die Möglichkeit aller Gleichnisse, der ganzen Bildhaftigkeit unserer Ausdrucksweise, ruht in der Logik der Abbildung.

4.016   Um das Wesen des Satzes zu verstehen, denken wir an die Hieroglyphenschrift, welche die Tatsachen die sie beschreibt abbildet.

Und aus ihr wurde die Buchstabenschrift, ohne das Wesentliche der Abbildung zu verlieren.

6.5   Zu einer Antwort, die man nicht aussprechen kann, kann man auch die Frage nicht aussprechen.

Das Rätsel gibt es nicht.

Wenn sich eine Frage überhaupt stellen läßt, so *kann* sie auch beantwortet werden.

126

6.52 Wir fühlen, daß selbst, wenn alle *möglichen* wissenschaftlichen Fragen beantwortet sind, unsere Lebensprobleme noch gar nicht berührt sind. Freilich bleibt dann eben keine Frage mehr; und eben dies ist die Antwort.

6.522 Es gibt allerdings Unaussprechliches. Dies *zeigt* sich, es ist das Mystische.

6.53 Die richtige Methode der Philosophie wäre eigentlich die: Nichts zu sagen, alswas sich sagen läßt, also Sätze der Naturwissenschaft — also etwas, was mit Philosophie nichts zu tun hat —, und dann immer, wenn ein anderer etwas Metaphysisches sagen wollte, ihm nachzuweisen, daß er gewissen Zeichen in seinen Sätzen keine Bedeutung gegeben hat. Diese Methode wäre für den anderen unbefriedigend — er hätte nicht das Gefühl, daß wir ihn Philosophie lehrten — aber *sie* wäre die einzig streng richtige.

7 Wovon man nicht sprechen kann, darüber muß man schweigen.

127

B. DIE SPRACHE GESTALTET DIE WIRKLICHKEIT

Einführung

Ein großer Teil der Überlegungen in Wittgensteins Spätphilosophie ist der Auseinandersetzung mit diesen Anschauungen seiner Frühschrift gewidmet, wobei er die in dieser Frühschrift verfochtene Ansicht von der Sprache, die Abbildtheorie, als viel zu eng und einseitig kritisiert und in seinem Spätwerk anhand einer großen Fülle von erfundenen oder wirklichen Beispielen (sogenannten Sprachspielen) eine Vielzahl anderer Bezugsmöglichkeiten zwischen Sprache und Welt aufzeigt. In Text 41, dem Anfang seiner Spätschrift „Philosophische Untersuchungen", kritisiert er insbesondere die seiner Meinung nach zu einfache und primitive Vorstellung, daß alle Worte etwas bezeichnen und Namen sind — Etiketten zu vergleichen, welche an denjenigen Gegenständen kleben, die von den Worten bezeichnet werden. Gleichzeitig versucht er zu bestimmen, was die *Bedeutung* eines Wortes ist, wobei er zu der berühmten Feststellung gelangt, daß die Bedeutung eines Wortes „für eine große Klasse von Fällen" sein „Gebrauch in der Sprache" ist (§ 43; vgl. im Themenbereichverzeichnis das Stichwort „Bedeutung"). — Im folgenden Text 42 fragt Weisgerber, wo ein einfaches Benanntes, beispielsweise das Sternbild Orion, zu finden ist; seine Antwort: nicht einfach als Gegenstand etwa am Sternenhimmel *vor* aller menschlichen Betrachtung und unabhängig davon, sondern es gibt den Orion erst dadurch, daß zum bloßen Dasein der Sterne am Himmel die „zusammenfassende, ordnende, auslesende Tätigkeit des menschlichen Geistes" hinzutritt; insofern gestaltet die menschliche Sprache die Wirklichkeit. In ähnlicher Weise schildern Kamlah und Lorenzen in Text 43, wie die Sprache die Welt in Gegenstände, Gegenstandsbereiche und Hierarchien von Gegenstandsbereichen gliedert und auf diese Weise Welt „erschließt". — Radikaler als diese beiden Positionen ist die Position von Whorf und dessen Lehrer Edward Sapir, die aufgrund des Vergleichs vieler Sprachen und Kulturen, insbesondere des Vergleichs indianischer mit europäischen Sprachen zu der — von manchen Sprachforschern allerdings heftig umstrittenen — Überzeugung kommen, daß nicht nur die Gliederung der Welt in Gegenstandsbereiche als relativ und von Kulturkreis zu Kulturkreis verschieden, sondern daß auch gewisse Grundkategorien der Welterfahrung wie beispielsweise Raum, Zeit oder die Unterteilung in Dinge und das, was Dinge sind und tun (Subjekt-Prädikat-Gliederung), relativ sind und in den verschiedenen Kulturen ganz verschieden sprachlich ausgedrückt werden (T. 44). Durch dieses „linguistische Relativitätsprinzip", das wir zum Schluß des Textes in Parallele setzen zu einem Ausspruch Humboldts, wird der Gestaltung der Welt durch Sprache größtes Gewicht beigelegt, die Bestimmung dessen, was Welt ist, wird zunehmend in die Analyse der Sprache verlegt.

41. LUDWIG WITTGENSTEIN

Unsere Sprache umfaßt viele „Sprachspiele" — das Benennen von Gegenständen ist nur eines

1. Augustinus[1], in den Confessionen 1/8: cum ipsi (majores homines) appellabant rem aliquam, et cum secundum eam vocem corpus ad aliquid movebant, videbam, et tenebam hoc ab eis vocari rem illam, quod sonabant, cum eam vellent ostendere. Hoc autem eos velle ex motu corporis aperiebatur: tamquam verbis naturalibus onmium gentium, quae fiunt vultu et nutu oculorum, ceterorumque membrorum actu, et sonitu vocis indicante affec-   5

---

[1] S. Fußnote 12 in T. 8.

129

tionem animi in petendis, habendis, rejiciendis, fugiendisve rebus. Ita verba in variis sententiis locis suis posita, et crebro audita, quarum rerum signa essent, paulatim colligebam, measque jam voluntates, edomito in eis signis ore, per haec enuntiabam.

[Nannten die Erwachsenen irgend einen Gegenstand und wandten sie sich dabei ihm zu,
5   nahm ich das wahr und ich begriff, daß der Gegenstand durch die Laute, die sie aussprachen, bezeichnet wurde, da sie auf *ihn* hinweisen wollten. Dies aber entnahm ich aus ihren Gebärden, der natürlichen Sprache aller Völker, der Sprache, die durch Mienen- und Augenspiel, durch die Bewegungen der Glieder und den Klang der Stimme die Empfindungen der Seele anzeigt, wenn diese irgend etwas begehrt, oder festhält, oder zurückweist, oder
10   flieht. So lernte ich nach und nach verstehen, welche Dinge die Wörter bezeichneten, die ich wieder und wieder, an ihren bestimmten Stellen in verschiedenen Sätzen, aussprechen hörte. Und ich brachte, als nun mein Mund sich an diese Zeichen gewöhnt hatte, durch sie meine Wünsche zum Ausdruck.]

In diesen Worten erhalten wir, so scheint es mir, ein bestimmtes Bild von dem Wesen der
15   menschlichen Sprache. Nämlich dieses: Die Wörter der Sprache benennen Gegenstände — Sätze sind Verbindungen von solchen Benennungen. — In diesem Bild von der Sprache finden wir die Wurzeln der Idee: Jedes Wort hat eine Bedeutung. Diese Bedeutung ist dem Wort zugeordnet. Sie ist der Gegenstand, für welchen das Wort steht.

Von einem Unterschied der Wortarten spricht Augustinus nicht. Wer das Lernen der Spra-
20   che so beschreibt, denkt, so möchte ich glauben, zunächst an Hauptwörter, wie „Tisch", „Stuhl", „Brot", und die Namen von Personen, erst in zweiter Linie an die Namen gewisser Tätigkeiten und Eigenschaften, und an die übrigen Wortarten als etwas, was sich finden wird.

Denke nun an diese Verwendung der Sprache: Ich schicke jemand einkaufen. Ich gebe ihm
25   einen Zettel, auf diesem stehen die Zeichen: „fünf rote Äpfel". Er trägt den Zettel zum Kaufmann; der öffnet die Lade, auf welcher das Zeichen „Äpfel" steht; dann sucht er in einer Tabelle das Wort „rot" auf und findet ihm gegenüber ein Farbmuster; nun sagt er die Reihe der Grundzahlwörter — ich nehme an, er weiß sie auswendig — bis zum Worte „fünf" und bei jedem Zahlwort nimmt er einen Apfel aus der Lade, der die Farbe des Mu-
30   sters hat. — So, und ähnlich, operiert man mit Worten. — „Wie weiß er aber, wo und wie er das Wort „rot" nachschlagen soll und was er mit dem Wort „fünf" anzufangen hat?" — Nun, ich nehme an, er *handelt,* wie ich es beschrieben habe. Die Erklärungen haben irgendwo ein Ende. — Was ist aber die Bedeutung des Wortes „fünf"? — Von einer solchen war hier gar nicht die Rede; nur davon, wie das Wort „fünf" gebraucht wird.

35   2. Jener philosophische Begriff der Bedeutung ist in einer primitiven Vorstellung von der Art und Weise, wie die Sprache funktioniert, zu Hause. Man kann aber auch sagen, es sei die Vorstellung einer primitiveren Sprache als der unsern.

Denken wir uns eine Sprache, für die die Beschreibung, wie Augustinus sie gegeben hat, stimmt: Die Sprache soll der Verständigung eines Bauenden A mit einem Gehilfen B die-
40   nen. A führt einen Bau auf aus Bausteinen; es sind Würfel, Säulen, Platten und Balken vorhanden. B hat ihm die Bausteine zuzureichen, und zwar nach der Reihe, wie A sie braucht. Zu dem Zweck bedienen sie sich einer Sprache, bestehend aus den Wörtern: „Würfel", „Säule", „Platte", „Balken". A ruft sie aus; — B bringt den Stein, den er gelernt hat, auf diesen Ruf zu bringen. — Fasse dies als vollständige primitive Sprache auf.

130

3. Augustinus beschreibt, könnten wir sagen, ein System der Verständigung; nur ist nicht alles, was wir Sprache nennen, dieses System. Und das muß man in so manchen Fällen sagen, wo sich die Frage erhebt: „Ist diese Darstellung brauchbar, oder unbrauchbar?" Die Antwort ist dann: „Ja, brauchbar; aber nur für dieses eng umschriebene Gebiet, nicht für das Ganze, das du darzustellen vorgabst."

Es ist, als erklärte jemand: „Spielen besteht darin, daß man Dinge, gewissen Regeln gemäß, auf einer Fläche verschiebt..." — und wir ihm antworten: Du scheinst an die Brettspiele zu denken; aber das sind nicht alle Spiele. Du kannst deine Erklärung richtigstellen, indem du sie ausdrücklich auf diese Spiele einschränkst. [...]

5. Wenn man das Beispiel im § 1 betrachtet, so ahnt man vielleicht, inwiefern der allgemeine Begriff der Bedeutung der Worte das Funktionieren der Sprache mit einem Dunst umgibt, der das klare Sehen unmöglich macht. — Es zerstreut den Nebel, wenn wir die Erscheinungen der Sprache an primitiven Arten ihrer Verwendung studieren, in denen man den Zweck und das Funktionieren der Wörter klar übersehen kann.

Solche primitiven Formen der Sprache verwendet das Kind, wenn es sprechen lernt. Das Lehren der Sprache ist hier kein Erklären, sondern ein Abrichten.

6. Wir könnten uns vorstellen, daß die Sprache im § 2 die *ganze* Sprache des A und B ist; ja, die ganze Sprache eines Volksstammes. Die Kinder werden dazu erzogen, *diese* Tätigkeiten zu verrichten, *diese* Wörter dabei zu gebrauchen, und so auf die Worte anderer zu reagieren.

Ein wichtiger Teil der Abrichtung wird darin bestehen, daß der Lehrende auf die Gegenstände weist, die Aufmerksamkeit des Kindes auf sie lenkt, und dabei ein Wort ausspricht; z. B. das Wort „Platte" beim Vorzeigen dieser Form. (Dies will ich nicht „hinweisende Erklärung", oder „Definition", nennen, weil ja das Kind noch nicht nach der Benennung *fragen* kann. Ich will es „hinweisendes Lehren der Wörter" nennen. — Ich sage, es wird einen wichtigen Teil der Abrichtung bilden, weil es bei Menschen so der Fall ist; nicht, weil es sich nicht anders vorstellen ließe.) Dieses hinweisende Lehren der Wörter, kann man sagen, schlägt eine assoziative Verbindung zwischen dem Wort und dem Ding: Aber was heißt das? Nun, es kann Verschiedenes heißen; aber man denkt wohl zunächst daran, daß dem Kind das Bild des Dings vor die Seele tritt, wenn es das Wort hört. Aber wenn das nun geschieht, — ist das der Zweck des Worts? — Ja, es *kann* der Zweck sein. — Ich kann mir eine solche Verwendung von Wörtern (Lautreihen) denken. (Das Aussprechen eines Wortes ist gleichsam ein Anschlagen einer Taste auf dem Vorstellungsklavier.) Aber in der Sprache im § 2 ist es *nicht* der Zweck der Wörter, Vorstellungen zu erwecken. (Es kann freilich auch gefunden werden, daß dies dem eigentlichen Zweck förderlich ist.)

Wenn aber das das hinweisende Lehren bewirkt, — soll ich sagen, es bewirkt das Verstehen des Worts? Versteht nicht der den Ruf „Platte!", der so und so nach ihm handelt? — Aber dies half wohl das hinweisende Lehren herbeizuführen; aber doch nur zusammen mit einem bestimmten Unterricht. Mit einem anderen Unterricht hätte dasselbe hinweisende Lehren dieser Wörter ein ganz anderes Verständnis bewirkt. [...]

7. In der Praxis des Gebrauchs der Sprache (2) ruft der eine Teil die Wörter, der andere handelt nach ihnen; im Unterricht der Sprache aber wird sich *dieser* Vorgang finden: Der Lernende *benennt* die Gegenstände. D.h. er spricht das Wort, wenn der Lehrer auf den Stein zeigt. — Ja, es wird sich hier die noch einfachere Übung finden: der Schüler spricht

die Worte nach, die der Lehrer ihm vorsagt — beides sprachähnliche Vorgänge.

Wir können uns auch denken, daß der ganze Vorgang des Gebrauchs der Worte in (2) eines jener Spiele ist, mittels welcher Kinder ihre Muttersprache erlernen. Ich will diese Spiele *„Sprachspiele"* nennen und von einer primitiven Sprache manchmal als einem Sprachspiel reden.

Und man könnte die Vorgänge des Benennens der Steine und des Nachsprechens des vorgesagten Wortes auch Sprachspiele nennen. Denke an manchen Gebrauch, der von Worten in Reigenspielen gemacht wird.

Ich werde auch das Ganze: der Sprache und der Tätigkeiten, mit denen sie verwoben ist, das „Sprachspiel" nennen.

10. Was *bezeichnen* nun die Wörter dieser Sprache? — Was sie bezeichnen, wie soll ich das zeigen, es sei denn in der Art ihres Gebrauchs? Und den haben wir ja beschrieben. Der Ausdruck „dieses Wort bezeichnet *das"* müßte also ein Teil dieser Beschreibung werden. „Das Wort ... bezeichnet ...".

Nun, man kann ja die Beschreibung des Gebrauchs des Wortes „Platte" dahin abkürzen, daß man sagt, dieses Wort bezeichne diesen Gegenstand. Das wird man tun, wenn es sich z.B. nurmehr darum handelt, das Mißverständnis zu beseitigen, das Wort „Platte" beziehe sich auf die Bausteinform, die wir tatsächlich „Würfel" nennen, — die Art und Weise dieses „*Bezugs"* aber, d.h. der Gebrauch dieser Worte im übrigen, bekannt ist. [...]

11. Denk an die Werkzeuge in einem Werkzeugkasten: es ist da ein Hammer, eine Zange, eine Säge, ein Schraubenzieher, ein Maßstab, ein Leimtopf, Leim, Nägel und Schrauben. — So verschieden die Funktionen dieser Gegenstände, so verschieden sind die Funktionen der Wörter. (Und es gibt Ähnlichkeiten hier und dort.)

Freilich, was uns verwirrt ist die Gleichförmigkeit ihrer Erscheinung, wenn die Wörter uns gesprochen, oder in der Schrift und im Druck entgegentreten. Denn ihre *Verwendung* steht nicht so deutlich vor uns. Besonders nicht, wenn wir philosophieren!

12. Wie wenn wir in den Führerstand einer Lokomotive schauen: da sind Handgriffe, die alle mehr oder weniger gleich aussehen. (Das ist begreiflich, denn sie sollen alle mit der Hand angefaßt werden.) Aber einer ist der Handgriff einer Kurbel, die kontinuierlich verstellt werden kann (sie reguliert die Öffnung eines Ventils); ein andrer ist der Handgriff eines Schalters, der nur zweierlei wirksame Stellungen hat, er ist entweder umgelegt, oder aufgestellt; ein dritter ist der Griff eines Bremshebels, je stärker man zieht, desto stärker wird gebremst; ein vierter, der Handgriff einer Pumpe, er wirkt nur, solange er hin und her bewegt wird.

13. Wenn wir sagen: „jedes Wort der Sprache bezeichnet etwas" so ist damit vorerst noch *gar* nichts gesagt; es sei denn, daß wir genau erklärten, *welche* Unterscheidung wir zu machen wünschen. [...]

Aber dadurch, daß man so die Beschreibungen des Gebrauchs der Wörter anähnelt, kann doch dieser Gebrauch nicht ähnlicher werden! Denn, wie wir sehen, ist er ganz und gar ungleichartig.

14. Denke dir, jemand sagte: „Alle Werkzeuge dienen dazu, etwas zu modifizieren. So, der Hammer die Lage des Nagels, die Säge die Form des Bretts, etc." — Und was modifiziert der Maßstab, der Leimtopf, die Nägel? — „Unser Wissen um die Länge eines Dings, die Temperatur des Leims, und die Festigkeit der Kiste." — Wäre mit dieser Assimilation des Ausdrucks etwas gewonnen? —

15. Am direktesten ist das Wort ‚bezeichnen' vielleicht da angewandt, wo das Zeichen auf dem Gegenstand steht, den es bezeichnet. Nimm an, die Werkzeuge, die A beim Bauen benützt, tragen gewisse Zeichen. Zeigt A dem Gehilfen ein solches Zeichen, so bringt dieser das Werkzeug, das mit dem Zeichen versehen ist.
So, und auf mehr oder weniger ähnliche Weise, bezeichnet ein Name ein Ding, und wird ein Name einem Ding gegeben. — Es wird sich oft nützlich erweisen, wenn wir uns beim Philosophieren sagen: Etwas benennen, das ist etwas Ähnliches, wie einem Ding ein Namentäfelchen anhängen. [...]

18. Daß die Sprache(n) (2) [...] nur aus Befehlen besteh(t) laß dich nicht stören. Willst du sagen, sie seien darum nicht vollständig, so frage dich, ob unsere Sprache vollständig ist; — ob sie es war, ehe ihr der chemische Symbolismus und die Infinitesimalnotation einverleibt wurden; denn dies sind, sozusagen, Vorstädte unserer Sprache. (Und mit wieviel Häusern, oder Straßen, fängt eine Stadt an, Stadt zu sein?) Unserer Sprache kann man ansehen als eine alte Stadt: Ein Gewinkel von Gäßchen und Plätzen, alten und neuen Häusern, und Häusern mit Zubauten aus verschiedenen Zeiten; und dies umgeben von einer Menge neuer Vororte mit geraden und regelmäßigen Straßen und mit einförmigen Häusern.

19. Man kann sich leicht eine Sprache vorstellen, die nur aus Befehlen und Meldungen in der Schlacht besteht. — Oder eine Sprache, die nur aus Fragen besteht und einem Ausdruck der Bejahung und der Verneinung. Und unzählige Andere. — Und eine Sprache vorstellen heißt, sich eine Lebensform vorstellen [...]

23. Wieviele Arten der Sätze gibt es aber? Etwa Behauptung, Frage und Befehl? — Es gibt unzählige solcher Arten: unzählige verschiedene Arten der Verwendung alles dessen, was wir „Zeichen", „Worte", „Sätze", nennen. Und diese Mannigfaltigkeit ist nichts Festes, ein für allemal Gegebenes; sondern neue Typen der Sprache, neue Sprachspiele, wie wir sagen können, entstehen und andre veralten und werden vergessen. (Ein ungefähres Bild davon können uns die Wandlungen der Mathematik geben.)
Das Wort „Sprachspiel" soll hier hervorheben, daß das Sprechen der Sprache ein Teil ist einer Tätigkeit, oder einer Lebensform.
Führe dir die Mannigfaltigkeit der Sprachspiele an diesen Beispielen, und anderen, vor Augen:
Befehlen, und nach Befehlen handeln —
Beschreiben eines Gegenstands nach dem Ansehen, oder nach Messungen —
Herstellen eines Gegenstands nach einer Beschreibung (Zeichnung) —
Berichten eines Hergangs—
Über den Hergang Vermutungen anstellen —
Eine Hypothese aufstellen und prüfen —
Darstellen der Ergebnisse eines Experiments durch Tabellen und Diagramme —
Eine Geschichte erfinden; und lesen —
Theater spielen —

Reigen singen —
Rätsel raten —
Einen Witz machen; erzählen —
Ein angewandtes Rechenexempel lösen —
5 Aus einer Sprache in die andere übersetzen —
Bitten, Danken, Fluchen, Grüßen, Beten.
Es ist interessant die Mannigfaltigkeit der Werkzeuge der Sprache und ihrer Verwendungsweisen, die Mannigfaltigkeit der Wort- und Satzarten, mit dem zu vergleichen, was Logiker
über den Bau der Sprache gesagt haben. (Und auch der Verfasser der *Logisch-*
10 *Philosophischen Abhandlung.)*[2]
24. Wem die Mannigfaltigkeit der Sprachspiele nicht vor Augen ist, der wird etwa zu den
Fragen geneigt sein, wie dieser: „Was ist eine Frage?" — Ist es die Feststellung, daß ich das
und das nicht weiß, oder die Feststellung, daß ich wünsche, der Andre möchte mir
sagen...? Oder ist es die Beschreibung meines seelischen Zustandes der Ungewißheit? —
15 Und ist der Ruf „Hilfe!" so eine Beschreibung? [...]
25. Man sagt manchmal: die Tiere sprechen nicht, weil ihnen die geistigen Fähigkeiten fehlen. Und das heißt: „sie denken nicht, darum sprechen sie nicht". Aber: sie sprechen eben
nicht. Oder besser: sie verwenden die Sprache nicht — wenn wir von den primitivsten
Sprachformen absehen. — Befehlen, fragen, erzählen, plauschen gehören zu unserer Na-
20 turgeschichte so wie gehen, essen, trinken, spielen.
26. Man meint, das Lernen der Sprache bestehe darin, daß man Gegenstände benennt.
Und zwar: Menschen, Formen, Farben, Schmerzen, Stimmungen, Zahlen etc. Wie gesagt
— das Benennen ist etwas Ähnliches, wie, einem Ding ein Namentäfelchen anheften. Man
kann das eine Vorbereitung zum Gebrauch eines Wortes nennen. Aber *worauf* ist es eine
25 Vorbereitung?
27. „Wir benennen die Dinge und können nun über sie reden. Uns in der Rede auf sie beziehen." — Als ob mit dem Akt des Benennens schon das, was wir weiter tun, gegeben wäre. Als ob es nur Eines gäbe, was heißt: „von Dingen reden". Während wir doch das Ver-
schiedenartigste mit unsern Sätzen tun. Denken wir allein an die Ausrufe. Mit ihren ganz
30 verschiedenen Funktionen.
Wasser!
Fort!
Au!
Hilfe!
35 Schön!
Nicht!
Bist du nun noch geneigt, diese Wörter „Benennungen von Gegenständen" zu nennen?
[...]
37. Was ist die Beziehung zwischen Namen und Benanntem? — Nun, was *ist* sie? Schau
40 auf das Sprachspiel (2), oder ein anderes! dort ist zu sehen, worin diese Beziehung etwa besteht. Diese Beziehung kann, unter anderem, auch darin bestehen, daß das Hören des Namens uns das Bild des Benannten vor die Seele ruft, und sie besteht unter anderem auch

---

[2] Das ist Wittgenstein selbst als Verfasser des Frühwerks „Tractatus logico-philosophicus" (s. Einleitung zu Kap. V A).

darin, daß der Name auf das Benannte geschrieben ist, oder daß er beim Zeigen auf das Benannte ausgesprochen wird.

38. Was benennt aber z. B. das Wort „dieses" [...] oder das Wort „das" in der hinweisenden Erklärung? „Das heißt..."? — Wenn man keine Verwirrung anrichten will, so ist es am besten, man sagt gar nicht, daß diese Wörter etwas benennen. [...] 5
Es ist wohl wahr, daß wir oft, z. B. in der hinweisenden Definition, auf das Benannte zeigen und dabei den Namen aussprechen. Und ebenso sprechen wir z. b. in der hinweisenden Definition, das Wort „dieses" aus, in dem wir auf ein Ding zeigen. Und das Wort „dieses"und ein Name stehen auch oft an der gleichen Stelle im Satzzusammenhang. Aber charakteristisch für den Namen ist es gerade, daß er durch das hinweisende „Das ist „N" 10 (oder „Das heißt „N") erklärt wird. Erklären wir aber auch: „Das heißt ‚dieses' " ‚oder „Dieses heißt ‚dieses' "?
Dies hängt mit der Auffassung des Benennens als eines, sozusagen, okkulten Vorgangs zusammen. Das Benennen erscheint als eine *seltsame* Verbindung eines Wortes mit einem Gegenstand. — Und so eine seltsame Verbindung hat wirklich statt, wenn nämlich der Philo- 15 soph, um herauszubringen, was *die* Beziehung zwischen Namen und Benanntem ist, auf einen Gegenstand vor sich starrt und dabei unzählige Male einen Namen wiederholt, oder auch das Wort „dieses". Denn die philosophischen Probleme entstehen, wenn die Sprache *feiert*. Und da können wir uns allerdings einbilden, das Benennen sei irgend ein merkwürdiger seelischer Akt, quasi eine Taufe eines Gegenstandes. Und wir können so auch das 20 Wort „dieses" gleichsam zu dem Gegenstand sagen, ihn damit *ansprechen* — ein seltsamer Gebrauch dieses Wortes, der wohl nur beim Philosophieren vorkommt. [...]
43. Man kann für eine *große* Klasse von Fällen der Benützung des Wortes „Bedeutung" — wenn auch nicht für *alle* Fälle seiner Benützung — dieses Wort so erklären: Die Bedeutung eines Wortes ist sein Gebrauch in der Sprache. 25
Und die *Bedeutung* eines Namens erklärt man manchmal dadurch, daß man auf seinen *Träger* zeigt.

42. LEO WEISGERBER

Wo gibt es das Sternbild „Orion"?

In den Gesichtskreis eines jeden Menschen tritt der *Sternenhimmel* als eine Welt von solcher Eindruckskraft, daß wohl niemand an seinem tatsächlichen Bestehen zweifelt; von solcher Größe, daß wohl keiner ihn zu umfassen und zu durchschauen wähnt; und von sol- 30 cher Wichtigkeit, daß ein jeder sich mit seinen Erscheinungen gedanklich auseinandersetzen muß. Wir haben also hier drei Grundbedingungen beisammen, aus denen sich eine bestimmte Aufgabe ergibt: einen Kosmos von Erscheinungen, dessen Dasein unabhängig von allem menschlichen Sein gesichert ist; ein Größenverhältnis, das ein unmittelbares volles Erfassen dieser Erscheinungen durch menschliche Erkenntnis als unmöglich erscheinen 35 läßt; eine Lebensbedeutung dieses Bereiches, die immerfort zu dem Versuch einer geistigen Bewältigung zwingt.

Auf welche Weise gestaltet sich nun das *Verhalten des Menschen zu dieser Sternenwelt?* Da ist zunächst einmal die unmittelbare Eindruckskraft der beiden lebenswichtigsten Gestirne, die *Sonne* und *Mond* als klar umrissene Einzelgrößen heraustreten läßt. In einem gewissen Abstand folgt eine Reihe von Einzelsternen, die durch Leuchtkraft und Eigenart auffallen: *Abend-* und *Morgenstern, Jupiter, Sirius, Polarstern* usw. Unter naturnahen Verhältnissen findet sich eine beträchtliche Anzahl solcher mit eigenen Namen herausgehobener Sterne zusammen. Immerhin ist es kaum möglich, von den annähernd sechstausend dem bloßen Auge am ganzen Himmel sichtbaren Sternen auch nur die auffälligsten und wichtigsten alle als Einzelerscheinungen herauszuheben. Sehr früh setzt daher ein Ordnen ein: eine Gegenüberstellung nach der Auffälligkeit der Ortsveränderung *(Wandel-* und *Fixsterne);* vor allem aber Formen des Zusammenfassens, die einzelne Gruppen von Sternen als *Sternbilder* kennzeichnen: *Kleiner Bär, Großer Bär, Zwillinge, Orion* usw. Mit Hilfe dieser Sternbilder finden wir uns im wesentlichen am Himmel zurecht; sie bilden das Hauptmittel, ebenso um uns am Sternhimmel insgesamt zu orientieren, wie um die einzelnen Sterne und ihren Platz kurz und anschaulich genug zu kennzeichnen; sie spielen daher auch im Verhalten zur Sternenwelt eine wesentliche Rolle.

Hier ist nun folgende Übelegung anzustellen: daß es Sternbilder, daß es den *Orion* gibt, wird jeder bejahen. Wenn man aber fragt, „wo" „*es" diese Sternbilder „gibt",* so kommt man in eine gewisse Verlegenheit. Wo „gibt" „es" denn den *Orion,* welche Bedingungen müssen denn zusammenkommen, damit er „Dasein" gewinnt? Es handelt sich beim *Orion* um eine Anzahl von Sternen; wir müssen also davon ausgehen, daß diese Sterne tatsächlich da sind. Wir wollen dieses „Dasein" der Sternenwelt einmal ganz unbezweifelt annehmen. Aber wer daraus die Folgerung zöge, daß der *Orion* in der Sternenwelt vorgegeben sei, wäre durchaus im Irrtum; im Aufbau der Sternenwelt als solcher gibt es keinen *Orion.* Wir brauchen nur an ein paar Ergebnisse der Astronomie über die Entfernung der einzelnen Sterne von unserer Erde zu erinnern (wobei die Unterschiede in Berechnung und Ergebnis innerhalb der Astronomie für uns unerheblich sind.) Die zwei bekanntesten Einzelsterne des Orion, *Beteigeuze (a =* Schulter des Orion) und *Rigel (ß =* Fuß des Orion), verhalten sich in ihren Entfernungen von der Erde wie 1:2; *Beteigeuze* ist 270 Lichtjahre von der Erde entfernt, *Rigel* 540, und da ein Lichtjahr einer Strecke von fast 10 Billionen Kilometern entspricht, so sind diese beiden Sterne des Orion in Wahrheit ungefähr 2600 Billionen Kilometer voneinander entfernt. Das sieht nicht danach aus, als ob diese beiden Sterne im Aufbau der Sternenwelt selbst näher miteinander zu tun hätten. Ziehen wir noch andere Sterne hinzu, so kommen wir auf entsprechend unterschiedliche Entfernungen (s. Abb.); die Wahrscheinlichkeit, daß der Orion im Aufbau der Sternenwelt selbst begründet sei, wird immer geringer. Und wenn wir noch dazunehmen, daß die Bewegungsrichtung der einzelnen Orionsterne recht verschiedenartig ist, daß also das Bild des Orion von 100000 Jahren sehr von dem heutigen oder dem nach weiteren 100000 Jahren abwich, so ist der

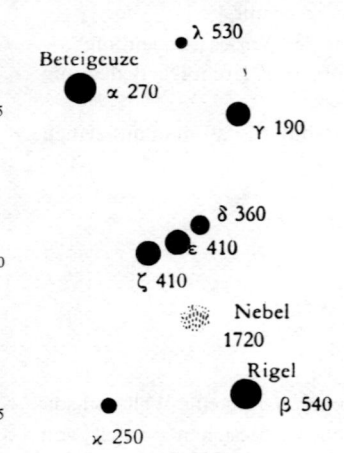

136

Schluß unvermeidlich, daß der *Orion vom Standpunkt des Aufbaues der Sternenwelt* ✓
selbst gar nicht begründet werden kann. Im Weltenraum als solchem „gibt" „es" ihn
nicht; die einzelnen Sterne, die wir in ihm sehen, sind gewiß vorhanden; aber ihre Zusammenfassung zum *Orion* gehört nicht mehr der Ordnung der Sternenwelt selbst an. Aber wo
gewinnt dann der *Orion* „Dasein"? Eines haben wir gelernt: damit es ein Sternbild dieser 5
Art geben kann, muß zu dem Dasein der Sterne noch etwas hinzukommen, *eine Sicht, unter der diese Sterne sich zusammenfinden.* Diese Sicht ist nun offenbar zunächst *eine irdische Sicht:* vom Standort unserer Erde aus rücken diese über den Weltenraum verstreuten
Sterne in eine Blickrichtung, die sie miteinander in Verbindung treten läßt. Einen *Orion*
kann es also nur in der Sicht von unserer Erde aus (oder einer in der Blickrichtung entspre- 10
chenden) geben; Sterne, die tatsächlich nichts miteinander zu tun haben, werden durch einen vom Standpunkt des Aufbaues der Sternenwelt selbst völlig nebensächlichen Umstand
in einem durch weitere Zufälle gleicher Art zusammengeführten Sternbild dem Menschen
in bestimmtem Sinne vorgestellt. Zwischen das Sein der Sternenwelt und ihr bewußtes Sein
für den Menschen legt sich also als eine wesentliche Zwischenschicht diese Bedingung irdi- 15
scher Sicht. Der Mensch hat es immer mit Konstellationen zu tun.
Aber damit haben wir noch keine ausreichende Erklärung. Würde die irdische Sicht des
Sternenhimmels allein schon notwendig zum *Orion,* zu unseren Sternbildern führen? Wir
wollen einmal die Frage beiseite lassen, ob es für nichtmenschliche Wesen den *Orion* rein
als sinnlichen Eindruck geben kann. Aber wir dürfen mit Sicherheit sagen, daß selbst für 20
den Menschen die wahrgenommenen Sterne nicht notwendig in den Zusammenhang des
Orion treten müssen, sondern daß zusätzlich eine zusammenfassende, ordnende, auslesende *Tätigkeit des menschlichen Geistes* nötig ist. Den Beweis liefert die Tatsache, daß bei aller Einprägsamkeit dieser Konstellationen durchaus nicht alle Völker daraus das gleiche
Sternbild gemacht haben. Am germanischen Sternhimmel z.B. gab es keinen *Orion:* viel- 25
mehr waren die einprägsamen Mittelsterne *(Orions Gürtel* = δ, ε, ζ, mit dem Nebel) für
sich herausgehoben als *die Fischer,* während α = *Beteigeuze* und β = *Rigel* gar nicht in
Verbindung damit gebracht wurden. — Auch das ist leicht verständlich. Der Sternenhimmel ist so reich besät, daß der Mensch zu seiner Übersicht eine Ordnung braucht. Diese
Ordnung ist aber nicht so eindeutig vorgezeichnet, daß sie überall in gleicher Weise vorge- 30
nommen werden müßte. Vielmehr sieht sie recht verschiedenartig aus, je nach Völkern und
Zeiten. Uns ist am geläufigsten die Auswahl von 48 Sternenbildern, so wie sie im Sinne der
griechischen Astronomie bei Hipparch und Ptolemäus verzeichnet sind, meist nach Gestalten der griechischen Mythologie benannt. Aber andere Völker haben andere Sternbilder,
und wenn auch die uralten Zusammenhänge der Sternbeobachtung und Sterndeutung viel- 35
fach zu Austausch und Übernahme geführt haben, so bleibt doch genug einzelvolkliche
Sicht in diesem Bild. Schon am Sternenhimmel der Germanen treten vielfach andere Gebilde in den Vordergrund (neben den *Fischern* etwa der *Wolfsrachen,* der *Asenkampf* u. a.),
und zur Gliederung der Sternbilder bei den Chinesen ist zu sagen, daß dort seit dem 3.
Jahrhundert n. Chr. 283 Sternbilder auseinandergehalten werden, deren Abgrenzung von 40
der unseren durchaus abweicht. Dabei macht sich nicht nur der Unterschied der Breiten
und Zonen bemerkbar, der verschiedene Ausschnitte der irdischen Sternsicht in den Vordergrund rückt, sondern darüber hinaus die Eigenwilligkeit, mit der auch gleiche Ausschnitte in verschiedener Weise geordnet und gedeutet werden. In einer dieser Ordnungen

ist also auch der *Orion* gewonnen und festgelegt worden. Und wenn wir die Frage, wo und wie „es" den *Orion* „gibt", richtig beantworten wollen, dann müssen wir zweifellos damit beginnen zu sagen, daß der *Orion* zunächst *eine gedankliche Größe* ist, die aus den Bedingungen irdisch-menschlicher Sicht der Sternenwelt heraus im Denken *bestimmter Menschengruppen* eine Rolle spielt.

43. WILHELM KAMLAH / PAUL LORENZEN

Die sprachliche Erschließung der Welt

Die Sprache erschließt „schon immer" die Welt, wenngleich nicht in theoretischer Absicht. In dieser theoretischen Absicht wird die Welterschließung der Sprache *durch die Wissenschaft fortgesetzt*. Was aber verstehen wir unter „Welt"? Wir können zunächst die Frage offenlassen, ob es eine Möglichkeit gibt, über unser sprachgebräuchliches Vorverständnis von „Welt" zu einem besseren Verständnis vorzudringen. Auch im Rahmen dieses Vorverständnisses können wir sagen, daß die Welt durch die Sprache erschlossen, nämlich durch Prädikatoren und Eigennamen „artikuliert", gegliedert wird.

Daß wir uns in der Welt überhaupt zurechtfinden, beruht darauf, daß wir fort und fort Gegenstände *wiedererkennen,* die uns zwar oft nicht als „diese" Einzeldinge (als „Individuen", wie man auch sagt), wohl aber als Beispiele, als „Exemplare" von etwas „Allgemeinem" bereits *bekannt* sind. In unserer Stadt sind wir „heimisch", indem wir hier auch die Einzeldinge, Straßen, Personen mit ihren Eigennamen „kennen". Kommen wir aber in eine „fremde"Stadt, so finden wir auch dort „Häuser", „Straßen", „Kinder", „Hunde", „Autos", wir finden „Menschen" als „sprechende", „kaufende", „gehende" und so fort, d. h. wir finden in dieser Fremde doch nur im Grenzfall etwas schlechthin Fremdes, etwas uns Befremdendes. Anders würde es uns vielleicht in der Tiefsee oder auf einem anderen Planeten ergehen. Die Sprache mit ihren Eigennamen und Prädiktoren ist es also, die uns unsere Welt „immer schon" erschließt, immer schon *bekannt* und *vertraut* macht. Vertraut wird uns eine fremde Stadt oder Landschaft insbesondere wieder dadurch, daß wir Straßen, Plätze, Berge mit ihren Eigennamen benennen lernen.

Ein Kind erwirbt sich gleichsam die Welt, indem es die Namen erlernt, mit denen es mehr und mehr Dinge wiedererkennen und in erneuter Begegnung durch Ausrufen des Namens gleichsam begrüßen kann. Dabei macht es zwischen Eigennamen und Prädikatoren erst allmählich einen Unterschied, da ja auch bestimmte Gegenstände, z. B. Personen, unter ihrem Namen wiedererkannt werden. Sobald es den Prädikator „wau-wau" zu gebrauchen gelernt hat, begrüßt es freudig jeden Hund auf der Straße mit diesem Wort, während es vordem die Hunde gar nicht bemerkt hatte. Am Kinde wiederholt sich also in gewisser Weise die sprachliche Welterschließung des Menschen. Sie setzt sich fort in der Weltbemächtigung der Wissenschaft, der auch die Tiefsee nicht mehr unheimlich ist. [...]

Doch nicht überall bietet sich die Welt der sprachlichen Gliederung so griffig an wie im Falle von Lebewesen und Geräten. Z. B. die Unterscheidung von „Bach", „Fluß", „Strom" oder von „Knabe", „Jüngling", „Mann", „Greis" oder von „kalt", „warm", „heiß" setzt Grenzen, wo wir Übergänge vorfinden, so daß hier der sprachlichen Unterscheidung ein *Spielraum* bleibt, der in verschiedenen Sprachen verschieden genutzt wird. Wir achteten bereits auf das Beispiel der Schwierigkeit, die deutsche Unterscheidung von „Busch, Strauch, Staude" auf die französische Unterscheidung von „arbuste, buisson" zu beziehen. Oder der Umkreis der Fälle, in denen die Franzosen „laver" sagen, deckt sich nicht mit dem Umkreis des deutschen „waschen". Im Deutschen selbst wird zwischen „Stuhl" und „Sessel" im Norden des Sprachgebiets anders unterschieden als im bajuwarischen Süden. Hier sind also Prädikatoren jeweils in verschiedener Abgrenzung exemplarisch eingeführt worden.

Die *Unschärfe,* die solche Prädikatoren unvermeidlich haben, behindert unseren sprachlichen und praktischen Umgang mit den Dingen in der Regel nicht. Ein Stuhl ist ein Gerät zum Sitzen, und wir werden immer wieder Stühle so herstellen, daß wir je nach der besonderen Lage, am Eßtisch oder am Schreibtisch oder am Kamin, „bequem" sitzen, wobei uns nicht daran gelegen sein kann, uns durch sprachliche Pedanterie die Möglichkeit von Vielfalt und Veränderung zu verderben. Ja, ähnlich wie wir an vorfindlichen Dingen der Natur Übergänge finden („Bach", „Fluß", „Strom") so sorgen wir auch selbst, bei den von uns hergestellten Dingen, zweckmäßigenfalls für solche Übergänge (z. B. „Pfad", „Weg", „Straße"). Es kann jedoch umgekehrt praktisch zweckmäßig sein, diese Unschärfe der Gebrauchsprädikatoren einzuschränken, z. B. wenn einander ähnliche Geräte steuerlich verschieden behandelt werden sollen wie kleinere und größere Autos. Desgleichen ist die Wissenschaft an „scharfer begrifflicher Abgrenzung" interessiert und kann z. B. mit der bloßen Unterscheidung von „lang" und „kurz" oder von „Stein" und „Felsen" wenig anfangen.

Noch größer wird die Freiheit, so oder anders <u>abzugrenz</u>en, durch Einführung von Prädikatoren zu unterscheiden, wenn wir menschliche Verhaltensweisen sprachlich fassen wollen wie etwa „Schätzung", „Achtung", „Verehrung", „Zuneigung", „Liebe" oder „nachdenken", „überlegen", „grübeln". Je weniger sich die sprachliche Gliederung aufdrängt, je mehr die menschliche „Willkür" für diese Leistung beansprucht wird, umso unsicherer werden die Beziehungen der Wörter verschiedener Sprachen zueinander. „Eine neue Sprache eine neue Welt", dieser Spruch besteht zu Recht und desgleichen Wilhelm von Humboldts berühmter Satz, die Verschiedenheit der Sprachen sei „eine Verschiedenheit der Weltansichten selbst".

Angesichts dieser „Willkür" pflegt man auch von „bloßer *Konvention"* zu sprechen. Zwar werden Gebrauchsprädikatoren natürlicher Sprachen nicht (wie wissenschaftliche Prädikatoren) in *ausdrücklicher* Konvention vereinbart, sondern in einer Tradition immer schon vorgefunden, jedoch so, *als ob* man irgendwann übereingekommen sei, einerseits diesen bestimmten Ausdruck zu verwenden und andererseits damit diesen bestimmten Unterschied zu machen. Die geschichtliche Verschiedenheit der Sprachen ist dabei „zufällig" in dem Sinne, daß man im einzelnen auch anders hätte gliedern können, doch nicht zufällig in jedem Sinne. Denn in jeder Sprache haben sich Gewohnheiten des Verhaltens niedergeschlagen, die einer bestimmten Sprachgemeinschaft als Tradition und Sitte mit ihrer Sprache zugleich eigentümlich sind (indem die Sprache noch ihre besonderen Gewohnheiten z.B. der Lautschemata hat). In Bereichen wie denen des Kultus, der Sozialordnung und ihrer Spielregeln können Sprachen bis zur Unübersetzbarkeit verschieden sein. Im Bereich der

Lebewesen (Natur) wiederum und vor allem neuerdings im Bereich der Geräte (Technik) wird für Annäherung der Sprachwelten bis zur globalen Uniformität gesorgt.

Dabei ist zu bedenken, daß die exemplarische Einübung der Prädikatoren von einer Generation zur anderen im Regelfalle *nicht* durch bloß deiktische Handlungen, im *distanzierten*
5 *Hinzeigen* also, zu geschehen pflegt, sondern im Vollzug des praktischen Handelns und Miteinanderlebens selbst. Was „gehen" oder „essen" ist, „sägen" oder „pflügen" oder „braten", „sich beherrschen", „sich einigen", „beten", „lieben" und so fort, erlernt man sprachlich nur mit diesen Handlungen zugleich. In langem Miteinanderleben haben wir den Gebrauch von Prädikatoren wie „Vater", „Bruder", „Vertrauen", „geizig", „eifer-
10 süchtig" erworben. Erst in der Wissenschaft geschieht die exemplarische Einführung von Prädikatoren oft in der bloßen Beobachtung, es sei denn es geht um wissenschaftliche Handlungen wie konstruieren, experimentieren, beweisen. [...]

Die Sprache sucht sich also einerseits der Welt und ihrer sich aufdrängenden Gliederung anzupassen, indem sie andererseits der Welt eine Gliederung erst gibt. Die Welt „besteht",
15 wie schon gesagt, nicht aus Gegenständen (aus „Dingen an sich"), die erst nachträglich durch den Menschen benannt würden, „entsteht" aber auch nicht erst mit der Sprache zugleich. Somit ist die Welt in gar keinem Sinne die bloße Summe oder die Menge der Gegenstände (was ja oft behauptet wird). [...]

In unserer sprachlich schon immer erschlossenen Welt erfassen wir das Einzelding auch als
20 ein solches in der Regel zugleich schon als Exemplar von... Was wir mit einem Eigennamen benennen, dafür haben wir in der Regel auch einen Prädikator (z. B. Mensch, Stadt). Ferner, wenn wir sagen „dies ist ein Fagott", so meinen wir *„dieses Instrument* ist ein Fagott" — „dieses Instrument" ist eine Kennzeichnung —, oder wenn wir sagen „dies ist eine Amsel", so setzen wir voraus, daß der Gesprächspartner schon weiß, „was für ein Gegen-
25 stand" gemeint ist, daß von „Vögeln" die Rede ist. Der bloße Hinweis mit dem Finger oder mit dem Wort „dies" ohne solche ausdrückliche oder stillschweigende vorgängige Verständigung würde gar nicht verständlich sein oder doch nur in dem seltenen Falle, daß „etwas" noch ganz Unbesprochenes aufdringlich „auffällt" und die befremdete Frage „was ist denn das?" veranlaßt. Aber sogar diese Frage enthält die noch nie enttäuschte Erwartung,
30 daß sich dieses „etwas" als sprachlich bereits bekannt herausstellen wird oder daß es, sollte es ernstlich „etwas noch nicht Dagewesenes" sein, einen Namen für die Zukunft erhalten
↑ wird.

Die Gliederung der Welt geschieht also schon in der natürlichen Sprache als weiterschreitende Einteilung nach „Gattungen" und „Arten", wie die Tradition sagte. Wir wissen,
35 was „Bäume" sind, und unterscheiden weiterhin „Eichen", „Buchen" und so fort. Oder umgekehrt: Wir lernen, was „Eichen", was „Kiefern" sind, und fassen sie als „Bäume" zusammen. Stets stehen Prädikatoren in einem dicht gewebten Zusammenhang derart, daß einer mit anderen aufzutreten pflegt. Acker und Wiese, Feld und Wald, Baum, Stamm, Ast, Zweig, Blatt werden unterschieden, indem dies alles doch zusammengehört,
40 und als besonders wichtige Beziehung findet sich überall jene teilende und vereinigende „Untergliederung", so daß jeder weiß: Hasen und Rehe sind Tiere, Fagotte und Klarinetten sind Holzblasinstrumente, diese wiederum zusammen mit dem „Blech" und den „Streichern" machen die „Instrumente" des Orchesters aus. In einem Prädikatorensystem dargestellt:

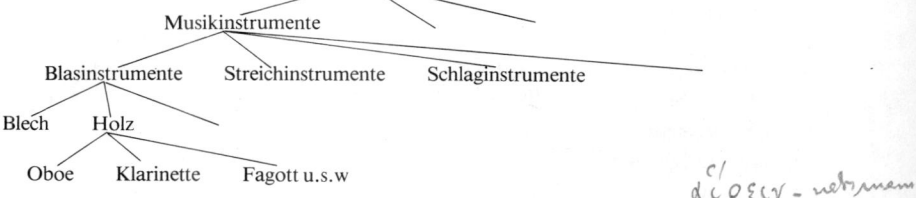

Von solchen Bezügen der Prädikatoren untereinander hat als erster *Platon* mit seinen Di-
häresen methodischen Gebrauch gemacht, besonders im „Sophistes" und „Politikos".
Platon glaubte, mit seinen Einteilungen einer schlechthin vorgegebenen Gliederung „des
Seienden" zu folgen. Ihm wie der ganzen antiken Philosophie lag der Gedanke noch fern,
daß die „Namen", die wir den Gegenständen der Welt zusprechen, zwar einerseits *vorfind-* 5
lichen Abgrenzungen folgen, andererseits aber solche Grenzen erst setzen. Je nach der ein-
seitigen Überschätzung dieser oder jener Seite des Ergreifens der Welt durch Sprache hat
sich die Vernunft als schlechthin vernehmend (rezeptiv) oder als schlechthin hervorbringend (produktiv, spontan) mißverstanden.

44. BENJAMIN LEE WHORF

Verschiedene Sprachen — verschiedene Denkweisen

a) Das „linguistische Relativitätsprinzip"

Der bekannte Ausspruch, die Ausnahme bestätigt die Regel, enthält ein guten Teil Weis- 10
heit. Er wurde allerdings vom Standpunkt der formalen Logik zu einer Absurdität, sobald
das „bestätigen" nicht mehr den Sinn von „auf die Probe stellen" enthielt. Das alte Wort
hat, seit es seinen Platz in der Logik verlor, einen tiefen psychologischen Sinn. Was es uns
heute sagen kann, ist, daß eine Regel mit absolut keiner Ausnahme nicht als Regel, ja,
überhaupt nicht erkennbar wird, weil sie dann Teil eines Hintergrundes[1] unserer Erfahrun- 15
gen bleibt, dessen wir uns selten bewußt werden. Da wir niemals etwas erfahren haben, das
in Gegensatz zu ihr steht, können wir sie nicht abheben und als Regel formulieren — jedenfalls nicht eher, als bis wir unsere Erfahrung und die Basis unserer Vergleichsmöglichkeiten
so erweitert haben, daß wir einer Störung der Regelmäßigkeit begegnen. Eine ungefähr analoge Situation liegt vor, wenn uns die Gegenwart und Notwendigkeit des Wassers oder der 20
Luft erst beim Austrocknen des Brunnens bzw. bei beginnender Erstickung bewußt werden.

---

[1] Dieses Wort spielt auf die Unterscheidung Figur — Grund der Gestaltpsychologie an. Figur ist zum Beispiel in der
Wahrnehmung das jeweils aufmerksam Beachtete. Der Rest des Wahrgenommenen ist als Hintergrund des Beachte-
ten zwar ‚da', wird aber kaum oder gar nicht zur Kenntnis genommen. (Übersetzer).

141

Nehmen wir zum Beispiel einmal an, es gebe eine menschliche Art, die aufgrund eines physiologischen Defekts nur die blaue Farbe sehen kann. Die Menschen dieser Art würden wohl kaum in der Lage sein, die Regel zu erkennen und zu formulieren, daß sie nur Blau sehen. Der Terminus „Blau" hätte für sie keinen Sinn. Ihre Sprache würde gar keine Termini für Farben enthalten. Und die Wörter, mit denen sie ihre verschiedenen Blauempfindungen bezeichnen würden, entsprächen unseren Wörtern „hell, dunkel, weiß, schwarz"etc., nicht aber unserem Wort „blau". Um die Regel oder Norm, „wir sehen nur blau", erfassen zu können, müßten sie gelegentlich und ausnahmsweise auch Momente haben, in denen sie andere Farben sehen. Das Gesetz der Schwerkraft beherrscht unser Leben als eine Regel ohne Ausnahme, und es bedarf eigentlich keiner besonderen Feststellung, daß ein physikalisch völlig unvorgebildeter Mensch von dieser Tatsache keinerlei Bewußtsein hat. Der Gedanke eines Universums, in dem sich Körper anders verhalten als auf der Oberfläche der Erde, käme ihm gar nicht. Wie die blaue Farbe für jene angenommenen Menschen, so ist das Gravitationsgesetz für den unvorgebildeten Menschen Teil seines Hintergrundes und nicht etwas, das er von diesem isolierend abhebt. Das Gesetz konnte daher erst formuliert werden, als man die fallenden Körper unter dem Aspekt einer weiteren astronomischen Welt sah, in der sie sich auf orbitalen Bahnen oder da und dorthin bewegen.

Als die Linguisten so weit waren, eine größere Anzahl von Sprachen mit sehr verschiedenen Strukturen kritisch und wissenschaftlich untersuchen zu können, erweiterten sich ihre Vergleichsmöglichkeiten. Phänomene, die bis dahin als universal galten, zeigten Unterbrechungen, und ein ganz neuer Bereich von Bedeutungszusammenhängen wurde bekannt. Man fand, daß das linguistische System (mit anderen Worten, die Grammatik) jeder Sprache nicht nur ein reproduktives Instrument zum Ausdruck von Gedanken ist, sondern vielmehr selbst die Gedanken formt, Schema und Anleitung für die geistige Aktivität des Individuums ist, für die Analyse seiner Eindrücke und für die Synthese dessen, was ihm an Vorstellungen zur Verfügung steht. Die Formulierung von Gedanken ist kein unabhängiger Vorgang, der im alten Sinne dieses Wortes rational ist, sondern er ist beeinflußt von der jeweiligen Grammatik. Er ist daher für verschiedene Grammatiken mehr oder weniger verschieden. Wir gliedern die Natur an Linien auf, die uns durch unsere Muttersprachen vorgegeben sind. Die Kategorien und Typen, die wir aus der phänomenalen Welt herausheben, finden wir nicht einfach in ihr — etwa weil sie jedem Beobachter in die Augen springen; ganz im Gegenteil präsentiert sich die Welt in einem kaleidoskopartigen Strom von Eindrücken, der durch unseren Geist organisiert werden muß — das aber heißt weitgehend: von dem linguistischen System in unserem Geist. Wie wir die Natur aufgliedern, sie in Begriffen organisieren und ihnen Bedeutungen zuschreiben, das ist weitgehend davon bestimmt, daß wir an einem Abkommen beteiligt sind, sie in dieser Weise zu organisieren — einem Abkommen, das für unsere ganze Sprachgemeinschaft gilt und in den Strukturen unserer Sprache kodifiziert ist. Dieses Übereinkommen ist natürlich nur ein implizites und unausgesprochenes, *aber sein Inhalt ist absolut obligatorisch;* wir können überhaupt nicht sprechen, ohne uns der Ordnung und Klassifikation des Gegebenen zu unterwerfen, die dieses Übereinkommen vorschreibt.

Diese Tatsache ist für die moderne Naturwissenschaft von großer Bedeutung. Sie besagt, daß kein Individuum Freiheit hat, die Natur mit völliger Unparteilichkeit zu beschreiben, sondern eben, während es sich am freiesten glaubt, auf bestimmte Interpretationsweisen beschränkt ist. Die relativ größte Freiheit hätte in dieser Beziehung ein Linguist, der mit sehr vielen äußerst verschiedenen Sprachsystemen vertraut ist. Bis heute findet sich noch kein Linguist in einer solchen Position. Wir gelangen daher zu einem neuen Relativitätsprinzip, das besagt, daß nicht alle Beobachter durch die gleichen physiklischen Sachverhalte zu einem gleichen Weltbild geführt werden, es sei denn, ihre linguistischen Hintergründe sind ähnlich oder können in irgendeiner Weise auf einen gemeinsamen Nenner gebracht werden (be calibrated).

Dieser ziemlich überraschende Schluß wird nicht so deutlich, wenn wir nur unsere modernen europäischen Sprachen miteinander vergleichen und vielleicht zur Sicherheit noch Latein und Griechisch dazunehmen.

Unter diesen Sprachen herrscht eine Einstimmigkeit der Grundstrukturen, die auf den ersten Blick der natürlichen Logik Recht zu geben scheint. Die Einhelligkeit besteht jedoch nur, weil diese Sprachen alle indoeuropäische Dialekte sind, nach dem gleichen Grundriß zugeschnitten und historisch überkommen aus dem, was vor sehr langer Zeit eine Sprachgemeinschaft war; weil die modernen Dialekte seit langem am Bau einer gemeinsamen Kultur beteiligt sind; und weil viele der intellektuelleren Züge dieser Kultur sich aus dem linguistischen Hintergrund des Lateinischen und des Griechischen herleiten. Diese Sprachgruppe erfüllt daher die spezielle Bedingung des mit „es sei denn" beginnenden Nebensatzes in der Formel des linguistischen Relativitätsprinzips am Ende des vorhergehenden Absatzes.

Aus dieser Sachlage ergibt sich auch die Einstimmigkeit der Weltbeschreibung in der Gemeinschaft der modernen Naturwissenschaftler. Es muß aber betont werden, daß „alle modernen indoeuropäisch sprechenden Beobachter" nicht das gleiche ist wie „alle Beobachter". Wenn moderne chinesische oder türkische Naturwissenschaftler die Welt in den gleichen Termini wie die westlichen Wissenschaftler beschreiben, so bedeutet dies natürlich nur, daß sie das westliche System der Rationalisierung in toto übernommen haben, nicht aber, daß sie dieses System von ihrem eigenen muttersprachlichen Gesichtspunkt aus mitaufgebaut haben.

Deutlicher wird die Divergenz in der Analyse der Welt, wenn wir das Semitische, Chinesische, Tibetanische oder afrikanische Sprachen unseren eigenen gegenüberstellen. Bringen wir gar die Eingeborenensprachen Amerikas hinzu, wo sich einige tausend Jahre lang Sprachgemeinschaften unabhängig voneinander und von der Alten Welt entwickelt haben, dann wird die Tatsache, daß Sprachen die Natur in vielen verschiedenen Weisen aufgliedern, unabweisbar. Die Relativität aller begrifflichen Systeme, das unsere eingeschlossen, und ihre Abhängigkeit von der Sprache werden offenbar. Daß amerikanische Indianer, die nur ihre Eingeborenensprache beherrschen, niemals als wissenschaftliche Beobachter herangezogen werden, ist hier völlig irrelevant. Das Zeugnis auszuschließen, welches ihre Sprachen über das ablegen, was der menschliche Geist tun kann, wäre ebenso falsch, wie von den Botanikern zu fordern, sie sollten nur Gemüsepflanzen und Treibhausrosen studieren, uns dann aber berichten, wie die Pflanzenwelt aussieht.

b) Ein Beispiel: Die Einteilung in Verben und Substantive

Betrachten wir einige Beispiele. Im Englischen teilen wir die meisten Wörter in zwei Klassen mit verschiedenen grammatikalischen und logischen Eigenschaften. Die Klasse 1 nen-

143

nen wir Substantive, z. B. „house, man"; die Klasse 2 Verben, z. B. „hit, run" (schlagen, rennen). Viele Wörter der einen Klasse können sekundär als solche der anderen dienen, z. B. „a hit, a run" (ein Schlag, ein Lauf) oder „to man (the boat)" (das Boot bemannen), primär aber ist die Verteilung unter die Klassen absolut. Unsere Sprache gibt uns eine bipo-
5   lare Aufteilung der Natur. Die Natur selbst ist jedoch nicht so polarisiert. Wenn man be-
hauptet, „schlagen, drehen, rennen" seien Verben, weil sie zeitlich kurzdauernde Vorgänge, d. h. Aktionen bezeichnen, warum ist dann „Faust" ein Substantiv? Sie ist auch nur ein
zeitlich kurzdauerndes Ereignis. Warum sind „Blitz, Funke, Welle, Wirbel, Puls, Flamme,
Sturm, Phase, Zyklus, Spasmus, Geräusch, Gefühl" Substantive? Sie sind zeitlich kurze
10 Ereignisse. Wenn „Mann" und „Haus" Substantive sind, weil sie langdauernde und stabile Vorgänge, d. h. Dinge bezeichnen, was haben dann „behalten, anhängen, erstrecken,
hervorragen, fortfahren, beharren, wachsen, wohnen" usw. unter den Verben zu suchen?
Entgegnet man, „besitzen, anhängen" etc. seien Verben, weil sie eher stabile Relationen
als stabile Wahrnehmungen sind, warum gehören dann „Gleichgewicht, Druck, Friede,
15 Gruppe, Nation, Gesellschaft, (Volks-)Stamm, Schwester" und andere Verwandtschafts-
bezeichnungen unter die Substantive? Man wird bemerken, daß ein „Vorgang" für uns
das ist, „was unsere Sprache als ein Verb klassifiziert" oder etwas, das daraus analogisie-
rend abgeleitet ist. Und man wird weiter bemerken, daß es unmöglich ist, „Vorgang, Ding,
Objekt, Relation"usw. von der Natur der Phänomene her zu definieren. Solche Definitio-
20 nen involvieren vielmehr stets eine zirkelhafte Rückkehr zu den grammatischen Kategorien
der Sprache desjenigen, der die Definition vornimmt.
In der Hopisprache[1] sind „Blitz, Welle, Flamme, Meteor, Rauchwolke und Puls" Verben
— Vorgänge von notwendig kurzer Dauer können dort nichts anderes als Verben sein.
„Wolke" und „Sturm" stehen etwa an der unteren Grenze der Dauer für Substantive. Ho-
25 pi hat also, wie man sieht, tatsächlich eine Klassifikation der Ereignisse (oder linguistischen
Isolate) nach dem Typus der Dauer, etwas, das unserer Denkweise fremd ist. Andererseits
scheinen uns im Nootka, einer Sprache auf der Insel Vancouver, alle Wörter Verben zu
sein. Tatsächlich gibt es dort jedoch keine Klassen 1 und 2; die Sprache gibt sozusagen eine
monistische Ansicht der Natur, mit nur einer Wortklasse für alle Ereignisse. Man sagt „ein
30 Haus erscheint" oder „es haust", genau wie „eine Flamme erscheint" oder „es brennt".
Die entsprechenden Worte sehen für uns wie Verben aus, weil sie nach Dauer- und Zeit-
Nuancen flektiert werden, so daß die Suffixe des Wortes für Haus-Ereignis es als langdau-
erndes Haus, kurzdauerndes Haus, zukünftiges Haus, gewesenes Haus etc. bestimmen.
Die Hopisprache hat nur ein Substantiv für alles, was fliegt, mit Ausnahme der Vögel, de-
35 ren Klasse durch ein anderes Hauptwort bezeichnet wird. Das erste Substantiv, so können
wir sagen, bezeichnet die Klasse (FK-V) — Klasse alles Fliegenden abzüglich der Vögel. Die
Hopis nennen Insekten, Flugzeuge und Flieger alle mit dem gleichen Wort und sehen darin
keine Schwierigkeit. Natürlich entscheidet bei sehr verschiedenen Gliedern einer so breiten
linguistischen Klasse wie dieser (FK-V) immer die Situation. Uns erscheint diese Klasse zu
40 groß und umfassend, aber nicht anders erscheint den Eskimos unsere Klasse „Schnee".
Wir haben nur ein Wort für fallenden Schnee, Schnee auf dem Boden, Schnee, der zu eisi-

---

[1] *Hopi* = nordamerikanischer Stamm der Puebloindianer im Staate Arizona. Die Sprache gehört zur schoschoni-schen Sprachgruppe. (Übersetzer).

ger Masse zusammengedrückt ist, wässerigen Schnee, windgetriebenen, fliegenden Schnee usw. Für einen Eskimo wäre dieses allumfassende Wort nahezu undenkbar. Er würde sagen, fallender Schnee, wässeriger Schnee etc. sind wahrnehmungsmäßig und verhaltensmäßig verschieden, d. h. sie stellen verschiedene Anforderungen an unser Umgehen mit ihnen. Er benützt daher für sie und andere Arten von Schnee verschiedene Wörter. Die Azteken wiederum gehen in der entgegengesetzten Richtung noch weiter als wir. „Kalt", „Eis" und „Schnee" werden alle durch den gleichen Stamm mit verschiedenen Endungen repräsentiert. „Eis" ist die nominale Form, „kalt" die adjektivische und für „Schnee" steht „Eis-Nebel".

In einigen Teilen Neu Englands werden Perserkatzen einer bestimmten Art „Coon cats" genannt. Dieser Name hat zu der Meinung geführt, sie seien eine Kreuzung zwischen der Katze und dem „coon" (racoon = Waschbär). Leute, die nichts von Biologie verstehen, glauben das häufig steif und fest, weil der Druck des sprachlichen Strukturschemas (Tiername 1 modifiziert den Tiernamen 2) sie dazu bringt, objektive Waschbäreigenschaften an dem Körper der Katze zu sehen (oder wie die Psychologen sagen, auf ihn zu „projizieren"). Sie verweisen auf ihren buschigen Schwanz, ihr langes Haar usw. Ich kenne einen konkreten Fall. Eine Dame mit einer schönen „Coon cat" protestierte gegenüber ihrem Freund: „Was, *schau* ihn dir doch an — sein Schwanz, seine komischen Augen — kannst du es denn nicht sehen?" „Sei nicht albern!" erwiderte ihr gebildeter Freund. „Denk an deinen naturgeschichtlichen Unterricht! Waschbären können sich mit Katzen gar nicht kreuzen, sie gehören zu einer anderen Tierfamilie." Aber die Dame war sich ihrer Sache so sicher, daß sie einen bedeutenden Zoologen anrief, um sich eine Bestätigung zu holen. Dieser soll mit unerschütterlicher Diplomatie bemerkt haben, „Wenn Sie das gern denken möchten, nun, dann denken Sie es eben". „Er war noch grausamer als du!" fuhr sie ihren Freund an und blieb bei ihrer Überzeugung, ihr Liebling sei das Produkt der Begegnung eines flirtenden Waschbären und einer launischen Katze! Genau auf solche Weise wird in viel größerem Maßstab der Schleier der Maya gewoben, Illusionen, erzeugt aus tiefsitzender Selbstverblendung. Übrigens ist mir gesagt worden, die „Coon cats" hätten ihren Namen von einem Kapitän *Coon,* der die erste dieser Perserkatzen mit seinem Schiff in den Staat Maine brachte.

In subtileren Fällen projizieren wir alle die linguistischen Verhältnisse unserer partikulären Sprache auf das Universum und sehen sie dort, gerade wie jene Dame eine linguistische Beziehung (coon = racoon) augenfällig an ihrer Katze sah. Wir sagen „Sieh die Welle" nach dem gleichen Satzschema wie „Sieh das Haus". Ohne die Projektion der Sprache hat aber noch nie jemand eine einzelne Welle gesehen. Wir sehen eine Oberfläche mit wechselnden wellenförmigen Bewegungen. Manche Sprachen können „eine Welle" gar nicht sagen. Sie sind in dieser Hinsicht der Wirklichkeit näher. Ein Hopi sagt *walalata,* „mehrfaches Wogen ereignet sich", und er kann die Aufmerksamkeit ebensogut auf eine Stelle in dem Wogen lenken wie wir. Da es in Wirklichkeit eine Welle für sich allein nicht gibt, ist die Form *wala,* die unserem Singular korrespondiert, dem englischen „a wave" [und dem deutschen „eine Welle"] nicht äquivalent, sondern bedeutet „ein plötzliches Schwanken ereignet sich", wie es bei einer Flüssigkeit in einem Gefäß der Fall ist, das plötzlich erschüttert wird. Die Struktur des Englischen behandelt „Ich halte es" genau wie „Ich schlage es", „Ich zerre es" und sehr viele andere Sätze, die sich auf Handlungen zur Veränderung von Dingen beziehen. „Halten" oder „behalten" als schlichtes Faktum ist aber keine Handlung, sondern ein Zustand relativer Positionen. Wir fassen es jedoch als Handlung auf, sehen es sogar als Handlung, weil unsere Sprache den entsprechenden Satz in der gleichen Weise bildet wie die Sätze einer viel umfassenderen Klasse, die sich auf Bewegungen und Veränderungen beziehen. Wir schreiben dem, was wir „halten" nennen, Handlungscharakter zu, weil die Formel: Substantiv + Verb = Täter + seine Tätigkeit für unsere Sätze grundlegend ist. Wir sind daher in vielen Fällen gezwungen, in die Natur fiktive Täterwesen hineinzulesen, nur weil unsere Satzstrukturen verlange, daß unsere Verben, wenn sie nicht im Imperativ stehen, Substantive vor sich haben. Wir sind genötigt zu sagen, „Es blitzt" oder „Ein Licht blitzt". Damit konstruieren wir einen Täter „Es" oder „Ein Licht", der das tut, was wir eine Handlung nennen, Blitzen. Aber das Blitzen und das Licht sind dasselbe; es gibt da kein Ding, das etwas tut und kein Tun. Ein Hopi sagt nur *rehpi*. Die Hopisprache kann Verben ohne Subjektive verwenden. Sie erscheint dadurch als ein logisches System, das für die Analyse gewisser Aspekte des Universums sehr geeignet wäre. Unsere wissenschaftliche Ausdrucksweise, die sich auf das wesentliche Indoeuropäisch und nicht auf das Hopi gründet, macht es genau wie wir: sie sieht manchmal Tätigkeiten und Kräfte, wo in Wirklichkeit nur Zustände sein mögen. Oder meinen Sie nicht auch, es sei durchaus möglich, daß Wissenschaftler, ebenso wie Damen mit Katzen, unbemerkt die Strukturschemata eines partikulären Sprachtyps auf das Universum projizieren und sie dort, auf dem Antlitz der Natur selbst, sehen? Ein Wechsel in der Sprache kann unsere Auffassung des Kosmos umformen.

All dies ist typisch für die Weise, wie der niedere personale Geist, gefangen in einer unermeßlich weiteren Welt, die seinen Methoden unzugänglich ist, die seltsame Gabe der Sprache benutzt, um den Schleier der Maya, der Illusion, zu weben, um eine vorläufige Analyse der Wirklichkeit zu machen und sie dann als endgültige zu betrachten. Die westliche Kultur ist hierin am weitesten gegangen: am weitesten in der entschiedenen Gründlichkeit provisorischer Analyse und am weitesten in der Entschlossenheit, diese Analyse als endgültig zu nehmen. Die Übergabe an die Illusion wurde in der westlichen indoeuropäischen Sprache besiegelt. Der Weg aus der Illusion heraus liegt für den Westen in einem Verstehen von Sprache, das weiter ausgreift als nur auf die westlichen indoeuropäischen Sprachen allein. Das ist das „Mantra Yoga" des westlichen Bewußtseins und der nächste große Schritt, für den es nun bereit ist. Wahrscheinlich ist dies der beste Weg für den westlichen Menschen, um jene „Kultur des Bewußtseins" in Angriff zu nehmen, die ihn zu einer großen Erleuchtung führen wird.

c) Die Fragwürdigkeit der hervorragenden Stellung unserer europäischen Sprachen

Die relativ wenigen Sprachen derjenigen Kulturen, die die moderne Zivilisation ausgebildet haben, sind dabei, sich über die ganze Welt auszubreiten und all die hundert Arten exotischer Sprachen auszulöschen. Das ist aber kein Grund, so zu tun, als stellten sie einen überlegenen Sprachtyp dar. Im Gegenteil, es bedarf nur eines kurzen wissenschaftlichen Studiums präliterarischer Sprachen, insbesondere der amerikanischen, um zu sehen, daß viele dieser Sprachen präzisere und feiner ausgearbeitete Systeme von Zusammenhängen

146

enthalten als die unseren. Im Vergleich mit manchen amerikanischen Sprachen erscheint die formale Systematisierung von Vorstellungen im Englischen, Deutschen, Französischen oder Italienischen ärmlich und fade. Warum zum Beispiel drücken wir nicht — wie die Hopisprache — das Verhältnis von Sinneskanal (sehen) zu Resultat im Bewußtsein in dem Fall „Ich sehe, daß es rot ist" anders aus als in dem Fall „Ich sehe, daß es neu ist"? Wir vermengen diese zwei recht verschiedenen Beziehungen zu einer unbestimmten Art von Verbindung, die wir durch „daß" ausdrücken. Die Hopisprache zeigt dagegen an, daß uns im ersten Falle das Sehen eine bestimmte Gesichtsempfindung „Rot" gibt, während wir im zweiten Fall durch das Sehen nur unspezifizierte Daten erhalten, aus denen wie auf dem Wege eines Schlusses zu dem Resultat „neu" kommen. Gehen wir zu den Formen „Ich höre, daß es rot ist" und „Ich höre, daß es neu ist" über, so halten wir Europäer uns immer noch an unser lahmes „daß". Die Hopis verwenden dagegen wiederum einen anderen Beziehungsausdruck und zwar nun ohne Unterschied für „rot" und „neu", denn in beiden Fällen kommt die Nachricht dem Bewußtsein als verbaler Bericht zu. Zeigt die Hopisprache hier nicht ein höheres Niveau des Denkens und eine rationalere Analyse der Situationen als unser gepriesenes Deutsch oder Englisch? Auf diesem wie auf verschiedenen anderen Gebieten verhält sich das Englische [bzw. Deutsche] zur Hopisprache wie ein Knüppel zu einem Degen. Wir müssen über die obige Frage erst besonders nachdenken, die Fälle hin und her vergleichen oder sie uns erklären lassen, bevor wir den hinter unserem „daß" verborgenen Unterschied der Verhältnisse erkennen können. Die Hopis unterscheiden die Verhältnisse dagegen mit müheloser Leichtigkeit, denn die Formen ihrer Sprache haben sie daran gewöhnt.

★

Durch die gegenseitige Abhängigkeit des Gedankens und des Wortes voneinander leuchtet es klar ein, daß die Sprachen nicht eigentlich Mittel sind, die schon erkannte Wahrheit darzustellen, sondern weit mehr, die vorher unerkannte zu entdecken. Ihre Verschiedenheit ist nicht eine von Schällen und Zeichen, sondern eine Verschiedenheit der Weltansichten selbst. Hierin ist der Grund und der letzte Zweck aller Sprachuntersuchung enthalten.

W. v. Humboldt, Über das vergleichende Sprachstudium in Beziehung auf die verschiedenen Epochen der Sprachentwicklung (§ 20).

VI WIE DIE SPRACHE VERWIRRT UND AUFKLÄRT — ASPEKTE DER SPRACHANALYTISCHEN PHILOSOPHIE

Einführung

Dieses VI. Kapitel ist einer modernen Richtung der Sprachphilosophie gewidmet, der sogenannten Sprachanalytischen Philosophie, auch Philosophie der Alltagssprache (ordinary language philosophy) genannt, die von größter Bedeutung nicht nur für die Philosophie der Gegenwart, sondern auch für andere Bereiche des modernen Denkens wurde, insbesondere für die Wissenschaften, aber auch für die Literatur. Ebenso wie in den Texten 42, 43, 44 die Analyse von Wirklichkeit und Welt mit zunehmendem Gewicht verlagert wird in die Analyse der Sprache, die über diese Welt spricht, so wird in der Sprachanalytischen Philosophie die Lösung *philosophischer Probleme,* die von der Welt zu handeln *scheinen,* nicht durch Analyse der Wirklichkeit und ihrer Tatsachen gesucht, sondern durch Analyse der *Sprache,* in der diese Probleme formuliert sind, und zwar in der Erwartung, daß diese Probleme durch Mißverstehen dieser Sprache entstanden sind. Die Auflösung dieser Mißverständnisse zieht dann, so hofft man, nicht zwar die Lösung, wohl aber doch die Auflösung der philosophischen Probleme nach sich. Insofern der Philosoph in seinem Problematisieren also bloß Mißverständnissen der Sprache (allerdings sehr tiefen, quälenden, die Grenzen der menschlichen Erkenntnis berührenden Mißverständnissen) aufgesessen ist, gleicht die Auflösung dieser Probleme durch Sprachbetrachtung der Heilung von einer Krankheit; gelegentlich hat man daher diese philosophische Richtung auch als „therapeutischen Positivismus" bezeichnet (Positivismus: die Bezeichnung für eine Richtung der Philosophie, die vom „Positiven", d.h. vom Gegebenen, Tatsächlichen und daher anscheinend Sicheren ausgeht und ihre Untersuchungen darauf beschränkt). Entscheidend geprägt wurde diese philosophische Richtung vom Spätwerk L. Wittgensteins, insbesondere den „Philosophischen Untersuchungen" (ein Standardwerk der Sprachanalytischen Philosophie). Sie entwickelte sich Anfang der 30er Jahre, etwa ein Jahrzehnt nach Beendigung von Wittgensteins „Logisch-philosophischer Abhandlung", in der er alles Entscheidende zur Lösung der philosophischen Probleme gesagt zu haben glaubte. Er meinte daher zur Philosophie schweigen zu können. 1929 jedoch, nach mehr als zehnjähriger Zurückgezogenheit, ging Wittgenstein zur Universität Cambridge und entwickelte dort die neue philosophische Methode, die zunächst in Oxford und dann im ganzen englisch-amerikanischen Sprachraum zur bedeutendsten Philosophie wurde.

Text 45 von Pitcher versucht darzustellen, wie es zu philosophischen Verwirrungen aufgrund von Mißverständnissen der Sprache kommt: wir lassen uns von suggestiven Bildern einfangen, die sich uns durch die Sprache oder durch oberflächliche Sprachbetrachtung aufdrängen und die wir dann gleichsam zu wörtlich, also als die *Tatsachen* selbst und nicht bloß als Bilder und Modelle nehmen; die Bilder an sich sind „harmlos", nur in ihrer „Überdehnung" werden sie gefährlich und verwirrend. Die folgenden drei Texte (46, 47, 48) betreffen bedeutende traditionelle Probleme der Philosophie und zeigen, wie die Sprachanalytische Philosophie damit umgeht. In Text 46 behauptet Ryle, daß Mißverstehen der Sprache zu unter Umständen folgenschweren „Kategorienverwechslungen" führen könne (T. 46a) und analysiert daraufhin als Beispiel (an die Lehre von Descartes anknüpfend) das Problem, wie Geist und Körper, Seele und Leib, sich zueinander verhalten, wie sie aufeinander einwirken, ja, ob sie dies überhaupt können oder ob sie unabhängig voneinander und nur in zufälliger Übereinstimmung bloß nebeneinander existieren (46b).

Text 47 stammt von Wittgenstein und entfaltet dessen Begriff der „Familienähnlichkeit". Der Text sollte auf dem Hintergrund der klassischen Begriffslehre gelesen werden: hiernach stellt ein Begriff eine Zusammenfassung von Gegenständen dar, die alle bestimmte Merkmale gemeinsam haben (beispielsweise die Primzahlen, die alle nur durch sich selbst und durch 1 teilbar sind); die Definition eines Begriffs besteht in der Angabe der nächst höheren Gattung (im Beispiel: Zahl) und in der Angabe der spezifischen Merkmale (im Beispiel: nur durch sich selbst und durch 1 teilbar). Es ist aber eine alte

Frage, ob jeder Begriff so aufgefaßt und definiert werden kann; diese Frage spielt zum Beispiel eine wesentliche Rolle in den frühen Dialogen Platons, in denen Sokrates und seine Gesprächspartner vergeblich zu bestimmen versuchen, was beispielsweise die Tapferkeit (Dialog „Laches") oder die Frömmigkeit (Dialog „Eutyphron") ist. Die Lektüre einer solchen Schrift würde einen sinnvollen Kontext zu Wittgensteins Überlegungen zur „Familienähnlichkeit" bieten, die sich ebenfalls abgrenzen von der klassischen Begriffslehre und zur Behauptung führen, daß es viele wichtige Worte gibt, die jeweils eine Mannigfaltigkeit von Gegenständen einheitlich bezeichnen, ohne daß diese doch durchgängig gemeinsame Merkmale aufweisen, sondern nur zusammenhängen wie die Mitglieder einer Familie.

Text 48 von Waismann schließlich macht mit einer dritten bedeutenden philosophischen Thematik und deren sprachanalytischer Behandlung bekannt: dem Problem der synthetisch-apriorischen Urteile. Dieser Begriff stammt von Kant und entsteht durch dessen beide Einteilungen aller Urteile (Aussagen) in jeweils zwei Klassen: Einmal die Einteilung in apriorische und aposteriorische Urteile; jene sind erfahrungsunabhängig (nichtempirisch) und streng allgemeingültig, diese erfahrungsabhängig und daher nur von Fall zu Fall wahr. Gekreuzt wird diese Einteilung mit der Einteilung in synthetische und analytische Urteile; jene sind informativ und teilen uns etwas über einen Gegenstand mit, was nicht im Begriff des Gegenstands enthalten ist, diese sind nicht informativ, weil sie nur behaupten, was schon im Begriff des Gegenstands enthalten ist. Die Kombination dieser beiden Einteilungen ergibt vier denkbare Urteilsarten (eigentlich nur drei, weil es analytisch-aposteriorische Urteile aufgrund der Definition nicht geben kann). Entscheidend für die weitere Diskussion wurde die Frage, ob es synthetisch-apriorische Urteile gibt und, falls ja, wie sie möglich sind, m.a.W. die Frage, ob wir etwas Allgemeingültiges über Welt und Wirklichkeit wissen können *vor* aller Erfahrung, das heißt, bevor wir sie uns daraufhin prüfend angesehen haben. Einige Urteile (für Kant zum Beispiel die meisten mathematischen Urteile, oder Aussagen wie „Alles, was geschieht hat eine Ursache") scheinen von solcher Art zu sein. Die sprachanalytische Philosophie versucht zu zeigen, daß es nur besonders verschleierte, schwer enthüllbare Sprachregeln sind (Wittgenstein nennt sie „grammatische Sätze").

Den Schluß dieses Kapitels (T. 49) bildet ein weiterer Auszug aus Wittgensteins „Philosophischen Untersuchungen", in dem er ein paar inzwischen berühmt gewordene Grundsätze des sprachanalytischen Philosophierens formuliert — ein Philosophieren, das im wesentlichen in der Analyse der Alltagssprache besteht — nicht allerdings zum Selbstzweck, sondern mit dem Ziel der *Auf*lösung philosophischer Probleme, und auch nicht mit dem Ziel der Konstruktion einer Kunstsprache wie im „Tractatus" des frühen Wittgenstein (vgl. T. 40).

45. GEORGE PITCHER

Wie entsteht philosophische Verwirrung?

Wittgenstein hat einmal [...] bemerkt:
Wer in einer philosophischen Verwirrung gefangen ist, gleicht einem Menschen in einem Zimmer, der herausmöchte und weiß nicht wie. Er versucht es durchs Fenster, aber das ist zu hoch. Er versucht es durch den Schornstein, aber der ist zu eng. [...]

5 Wie entsteht philosophische Verblüffung? Wie kommt es zu den Knäueln in unserem Verstand? [...]

Wittgenstein weist darauf hin, daß wir dazu neigen, uns ein Bild — oder mehr als ein Bild — von Zeit, Raum, Bewußtsein, Erinnerung und den anderen Dingen zu machen, über welche Philosophen immer in Verwirrung geraten sind; und wir neigen dazu, unser Denken
10 und Sprechen über diese Dinge den Bildern anzupassen. Oft stellen wir uns die Zeit als einen breiten Strom vor, der aus der Zukunft zur Gegenwart in die Vergangenheit fließt und

150

Ereignisse mitbringt. Den Raum stellen wir uns als ungeheuer großen, vielleicht unendlich großen Behälter vor [...], in dem physische Gegenstände mehr oder weniger dicht verteilt sind.

[...] Wittgenstein wollte, meine ich, sagen, daß jeder Philosoph im Griff einer philosophischen Verwirrung ein bestimmtes Bild von dem hat, worüber er verstört ist, und daß dieses Bild wenigstens zum großen Teil die Quelle seiner Schwierigkeiten ist. Sich ein Bild machen bedeutet hauptsächlich gewisse Dinge sagen oder dazu neigen, sie zu sagen. Wenn das die üblichen oder normalen Dinge sind, die man über die fragliche Sache sagt — wenn sie *die* typischen Dinge sind, welche man in der Sprache sagt —, dann kommt man natürlich kaum darum herum, sich das Bild zu machen. Man denke z.B. an das, was man im Deutschen über den Geist sagen kann: „Ich sah ihn im Geiste vor mir", „Ich werde im Geiste bei dir sein", „Sein Geist sprudelt über von Einfällen", „Er hat einen kleinen Geist". Gerade so sprechen wir über einen Raum, etwa einen Garten oder eine Flasche: „Ich sah ihn im Garten vor mir", „Ich werde im Garten bei dir sein", „Die Flasche sprudelt über von Kohlensäure", „Er hat eine kleine Flasche". Kein Wunder, daß wir uns von unserem Geist dann das Bild eines geheimnisvollen Raumes machen müssen, wo Vorstellungen, Erinnerungen, Einfälle auftreten und wo manche von ihnen aufbewahrt werden. Wer Deutsch spricht, *muß* sich so ein Bild beinah machen; aber während ein gewöhnlicher Mensch mit solchen Bildern ganz gut zurechtkommt, läßt sich der Philosoph, wenn er über den Geist philosophisch nachdenkt, leicht von ihnen verstören und verwirren. Daß unsere Sprache, daß gewisse Ausdrucksweisen Bilder enthalten, gehört zum Wichtigsten, woran Wittgenstein denkt, wenn er von der Sprache redet, als wäre sie als Hauptschuldige für philosophische Verwirrung verantwortlich. [...] Der Durchschnittsmensch denkt nicht über die Zeit, den Geist, die Sinneswahrnehmung oder das Nichts nach. Er benutzt Wörter für Zeitangaben (z.B. ‚Zeit', ‚gleichzeitig', ‚vor', ‚nach'), Wörter, die das Bewußtsein betreffen (z.B. ‚Bewußtsein', ‚Denken', ‚sich erinnern', ‚Vorstellung'), Wörter, die die Sinneswahrnehmung betreffen (z.B. ‚sehen', ‚hören') und das Wort ‚nichts' in aller Leichtigkeit; aber er ärgert sich nicht mit den Fragen herum, was die Zeit *ist,* was der Raum *ist* usw. Der Philosoph dagegen ist eben der Mensch, welcher traditionell darüber nachdenkt. Und wenn er das tut, dann gibt er nach Wittgenstein bestimmten üblichen Redeweisen, die der Durchschnittsmensch gewöhnlich ohne jede Schwierigkeit benutzt, ausgefallene Deutungen. Wittgenstein vergleicht den Philosophen in dieser Hinsicht mit einem Wilden. Nachdem er über den Begriff der Möglichkeit gesprochen hat, schreibt er:

Wir achten auf unsere eigene Ausdrucksweise, diese Dinge betreffend, verstehen sie aber nicht, sondern mißdeuten sie. Wir sind, wenn wir philosophieren, wie Wilde, primitive Menschen, die die Ausdrucksweise zivilisierter Menschen hören, sie mißdeuten und nun die seltsamsten Schlüsse aus ihrer Deutung ziehen.

Die Philosophen machen den gleichen Fehler — wenn auch vermutlich nicht gar so plump — wie ein Eingeborener, über den ich einmal in der Zeitung gelesen habe:

Wochen vor dem Unabhängigkeitstag war das Volk äußerst aufgeregt. „Kommt die Unabhängigkeit in Papier eingewickelt, oder gehen wir zur Bank, um sie abzuholen" fragte ein Eingeborener einen amerikanischen Missionar.

Lewis Carroll pflegte bestimmte Redeweisen absichtlich zu mißdeuten:

„Wen hast du auf der Straße überholt?" fragte der König weiter und streckte seine Hand nach dem Boten aus, um etwas Heu zu nehmen.

„Niemand", sagte der Bote.

5 „Ganz recht", sagte der König; „diese junge Dame hat ihn auch gesehen. Selbstverständlich läuft also Niemand langsamer als du."

„Ich tue mein Bestes", sagte der Bote verdrossen. „Ich bin sicher, daß niemand sehr viel schneller läuft als ich."

"Das kann er nicht", sagte der König, „sonst wäre er zuerst hier gewesen. Aber wo du jetzt
10 nicht mehr aus der Puste bist, kannst du uns erzählen, was in der Stadt passiert ist."[1]

An dieser Stelle hat Carroll absichtlich das Wort ,niemand' wie einen Eigennamen behandelt — als wenn es sich z.B. um ,Herrn Niemand' handelte. Auch die Philosophen deuten die Sprache falsch [...] Bis zu einem gewissen Grad ist es recht harmlos, sich Bilder zu machen, wie die Tatsache zeigt, daß gewöhnliche Leute sie sich machen und davon nicht intel-
15 lektuell krank werden. Aber der Philosoph bringt es fertig, zu weit zu gehen, und dann gerät er in Schwierigkeiten.

Betrachten wir etwa das Bild von der Erde als einem Basketball mit aufgeleimten Zinnsoldaten. Wenn ich mir dieses Bild mache, so werde ich erwarten, daß wenn ich mich ganz durch die Erde zu den Antipoden grübe, ich beim Hochkommen zuerst an die Füße der
20 Leute, die Keller ihrer Häuser usw. stoßen würde. Diese Anwendung des Bildes ist ganz in Ordnung. Aber andere Anwendungen sind nicht in Ordnung. So würde ich mich in der Erwartung täuschen, daß über einem Flugzeug, mit dem ich zu den Antipoden flüge, die Erde schweben würde und daß mir das Blut zu Kopfe steigen würde, weil er nach unten hinge, und so weiter. Das hieße, das Bild falsch anwenden. [...]
25 Wittgenstein gibt im *Blue Book*[2] ein weiteres Beispiel.

Angenommen, ein Wissenschaftler sagt uns, daß die Materie sich aus winzigen Partikeln zusammensetzt, die durch Zwischenräume, viel größer als sie selbst, getrennt sind. Wir könnten uns dann von der Materie das Bild eines schwach gefüllten Raumes machen. Das würde nichts tun; das Bild ist für gewöhnliche Zwecke hinreichend harmlos. Aber es würde
30 übel ausschlagen, wenn wir das Bild falsch anwendeten: wenn wir seinetwegen z.B. dächten, daß auch der härteste, tadelloseste Holzboden nicht fest sei und daß man sicher hindurchfallen würde, wenn man darauf träte.

Bilder machen also nur dann Schwierigkeiten, wenn man sie falsch anwendet. Falsche Anwendung eines Bildes kommt vor allem davon, daß man es zu ernst nimmt, daß man das
35 Modell, die Analogie überdehnt.

---

[1] Aus: Lewis Carroll, Alice hinter den Spiegeln.

[2] Blue Book: „Das blaue Buch" — Wittgensteins Vorlesung in Cambrigde 1933/34.

46. GILBERT RYLE

Philosophische Probleme als Kategorienverwechslungen

a) Der Begriff der Kategorienverwechslung

Lehrer und Prüfer, Richter und Kritiker, Geschichtsschreiber und Romanschriftsteller, Beichtväter und Unteroffiziere Unternehmer, Angestellte und Geschäftsteilhaber, Eltern, Liebende, Freunde und Feinde, sie alle wissen gut genug, wie ihre täglichen Fragen über die Eigenschaften und den Verstand eines Menschen, mit dem sie zu tun haben, zu beantworten sind. Sie können seine Leistungen bewerten, seinen Fortschritt abschätzen, seine Worte und Taten begreifen, seine Motive durchschauen und seine Witze verstehen. Wenn sie irregehen, können sie ihre Irrtümer richtigstellen. Ja, sie können auf diejenigen, mit denen sie zu tun haben, durch Kritik oder Beispiel, durch Bestrafung, Bestechung oder Belehrung, mit Spott oder schönen Worten vorsätzlich einwirken und schließlich ihre Methoden im Lichte der erzielten Erfolge abändern.

Sowohl zur Beschreibung des Geistes anderer wie auch zur Aufstellung von Vorschriften für ihn machen sie mit größerer oder geringerer Geschicklichkeit von Begriffen für geistige Fähigkeiten und Tätigkeiten Gebrauch. Sie haben gelernt, <u>wie man</u> in konkreten Situationen <u>Wörter anwendet</u> wie: ,,sorgfältig'', ,,dumm'', ,,logisch'', ,,unaufmerksam'', ,,originell'', ,,eitel'', ,,methodisch'', ,,leichtgläubig'', ,,witzig'', ,,beherrscht'' und tausend andere, die geistige oder seelische Verhaltensweisen beschreiben.

Es besteht aber ein großer Unterschied zwischen der Fähigkeit, solche Begriffe anzuwenden, und der Fähigkeit, ihre Beziehungen miteinander oder mit Begriffen anderer Art ans Licht zu bringen. Viele Leute können <u>mit</u> diesen Begriffen, aber nicht <u>über sie</u> Sinnvolles sagen; sie wissen durch den täglichen Gebrauch, wie sie mit diesen Begriffen umgehen müssen, zumindest innerhalb der üblichen Grenzen, aber sie können nicht die logischen Regeln formulieren, die den Gebrauch dieser Begriffe bestimmen. Sie sind wie Leute, die sich wohl in ihrem eigenen Ort auskennen, aber nicht imstande sind, eine Landkarte davon anzufertigen oder zu lesen, geschweige denn eine Landkarte der Gegend oder des Kontinents, in dem ihr Ort liegt.

Für gewisse Zwecke aber ist es notwendig, die logischen Verbindungen zwischen jenen Begriffen zu bestimmen, die wir ganz gut anwenden können. Es ist immer schon ein wichtiger Teil der Aufgabe eines Philosophen gewesen, diese <u>Arbeit für</u> die <u>Begriffe</u> der Vermögen, Tätigkeiten und Zustände des Geistes oder der Seele zu leisten. Erkenntnistheorie, Logik, Ethik, Politik und Ästhetik sind das Ergebnis der Untersuchungen auf diesem Gebiet. Einige dieser Untersuchungen sind innerhalb ihrer Grenzen beträchtlich vorangekommen, aber es gehört zur These dieses Buches, daß in den drei Jahrhunderten seit dem Beginn des naturwissenschaftlichen Zeitalters die logischen <u>Kategorien zur Einordnung der Begriffe</u> der geistigen Vermögen und Tätigkeiten <u>falsch ausgewählt</u> wurden. [...]

Die Bestimmung der logischen Geographie von Begriffen ist die Erhellung der Logik jener Sätze, in denen sie verwendet werden, also das Aufzeigen davon, mit welchen anderen Sätzen sie vereinbar und mit welchen sie unvereinbar sind, welche Sätze aus ihnen folgen und aus welchen sie folgen. Ein logischer Typus oder eine Kategorie, zu der ein Begriff gehört, ist die Klasse der logisch richtigen Verwendungen des Begriffs. [...]

Philosophie besteht darin, Kategoriengewohnheiten durch Kategoriendisziplin zu ersetzen. [...]

5 Zuerst muß der Ausdruck „Kategorienverwechslung" erklärt werden. Ich tue das mit Hilfe einer Reihe von Beispielen.

Ein Ausländer kommt zum erstenmal nach Oxford oder Cambridge, und man zeigt ihm eine Reihe von Colleges, Bibliotheken, Sportplätzen, Museen, Laboratorien und Verwaltungsgebäuden. Nach einiger Zeit fragt er: „Aber wo ist denn die Universität? Ich weiß
10 jetzt, wo die Mitglieder eines College wohnen, wo die Verwaltung untergebracht ist, wo die Wissenschaftler ihre Versuche machen und so weiter. Aber warum zeigt man mir nicht die Universität, wo die Mitglieder eurer Universität wohnen und arbeiten?" Dann muß man ihm erklären, daß die Universität nicht noch eine weitere ähnliche Institution ist, ein weiteres Gegenstück zu den Colleges, Laboratorien und Verwaltungsgebäuden, die er schon ge-
15 sehen hat. Die Universität ist einfach die Art und Weise, in der alles das organisiert ist, was er schon gesehen hat. Wenn man das alles gesehen und die Art und Weise der Zusammenarbeit verstanden hat, dann hat man die Universität gesehen. Der Irrtum des Ausländers lag in seiner unschuldigen Annahme, es sei richtig, vom Christ-Church-College, von der Bodleian-Bibliothek, vom Ashmolean Museum und *außerdem* von der Universität zu
20 sprechen, also von „der Universität" so zu sprechen, als bezeichneten die Worte „die Universität" ein weiteres Mitglied der Klasse, zu der jene anderen obenerwähnten Einheiten auch gehören. Er reihte die Universität irrtümlich in dieselbe Kategorie ein, zu der diese anderen Institutionen gehören.

Denselben Irrtum beginge zum Beispiel ein Kind, dem man beim Vorbeimarschieren einer
25 Division verschiedene Bataillone, Batterien, Schwadronen usw. gezeigt hat und das nun wissen will, wann die Division vorbeimarschieren werde. Es würde glauben, die Division wäre ein Gegenstück zu den Einheiten, die es schon gesehen hat, ihnen teilweise ähnlich und teilweise unähnlich. Man würde ihm seinen Irrtum klarmachen, indem man ihm sagt, es habe die Division vorbeimarschieren sehen, als es die Bataillone, Batterien und Ge-
30 schwader vorbeimarschieren sah. Die Parade war nicht eine Parade von Bataillonen, Batterien, Schwadronen *und* einer Division; es war die Parade der Bataillone, Batterien und Schwadronen *einer* Division.

Noch ein Beispiel. Ein Südseeinsulaner sieht seinem ersten Fußballspiel zu. Man erklärt ihm die Funktion des Torwarts, der Stürmer, Verteidiger, des Schiedsrichters usw. Nach
35 einer Weile sagt er: „Aber da ist doch niemand, der den berühmten Mannschaftsgeist beisteuert. Ich sehe, wer angreift, wer verteidigt, wer die Verbindung herstellt usw.; aber wessen Rolle ist es, den Mannschaftsgeist zu liefern?" Und wieder müßten wir erklären, daß er nach der falschen Kategorie eines Dings Ausschau halte. Der Mannschaftsgeist ist nicht noch eine Fußballoperation wie das Toreschießen, das Einwerfen usw. Er ist, ungefähr ge-
40 sprochen, die Begeisterung, mit der alle besonderen Aufgaben des Fußballspiels ausgeführt werden, und eine Aufgabe begeistert ausführen heißt nicht, zwei Aufgaben ausführen. Gewiß, Mannschaftsgeist zeigen ist nicht dasselbe wie ein Tor schießen oder einwerfen. Aber es ist auch nicht ein drittes Ding, von dem wir sagen könnten, der Mittelstürmer

154

habe zuerst eingeworfen *und dann* Mannschaftsgeist gezeigt, oder der Verteidiger werde jetzt *entweder* köpfen *oder* Mannschaftsgeist zeigen.
Diese Beispiele von Kategorienverwechslungen haben etwas gemeinsam, was wir uns einprägen müssen. Die Irrtümer wurden von Leuten begangen, die nicht wußten, wie die Begriffe *Universität, Division* und *Mannschaftsgeist* zu handhaben sind. Die Schwierigkeiten erwachsen aus ihrer Unfähigkeit, gewisse Wörter richtig zu verwenden.

Die philosophisch interessanten Kategorienverwechslungen werden aber von Leuten begangen, die vollkommen entscheiden können, wie Begriffe zumindest in Umständen, mit denen sie vertraut sind, zu verwenden sind, die aber doch im Laufe abstrakter Gedankengänge dazu neigen, diese Begriffe in Kategorien einzureihen, zu denen sie nicht gehören. Ein Beispiel eines Irrtums dieser Art wäre die folgende Geschichte. Ein Politikstudent hat die Hauptunterschiede zwischen der englischen, französischen und amerikanischen Verfassung gelernt und auch die Unterschiede und Zusammenhänge zwischen dem Kabinett, dem Parlament, den verschiedenen Ministerien, der Richterschaft und der englischen Staatskirche. Aber er gerät noch immer in Verlegenheit, wenn er nach den Zusammenhängen zwischen der englischen Staatskirche, dem Innenministerium und der Verfassung Englands gefragt wird. Denn während die Kirche und das Innnenministerium Institutionen sind, ist die Verfassung nicht eine weitere Institution im selben Sinn dieses Hauptworts. Daher können inter-institutionelle Beziehungen, deren Bestehen zwischen Kirche und Innenministerium man behaupten oder leugnen kann, keine Beziehungen sein, deren Bestehen zwischen Kirche und Innenministerium einerseits und der englischen Verfassung andererseits man behaupten oder leugnen könnte. „Die englische Verfassung" ist nicht ein Ausdruck desselben logischen Typs wie „das Innenministerium" oder „die englische Staatskirche". Ähnlich kann Müller ein Verwandter, ein Freund, ein Bekannter oder ein Feind von Meier sein; aber er kann in keiner dieser Beziehungen zum Durchschnittssteuerzahler stehen. Er kann meistens sinnvolle Bemerkungen in gewissen Auseinandersetzungen über den Durchschnittssteuerzahler machen, aber er ist verdutzt, wenn er gefragt wird, warum er ihm nicht, wie etwa dem Meier, auf der Straße begegnen kann.
Solange sich der Politikstudent die englische Verfassung nach dem Muster der anderen Institutionen vorstellt, wird er versucht sein, sie als eine rätselhaft-okkulte Institution zu beschreiben; und solange Müller den Durchschnittssteuerzahler als einen Mitbürger betrachtet, solange wird er ihn sich als einen schattenhaften und substanzlosen Mann denken, ein Gespenst, das überall und nirgends ist.

b) Ein Beispiel: Das Leib-Seele-Problem

Die offizielle Lehre stammt hauptsächlich von Descartes[1] und lautet ungefähr so: Jedes menschliche Wesen, mit der möglichen Ausnahme von Schwachsinnigen und kleinen Kindern, hat sowohl einen Körper als auch einen Geist. Einige ziehen wohl vor zu sagen, jedes menschliche Wesen sei sowohl Körper wie Geist. Körper und Geist sind gewöhnlich zusam-

---

[1] René Descartes (Renatus Cartesius), 1596-1650, franz. Philosoph. Mathematiker und Naturwissenschaftler. Seine Philosophie ist vor allem durch die Suche nach etwas völlig Sicherem, Wahrem gekennzeichnet, so daß er alles bezweifelt, was ihm nicht als absolut wahr erscheint; das einzig Sichere wird für ihn so schließlich die Tatsache seines Zweifelns.

mengespannt, aber nach dem Tode des Körpers kann der Geist möglicherweise allein fort-
bestehen und seine Funktionen ausüben.

Menschliche Körper existieren im Raum und sind den mechanischen Kausalgesetzen unterworfen, welche alle Körper im Raum beherrschen. Körperliche Vorgänge und Zustände
5 können von äußeren Beobachtern wahrgenommen werden. Ja, das körperliche Leben eines Menschen ist so sehr eine öffentliche Angelegenheit wie das Leben der Tiere und Repti-
lien, sogar wie der Lebenslauf von Bäumen, Kristallen und Planeten.

Aber der Geist ist nicht im Raum, und sein Tun ist nicht den Gesetzen der Mechanik unterworfen. Andere Beobachter können nicht Zeugen dessen sein, was in jemandes Geist vor-
10 geht; seine Vorgänge sind privat. Nur ich selbst kann von den Zuständen und Vorgängen
meines eigenen Geistes direkt Kenntnis nehmen. Ein Mensch durchlebt also zwei parallele
Lebensläufe, deren einer aus dem besteht, was in seinem Körper vorgeht oder diesem zustößt, während der andere sich aus dem zusammensetzt, was in seinem Geiste vorgeht oder
diesem zustößt. Der erste ist öffentlich, der zweite privat. Die Ereignisse im ersten Lebens-
15 lauf sind Ereignisse in der physikalischen Welt, die im zweiten Ereignisse in der Welt des
Geistes. [...]
Es ist üblich, diese Spaltung in zwei Lebensgeschichten und in zwei Welten so auszudrücken: die Dinge und Ereignisse, die zur physikalischen Welt gehören, einschließlich seines eigenen Körpers, sind dem Menschen äußerlich, die Vorgänge in seinem Geist dagegen
20 innerlich. [...]
Dieser halbmetaphorischen Vorstellung von zwei parallelen Lebensbahnen eines Menschen liegt eine scheinbar tiefere und philosophische Annahme zugrunde: daß es zwei verschiedene Arten von Existenz oder Sein gibt. Was existiert oder geschieht, kann entweder
das Sein physischer oder das Sein geistiger Existenz haben. So ähnlich wie Münzen entwe-
25 der Kopf oder Adler zeigen, so wie Lebewesen entweder männlich oder weiblich sind, so,
nimmt man an, gehört manches zum physischen, anderes zum psychischen Sein. Es ist eine
notwendige Eigenschaft dessen, was ein physisches Sein hat, in Raum und Zeit zu existieren; es ist eine notwendige Eigenschaft dessen, was ein geistiges Sein hat, sich in der Zeit,
aber nicht im Raum zu befinden. Was physisch existiert, setzt sich aus Materie zusammen
30 oder ist doch eine Funktion der Materie; was geistige Existenz hat, besteht aus Bewußtsein
oder ist doch eine Funktion des Bewußtseins.
Es besteht also ein polarer Gegensatz zwischen Geist und Materie, ein Gegensatz, der oft
folgendermaßen erklärt wird: Materielle Gegenstände befinden sich in einem gemeinsamen Feld, das „Raum" heißt, und was einem Körper in einem Teil des Raumes zustößt,
35 hängt mechanisch mit dem zusammen, was anderen Körpern in anderen Teilen des Raumes zustößt. Geistige Ereignisse dagegen spielen sich in isolierten Feldern ab, die wir „Geister" nennen, und mit Ausnahme, möglicherweise, der Telepathie gibt es keine direkte
Kausalverknüpfung zwischen dem, was sich in einem Geist, und dem, was sich in einem
anderen abspielt. Der Geist eines Menschen kann nur auf dem Umweg über die öffentliche
40 physikalische Welt auf den eines anderen einwirken. Der Geist ist sein eigener Ort, und in
seinem Innern führt jeder von uns das Leben eines Robinson Crusoe des Geistes. [...]
Das Ziel meines Angriffs ist, zu zeigen, daß der Ursprung der Theorie des menschlichen
Doppellebens eine Familie von Kategorienverwechslungen ist. Die Darstellung eines Menschen als eines Gespensts, das auf unbegreifliche Art in einer Maschine verschanzt ist, leitet

156

sich von folgendem Argument ab. Unleugbarerweise können die Gedanken, Gefühle und Zweckhandlungen einer Person nicht ausschließlich in der Sprache der Physik, Chemie und Physiologie beschrieben werden. So wie der menschliche Körper eine mannigfaltige, organisierte Einheit ist, so muß auch der menschliche Geist eine mannigfaltige, organisierte Einheit sein, wenngleich er aus einem Stoff ganz anderer Art gemacht und völlig anders gebaut ist. Anders ausgedrückt, wie der menschliche Körper, so wie jedes andere Klümpchen Materie, ein Feld von Ursachen und Wirkungen ist, so muß auch der menschliche Geist ein Feld von Ursachen und Wirkungen sein, wenn auch (Gott sei Dank) nicht von mechanischen Ursachen und Wirkungen. [...]

Die Unterschiede zwischen dem Körperlichen und Geistigen wurden als Unterschiede innerhalb des gemeinsamen Rahmens der Kategorien „Ding", „Material", „Eigenschaft", „Zustand", „Vorgang", „Veränderung", „Ursache" und „Wirkung" dargestellt. Geister sind Dinge, aber Dinge von anderer Art als Körper; geistige Vorgänge sind Ursachen und Wirkungen, aber Ursachen und Wirkungen anderer Art als Körperbewegungen. Und so weiter. So wie der Ausländer erwartete, die Universität werde ein zusätzliches Gebäude sein, ähnlich wie ein College, aber auch recht anders, so haben die Antimechanisten Geister als zusätzliche Zentren von Kausalvorgängen dargestellt, ähnlich wie Maschinen, aber auch recht anders. Ihre Theorie war eine paramechanische Hypothese. [...]

Wenn zwei Ausdrücke zur selben Kategorie gehören, dann ist es zulässig, durch Konjunktionen verbundene Sätze zu bilden, die diese Ausdrücke enthalten. Ein Käufer kann z.B. sagen, er habe einen rechten und einen linken Handschuh, einen rechten Handschuh und ein Paar Handschuhe gekauft. „Sie kam heim in einer Flut von Tränen und in einer Sänfte" ist ein bekannter Witz, der auf der Absurdität beruht, zwei Wörter verschiedenen Typs auf diese Weise durch „und" zu verbinden. Die Disjunktion „Sie kam entweder in einer Flut von Tränen oder in einer Sänfte nach Hause" wäre ebenso lächerlich gewesen. Aber das Dogma vom Gespenst in der Maschine tut gerade das. Es behauptet, daß sowohl Körper als auch Geist existierten; daß es mechanische und geistige Ursachen von Körperbewegungen gäbe. Im folgenden soll bewiesen werden, daß diese und ähnliche Verknüpfungen absurd sind; mein Beweis wird aber wohlgemerkt nicht zeigen, daß jeder einzelne der auf diese Art unrechtmäßig verbundenen Sätze für sich allein absurd ist. Ich leugne z.B. nicht, daß sich geistige Vorgänge abspielen. Dividieren von großen Zahlen ist ein geistiger Vorgang und Witzemachen ist es auch. Aber ich behaupte, daß der Ausdruck „ein geistiger Vorgang hat sich abgespielt" nicht dieselbe Art von Behauptung aufstellt wie „ein physischer Vorgang hat sich abgespielt", und daß es daher sinnlos ist, die beiden mit dem Worte „und" zu verbinden.

47. LUDWIG WITTGENSTEIN

Der Begriff der Familienähnlichkeit

66. Betrachte z.B. einmal die Vorgänge, die wir „Spiele" nennen. Ich meine Brettspiele, Kartenspiele, Ballspiel, Kampfspiele, usw. Was ist allen diesen gemeinsam? — Sag nicht: „Es *muß* ihnen etwas gemeinsam sein, sonst hießen sie nicht ‚*Spiele*' " — sondern *schau,*

ob ihnen allen etwas gemeinsam ist. — Denn, wenn du sie anschaust, wirst du zwar nicht etwas sehen, was *allen* gemeinsam wäre, aber du wirst Ähnlichkeiten, Verwandtschaften, sehen, und zwar eine ganze Reihe. Wie gesagt: denk nicht, sondern schau! — Schau z.B. die Brettspiele an, mit ihren mannigfachen Verwandtschaften. Nun geh zu den Kartenspielen über: hier findest du viele Entsprechungen mit jener ersten Klasse, aber viele gemeinsame Züge verschwinden, andere treten auf. Wenn wir nun zu den Ballspielen übergehen, so bleibt manches Gemeinsame erhalten, aber vieles geht verloren. — Sind sie alle „*unterhaltend"*? Vergleiche Schach mit dem Mühlfahren. Oder gibt es überall ein Gewinnen und Verlieren, oder eine Konkurrenz der Spielenden? Denk an die Patiencen. In den Ballspielen gibt es Gewinnen und Verlieren; aber wenn ein Kind den Ball an die Wand wirft und wieder auffängt, so ist dieser Zug verschwunden. Schau, welche Rolle Geschick und Glück spielen. Und wie verschieden ist Geschick im Schachspiel und Geschick im Tennisspiel. Denk nun an die Reigenspiele: Hier ist das Element der Unterhaltung, aber wie viele der anderen Charakterzüge sind verschwunden? Und so können wir durch die vielen, vielen anderen Gruppen von Spielen gehen, Ähnlichkeiten auftauchen und verschwinden sehen.

Und das Ergebnis dieser Betrachtung lautet nun: Wir sehen ein kompliziertes Netz von Ähnlichkeiten, die einander übergreifen und kreuzen. Ähnlichkeiten im Großen und Kleinen.

67. Ich kann diese Ähnlichkeiten nicht besser charakterisieren als durch das Wort „Familienähnlichkeiten"; denn so übergreifen und kreuzen sich die verschiedenen Ähnlichkeiten, die zwischen den Gliedern einer Familie bestehen: Wuchs, Gesichtszüge, Augenfarbe, Gang, Temperament, etc. etc. — Und ich werde sagen: die „Spiele" bilden eine Familie. Und ebenso bilden z.B. die Zahlenarten eine Familie. Warum nennen wir etwas „Zahl"? Nun, etwa, weil es eine — direkte — Verwandtschaft mit manchem hat, was man bisher Zahl genannt hat; und dadurch, kann man sagen, erhält es eine indirekte Verwandtschaft zu anderem, was wir auch so nennen. Und wir dehnen unseren Begriff der Zahl aus, wie wir beim Spinnen eines Fadens Faser an Faser drehen. Und die Stärke des Fadens liegt nicht darin, daß irgend eine Faser durch seine ganze Länge läuft, sondern darin, daß viele Fasern einander übergreifen.

Wenn aber Einer sagen wollte: „Also ist allen diesen Gebilden etwas gemeinsam, — nämlich die Disjunktion aller dieser Gemeinsamkeiten" — so würde ich antworten: hier spielst du nur mit einem Wort. Ebenso könnte man sagen: es läuft ein Etwas durch den ganzen Faden, — nämlich das lückenlose Übergreifen dieser Fasern.

68. „Gut; so ist also der Begriff der Zahl für dich erklärt als die logische Summe jener einzelnen mit einander verwandten Begriffe: Kardinalzahl, Rationalzahl, reelle Zahl, etc., und gleicherweise der Begriff des Spiels als logische Summe entsprechender Teilbegriffe." —— Dies muß nicht sein. Denn ich *kann* so dem Begriff „Zahl" feste Grenzen geben, d.h. das Wort „Zahl" zur Bezeichnung eines fest begrenzten Begriffs gebrauchen, aber ich kann es auch so gebrauchen, daß der Umfang des Begriffs *nicht* durch eine Grenze abgeschlossen ist. Und so verwenden wir ja das Wort „Spiel". Wie ist denn der Begriff des Spiels abgeschlossen? Was ist noch ein Spiel und was ist keines mehr? Kannst du die Grenzen angeben? Nein. Du kannst welche *ziehen:* denn es sind noch keine gezogen. (Aber das hat dich noch nie gestört, wenn du das Wort „Spiel" angewendet hast.)

„Aber dann ist ja die Anwendung des Wortes nicht geregelt; das „Spiel", welches wir mit ihm spielen, ist nicht geregelt." —— Es ist nicht überall von Regeln begrenzt; aber es gibt ja auch keine Regel dafür z.B., wie hoch man im Tennis den Ball werden darf, oder wie stark, aber Tennis ist doch ein Spiel und es hat auch Regeln.

69. Wie würden wir denn jemandem erklären, was ein Spiel ist? Ich glaube, wir werden ihm *Spiele* beschreiben, und wir könnten der Beschreibung hinzufügen: „das, und *Ähnliches*, nennt man ,*Spiele*' ". Und wissen wir selbst denn mehr? Können wir etwa nur dem Andern nicht genau sagen, was ein Spiel ist? — Aber das ist nicht Unwissenheit. Wir kennen die Grenzen nicht, weil keine gezogen sind. Wie gesagt, wir können — für einen besonderen Zweck — eine Grenze ziehen. Machen wir dadurch den Begriff erst brauchbar? Durchaus nicht! Es sei denn, für einen besonderen Zweck. So wenig, wie der das Längenmaß „1 Schritt" brauchbar machte, der die Definition gab: 1 Schritt = 75 cm. Und wenn du sagen willst „Aber vorher war es doch kein exaktes Längenmaß", so antworte ich: gut, dann war es ein unexaktes. — Obgleich du mir noch die Definition der Exaktheit schuldig bist.

70. „Aber wenn der Begriff „Spiel" auf diese Weise unbegrenzt ist, so weißt du ja eigentlich nicht, was du mit „Spiel" meinst." —— Wenn ich die Beschreibung gebe: „Der Boden war ganz mit Pflanzen bedeckt", — willst du sagen, ich weiß nicht, wovon ich rede, ehe ich nicht eine Definition der Pflanze geben kann?
Eine Erklärung dessen, was ich meine, wäre etwa eine Zeichnung und die Worte „So ungefähr hat der Boden ausgesehen". Ich sage vielleicht auch: „*genau* so hat er ausgesehen".
— Also waren genau *diese* Gräser und Blätter, in diesen Lagen, dort? Nein, das heißt es nicht. Und kein Bild würde ich, in *diesem* Sinne, als das genaue anerkennen.

71. Man kann sagen, der Begriff „Spiel" ist ein Begriff mit verschwommenen Rändern. — „Aber ist ein verschwommener Begriff überhaupt ein *Begriff?*" — Ist eine unscharfe Photographie überhaupt ein Bild eines Menschen? Ja, kann man ein unscharfes Bild immer mit Vorteil durch ein scharfes ersetzen? Ist das unscharfe nicht oft gerade das, was wir brauchen? [...]
Frege vergleicht den Begriff mit einem Bezirk und sagt: einen unklar begrenzten Bezirk könne man überhaupt keinen Bezirk nennen. Das heißt wohl, wir können mit ihm nichts anfangen. — Aber ist es sinnlos zu sagen: „Halte dich ungefähr hier auf!"? Denk dir, ich stünde mit einem Andern auf einem Platz und sagte dies. Dabei werde ich nicht einmal irgend eine Grenze ziehen, sondern etwa mit der Hand eine zeigende Bewegung machen — als zeigte ich ihm einen bestimmten *Punkt*. Und gerade so erklärt man etwa, was ein Spiel ist. Man gibt Beispiele und will, daß sie in einem gewissen Sinn verstanden werden. — Aber mit diesem Ausdruck meine ich nicht: er solle nun in diesen Beispielen das Gemeinsame sehen, welches ich — aus irgend einem Grunde — nicht aussprechen konnte. Sondern: er solle diese Beispiele nun in bestimmter Weise *verwenden*. Das Exemplifizieren ist hier nicht ein *indirektes* Mittel der Erklärung — in Ermanglung eines Besseren. Denn, mißverstanden kann auch jede allgemeine Erklärung werden. So spielen wir eben das Spiel. (Ich meine das Sprachspiel mit dem Wort „Spiel".)

48. FRIEDRICH WAISMANN

Kann dieselbe Fläche zugleich rot und grün sein?

Es gibt eine andere Gruppe von Sätzen, die in neuerer Zeit eine seltsame Verwirrung erzeugt haben. Das sind Sätze wie „Jeder Ton muß eine bestimmte Tonhöhe haben", „Jede Farbe hat einen Ort, wo sie erscheint", „Orange liegt zwischen Rot und Gelb", „An einer und derselben Stelle können zu gleicher Zeit nicht zwei Farben erscheinen". So unbezwei-
5 felbar diese Sätze sind, so tiefe Probleme scheinen sie dem Denker aufzugeben. Was ist ihr Ursprung? Stammen sie aus der Erfahrung? Oder sind sie der Ausdruck eines Wissens a priori? Hierüber gehen die Ansichten auseinander.

Nach der einen, empiristischen Meinung ist der Ursprung dieser Sätze die Erfahrung. Was Orange, Rot und Gelb sind, wissen wir schließlich nur aus der Sinneswahrnehmung. Der
10 Blinde ist auch für die Wahrheit dieser Sätze blind. Wo sollte also der Ursprung jener Wahrheiten liegen, wenn nicht in der Erfahrung?

Die andere Lehre besagt: Wir haben es hier mit Beispielen aus einer eigentümlichen Sphäre apriorischer Erkenntnis zu tun. Sie sind Wesensgesetze, unter denen jede Erscheinung steht. Das heißt: Sie ergeben sich nicht wie die Sätze der Naturwissenschaft erst aus vielen
15 Erfahrungen, sondern ein einmaliger Hinblick ist genug, uns ihre Wahrheit erkennen zu lassen.

Wer sich das Wesen der Farbe vergegenwärtigt, dem ist es völlig deutlich und gewiß, daß zwei Farben nicht an derselben Stelle sein können, und er braucht nie zu fürchten, daß eine spätere Erfahrung Lügen strafen kann. So ein Satz ist ein Beispiel für eine neue Art
20 von Erkenntnissen, die noch Kant[1] übersehen hat: für die Erkenntnis der Wesensschau.

Wie sollen wir in diesem Streit entscheiden? Als Vorbereitung hierzu wollen wir die Frage behandeln: Woran sieht man eigentlich, ob ein Satz von der Erfahrung spricht? Ohne diese Frage vollständig zu erörtern, begnügen wir uns damit, auf eine notwendige Bedingung hinzuweisen: Über die Wahrheit des Satzes soll die Erfahrung entscheiden. Solange ich die-
25 se nicht befragt habe, weiß ich also nicht, ob der Satz wahr oder falsch ist. Beides ist denkbar. Ich muß mir folglich ebensogut den Fall ausmalen können, daß der Satz wahr ist, wie den, daß er falsch ist.

Betrachten wir nun etwa den Satz „Rot und Grün sind nie an derselben Stelle". Spricht dieser Satz eine Erfahrung aus? Wer hier den Standpunkt Mills einnehmen wollte, den fra-
30 gen wir einfach: Kannst du angeben, wie es wäre, wenn jener Satz falsch wäre? Weißt du denn, was du sehen würdest? Der Empirist wird vielleicht sagen: „Gerade mit dem Gesagten beschreibe ich ja meine Wahrnehmung. Ich sage, daß ich Rot und Grün an derselben

1 Immanuel Kant, 1724-1804, Philosoph, seit 1770 ordentlicher Prof. in Königsberg, wo er sein ganzes Leben verbrachte; gilt als Begründer der Transzendentalphilosophie, indem er menschliches Erkennen auf Erfahrung begrenzt, ohne eine Welt, die über die Erfahrung hinausreicht, aufzugeben. „Transzendental" ist alle Erkenntnis, „die sich nicht sowohl mit Gegenständen, sondern mit unserer Erkenntnisart von Gegenständen ... beschäftigt": Nicht die Erkenntnis muß sich nach den Gegenständen richten, sondern die Gegenstände nach der Erkenntnis (sogenannte „Kopernikanische Wendung"; den Grundansatz der sprachanalytischen Philosophie könnte man in analoger Weise kennzeichnen, wenn man im vorangegangenen Satz statt „Erkenntnis" „Sprache" liest). In seinem Hautpwerk „Kritik der reinen Vernunft" (1781) bemüht sich Kant daher vor allem um die Darstellung der Bedingungen aller möglichen Erfahrungen.

Stelle sehe; und was das heißt, läßt sich nicht weiter erklären." Aber wenn uns jemand berichten würde, er habe eine solche Wahrnehmung gemacht, so würden wir zunächst nicht recht verstehen, was er damit meint, und würden uns durch weitere Fragen über den Sinn seiner Worte zu unterrichten suchen. „Meinst du etwa",so würden wir fragen, „daß du einen roten Gegenstand durch ein grünes Glas betrachtet hast, während deine Aufmerksamkeit bald dem Glas, bald dem Gegenstand zugewendet war? Oder willst du sagen, daß der Gegenstand irisierte? Oder daß du mit dem linken Auge grün, mit dem rechten rot gesehen hast?" Würde er uns erwidern, er meine das alles nicht, er habe eben Rot und Grün an derselben Stelle erblickt, so würden wir schließlich sagen: "Dann verstehen wir dich nicht; dieser Satz hat, so wie wir die Worte „rot" und „grün" gebrauchen, keinen Sinn." Wir sagen also nicht: Dieser Fall tritt nie ein, das wirst du nie sehen; sondern wir sagen: So verwenden wir die Worte nicht, daß heißt nichts. In Wirklichkeit ist der Satz „Rot und Grün kann nicht an derselben Stelle sein" eine verschleierte grammatische Regel, welche die Bildung der Wortfolge „Etwas in rot und grün zugleich" verbietet.

Wenn diese Auffassung richtig ist, so bedeutet das, daß sowohl der Empirist wie der Phänomenologe in die Irre gehen, wenn sie die Worte „Rot und Grün sind nie an derselben Stelle" für eine Aussage nehmen. Dieser Satz beschreibt nichts, sondern stellt erst eine Norm für die Beschreibung auf. Unsere Auflösung ist vielleicht überraschend: an diese Möglichkeit hat man eigentlich nicht gedacht. Aber das beweist nur, wie tief eine Unklarheit geht, wenn sie sich in der Sprache verkörpert. „Aber wie kann man zeigen, daß es sich hier wirklich nur um eine grammatische Regel handelt und nicht um mehr?" Man kann es gar nicht zeigen, wenn das heißen soll: es beweisen. Aber man kann einen vielleicht zu dieser Auffassung bekehren, indem man seine Aufmerksamkeit auf folgende Punkte lenkt: (1) Der Fall, von dem wir sprechen, erscheint nur so lange rätselhaft, als wir ihn für sich allein betrachten. Es fällt uns viel leichter, zu dem neuen Aspekt überzugehen, wenn wir an eine Reihe von Analogien denken. So sind die Sätze „Dieser Stab ist 2 m lang" und „Er ist 3 m lang", „Herr N ist 20 Jahre alt" und „Er ist 30 Jahre alt", „An dieser Stelle hat es jetzt 18° C" und „Es hat 19° " unverträglich, und zwar nicht etwa deshalb, weil uns die Erfahrung einen solchen Tatbestand noch nicht gezeigt hat, sondern weil eine solche Beschreibung nichts beschreibt, weil sie gegen die Regeln der logischen Grammatik verstößt. D.h., es charakterisiert die Bedeutung der Ausdrücke „lang", „Alter", „Temperament" etc., daß ein Stab nur *eine* Länge, ein Mensch nur *ein* Alter, eine Raumstelle nur *eine* Temperatur haben kann. Genau dasselbe gilt von dem Ausdruck „Farbe": Wenn wir einer Fläche zwei verschiedene Farben zuschreiben, so fehlen wir gegen die Gesetze der Grammatik und sprechen Unsinn.

(2) Wenn jemand im täglichen Leben an uns die Frage richtet, welche Farbe die Tapete unseres Zimmers hat, und wir sagen „grün", so wären wir sehr verwundert, wenn er nun weiter fragen würde „Und ist sie nicht vielleicht rot?" Wir würden die Frage zurückweisen mit der Bemerkung: „Ich habe bereits gesagt, daß die Tapete grün ist, folglich ist sie nicht rot." Wir geben damit zu verstehen, daß die zweite Angabe überflüssig ist, daß sie schon im Sinne der ersten liegt, aus ihr logisch folgt. Wenn nun der Satz q aus dem Satz p folgt, so muß „p und nicht q" ein Widerspruch sein. Wenden wir dieses Gesetz auf unseren Fall an, so besagt es, daß der Satz „Etwas ist rot und grün zugleich" eine Kontradiktion, also sinnlos ist, genauso wie der Satz „Etwas ist 2 m und 3 m lang". Wir verbieten nun die Bildung die-

ser Kontradiktion, indem wir erklären: Es heißt nichts, zu sagen, daß etwas rot und grün zugleich ist; oder auch kürzer: Etwas kann nicht zugleich rot und grün sein.

(3) Daß man das nicht auf den ersten Blick sieht, liegt daran, daß sprachlich eine Regel ebenso aussehen kann wie ein Satz. Wenn ich sage „Der Bauer zieht über ein Feld", so
5 kann das die Beschreibung eines wirklichen Zuges sein oder auch der Ausdruck einer Regel. Es entsteht nun eine seltsame Verwirrung, wenn wir manche Regel, die nur als Regel Sinn hat, als Satz zu sehen suchen und nun vergebens nach einer Tatsache Ausschau halten, die ihr entsprechen soll. Einer der denkwürdigsten Beispiele dafür ist Meinongs Betrachtung über das Unmögliche. Meinong geht aus von dem Beispiel „Ein rundes Viereck
10 ist unmöglich". Er denkt sich nun: „Wenn ich das runde Viereck für unmöglich erkläre, so sage ich doch eben damit etwas über das runde Viereck aus. Wenn ich aber etwas von ihm aussage, so muß es doch existieren — wenigstens in meinem Denken. Folglich muß auch dem Unmöglichen irgendeine Art von Sein zuerkannt werden." Solche Überlegungen erfreuen sich nur deshalb eines gewissen Ansehens, weil man arglos auf den Gegenstand ein-
15 gestellt ist und sich von der Sprache her keiner Gefahr versieht. „Das runde Viereck ist unmöglich" — ein solches Diktum ist wie geschaffen, Verwirrung zu stiften. Tatsächlich sagt jene Bemerkung bloß, daß der Ausdruck „ein rundes Viereck" eine nichtssagende Wortverbindung ist und weiter nichts. In der Geschichte der Philosophie treffen wir immer wieder Gedankenreihen an, die ganz diesem Typus angehören. Wenn in der Philosophie des
20 Mittelalters über die Frage disputiert wurde, ob Gott etwas Geschehenes ungeschehen machen könne, wenn bis heute jeder Neuling die Neigung hat, die Geometrie als die Wissenschaft von gewissen ätherischen Gegenständen: den *idealen* Geraden, den *idealen* Ebenen etc. aufzufassen — so erkennt man hierin leicht die Folgen derselben Verwechslung. Ist einem einmal das Auge für diese Verwirrung aufgegangen, so begreift man gar nicht mehr,
25 wie man in den Satz „Rot und Grün können nicht an derselben Stelle sein" eine Aussage über die Wirklichkeit erblicken konnte.

Wir haben bisher nichts anderes getan, als mehrere ähnliche Fälle nebeneinanderzustellen, und das erleichtert es uns, uns zurechtzufinden. Man könnte sagen: So wie Analogien philosophische Probleme entstehen lassen, so bringen Analogien philosophische Probleme
30 wieder zum Schwinden. Wir verlangen nach Übersicht, d.h., wir wollen das System der Regeln sehen, werden aber, solange wir nur den einzelnen Fall betrachten, durch irgendwelche Umstände verwirrt, und nun erlöst uns die Philosophie, indem sie uns die natürliche Verwandtschaft dieses Falles mit anderen zeigt und uns so eine Übersicht gewährt.

49. LUDWIG WITTGENSTEIN

Das Programm der Sprachanalytischen Philosophie — Kampf gegen die Verhexung des Verstandes durch die Sprache

109. Richtig war, daß unsere Betrachtungen nicht wissenschaftliche Betrachtungen sein
35 durften. [...]
Und wir dürfen keinerlei Theorie aufstellen. Es darf nichts Hypothetisches in unsern Betrachtungen sein. Alle *Erklärung* muß fort, und nur die Beschreibung an ihre Stelle treten.

162

Und diese Beschreibung empfängt ihr Licht, d.i. ihren Zweck, von den philosophischen Problemen. Diese sind freilich keine empirischen, sondern sie werden durch eine Einsicht in das Arbeiten unserer Sprache gelöst, und zwar so, daß diese erkannt wird: *entgegen* einen Trieb, es mißzuverstehen. Die Probleme werden gelöst, nicht durch Beibringen neuer Erfahrung, sonder durch Zusammenstellung des längst Bekannten. Die Philosophie ist ein Kampf gegen die Verheerung unseres Verstandes durch die Mittel unserer Sprache.

111. Die Probleme, die durch ein Mißdeuten unserer Sprachformen entstehen, haben den Charakter der *Tiefe*. Es sind tiefe Beunruhigungen; sie wurzeln so tief in uns wie die Formen unserer Sprache, und ihre Bedeutung ist so groß wie die Wichtigkeit unserer Sprache.

[...]

115. Ein *Bild* hielt uns gefangen. Und heraus konnten wir nicht, denn es lag in unsrer Sprache, und sie schien es uns nur unerbittlich zu wiederholen.

116. Wenn die Philosophen ein Wort gebrauchen — „Wissen", „Sein", „Gegenstand", „Ich", „Satz", „Name" — und das *Wesen* des Dings zu erfassen trachten, muß man sich immer fragen: Wird denn dieses Wort in der Sprache, in der es seine Heimat hat, je tatsächlich so gebraucht? —

Wir führen die Wörter von ihren metaphysischen, wieder auf ihre alltägliche Verwendung zurück.

118. Woher nimmt die Betrachtung ihre Wichtigkeit, da sie doch nur alles Interessante, d.h. alles Große und Wichtige, zu zerstören scheint? (Gleichsam alle Bauwerke; indem sie nur Steinbrocken und Schutt übrig läßt.) Aber es sind nur Luftgebäude, die wir zerstören, und wir legen den Grund der Sprache frei, auf dem sie standen.

119. Die Ergebnisse der Philosophie sind die Entdeckung irgend eines schlichten Unsinns und Beulen, die sich der Verstand beim Anrennen an die Grenze der Sprache geholt hat. Sie, die Beulen, lassen uns den Wert jener Entdeckung erkennen.

123. Ein philosophisches Problem hat die Form: „Ich kenne mich nicht aus."

124. Die Philosophie darf den tatsächlichen Gebrauch der Sprache in keiner Weise antasten, sie kann ihn am Ende also nur beschreiben.

Denn sie kann ihn auch nicht begründen.

Sie läßt alles wie es ist.

126. Die Philosophie stellt eben alles bloß hin, und erklärt und folgert nichts. — Da alles offen daliegt, ist auch nichts zu erklären. Denn, was etwa verborgen ist, interessiert uns nicht.

„Philosophie" könnte man auch das nennen, was *vor* allen neuen Entdeckungen und Erfindungen möglich ist.

127. Die Arbeit des Philosophen ist ein Zusammentragen von Erinnerungen zu einem bestimmten Zweck.

132. Wir wollen in unserm Wissen vom Gebrauch der Sprache eine Ordnung herstellen: eine Ordnung zu einem bestimmten Zweck, eine von vielen möglichen Ordnungen: nicht *die* Ordnung. Wir werden zu diesem Zweck immer wieder Unterscheidungen *hervorheben,* die unsere gewöhnlichen Sprachformen leicht übersehen lassen. Dadurch kann es den Anschein gewinnen, als sähen wir es als unsre Aufgabe an, die Sprache zu reformieren.

So eine Reform für bestimmte praktische Zwecke, die Verbesserung unserer Terminologie zur Vermeidung von Mißverständnissen im praktischen Gebrauch, ist wohl möglich. Aber das sind nicht die Fälle, mit denen wir es zu tun haben. Die Verwirrungen, die uns beschäftigen, entstehen gleichsam, wenn die Sprache leerläuft, nicht wenn sie arbeitet.

133. Wir wollen nicht das Regelsystem für die Verwendung unserer Worte in unerhörter Weise verfeinern oder vervollständigen.

Denn die Klarheit, die wir anstreben, ist allerdings eine *vollkommene*. Aber das heißt, daß die philosophischen Probleme *vollkommen* verschwinden sollen.

Die eigentliche Entdeckung ist die, die mich fähig macht, das Philosophieren abzubrechen, wann ich will. — Die die Philosophie zur Ruhe bringt, sodaß sie nicht mehr von Fragen gepeitscht wird, die *sie selbst* in Frage stellen. — Sondern es wird nun an Beispielen eine Methode gezeigt, und die Reihe dieser Beispiele kann man abbrechen. —— Es werden Probleme gelöst (Schwierigkeiten beseitigt), nicht *ein* Problem.

Es gibt nicht *eine* Methode der Philosophie, wohl aber gibt es Methoden, gleichsam verschiedene Therapien.

THEMENBEREICHSVERZEICHNIS

(Die Zahlen geben die Textnummern an.)

Abbildungsfunktion, Darstellungsfunktion der Sprache: 8, 15, 17, 19, 36 — 40
Ausdrucksfunktion der Sprache: 3, 17, 19, 27, 28
Bedeutung: 8, 13, 14, 17, 41, 42, 47
Benennen, Bezeichnen: 15, 33, 34, 36, 41, 47
Denken und Sprache: 1, 9c, 14, 25, 44
Grenzen der Sprache: 3, 14, 17, 28, 40, 44, 47
Information; Mitteilungsfunktion der Sprache: 13, 14, 17b, 19, 24, 39
Kunstsprachen: 10, 13, 16
Lernen der Sprache: 30a, 33, 34, 35
Manipulation, Beeinflussung durch Sprache: 9a, 15, 19, 23, 27, 41
Metasprache: 13, 21, 24
Namen: 37, 38, 40, 41
Pragmatik: 13, 15, 41
Semantik: 13, 14, 15, 24, 41
Sprachanalytische Philosophie: 8, 15, 41, 45 — 49
„Sprache" (als Wort, Begriff), Arten von Sprachen: 5, 6, 10, 11,12
Sprache und Erfahrung: 3, 4, 21
       und Gemeinschaft: 9c, 16, 17, 21, 22, 23, 26, 29, 30a, 32
       und Philosophie: 7, 45 — 49
       und Psychologie: 8, 9b, 34
       und Soziologie: 8, 9c, 21, 34
       und Wirklichkeit: 3, 7, 13, 14, 24, 36 — 44
Sprache als Wesensmerkmal des Menschen: 2, 3, 17, 20, 25, 31, 41
Sprachwissenschaft: 8, 11, 12, 35
Syntax, Sprachstruktur: 12, 13, 35, 39, 40
Tiersprache: 17, 27, 39
Ursprung der Sprache / Sprachen: 29, 30, 31, 32

AUTOREN- UND STELLENREGISTER

Die Zahlen in Klammern bezeichnen die Texte, in denen der betreffende Autor genannt wird. Die Quellen kurzer Zitate sind in der Regel nicht angegeben.

Aristoteles, ca. 384 — 322 v. Chr., griechischer Philosoph, Schüler des Platon und Gründer einer eigenen philosophischen Schule, der peripatetischen. Die überlieferten Schriften des Aristoteles beschäftigen sich mit sämtlichen Gebieten des (damaligen) menschlichen Wissens, ausgenommen mit der Mathematik, und zwar in streng systematisierender Weise; Aristoteles gilt als Begründer der wissenschaftlichen Philosophie. In *Text 1.*

Austin, John Langshaw, 1911 — 1960, engl. Philosoph, seit 1952 Professor in Oxford; arbeitete vor allem über Sprachphilosophie und bemühte sich um eine enge Zusammenarbeit der Philosophie mit der Linguistik. (8)

Text 15: Rüdiger Bubner (Hrsg.), Sprache und Analysis, Vandenhoeck & Ruprecht, Göttingen 1968, 140 — 143.

Bauer, Friedrich L., geb. 1924, Studium der Mathematik, Physik und Astronomie in München, dort (Technische Hochschule München) seit 1963 Professor für Angewandte Mathematik; Informatiker.

Text 24: Friedrich L. Bauer / Gerhard Goos, Informatik, 1. Teil, Springer Verlag Berlin, 1971, 1 — 4 in Auszügen.

Bollnow, Otto Friedrich, geb. 1903, Philosoph, arbeitete, von Husserl und Dilthey ausgehend, über Lebens- und Existenzphilosophie.

Text 28a: Sprache und Erziehung, W. Kohlhammer Verlag, Stuttgart 1966, 87 — 88.

Brecht, Bertolt, 1898 — 1956, sozialkritischer und politisch engagierter Schriftsteller und Regisseur; 1933 Emigration, seit 1949 bis zu seinem Tod in Ostberlin tätig, wo er gemeinsam mit dem „Berliner Ensemble" weltberühmtes Theater machte. Verfasser zahlreicher Dramen, Hörspiele, Kurzgeschichten, Gedichte und Prosaschriften.

Text 23: Fünf Schwierigkeiten beim Schreiben der Wahrheit, Versuche 20 / 21 (Heft 9), Suhrkamp Verlag, Berlin 1948, 28.

Carnap, Rudolf, 1891 — 1970, Philosoph, Logiker, Mathematiker und Naturwissenschaftler, führendes Mitglied des „Wiener Kreises" (s. Schlick, Moritz) und einer der kompromißlosesten Vertreter des logischen Empirismus oder Neupositivismus, der jede wissenschaftliche Aussage mit Hilfe logischer Analyse und Schlußverfahren auf einfache, mit den Sinnen erfahrbare Gegebenheit zurückzuführen versucht bzw. umgekehrt aus solchen Gegebenheiten alle wissenschaftlichen Theorien aufzubauen versucht. Diese Ansicht hat Carnap zum Beispiel in seinem ersten größeren Werk, dem „Logischen Aufbau der Welt", ausgearbeitet (1928). Später rückte Carnap von diesen extremen Anschauungen ab. Anfang der 30er Jahre emigrierte er nach den USA und veröffentlichte eine Fülle grundlegender Arbeiten zur modernen Logik und Wissenschaftstheorie. (8)

Text 13: Grundlagen der Logik und Mathematik, Nymphenburger Verlagshandlung GmbH, München 1973, 9-15. 26-28 mit Auslassungen.

Chomsky, Noam, geb. 1928, amerikanischer Sprachwissenschaftler, seit 1955 Professor für Linguistik am berühmten Massachusetts Institute of Technology; begründete die „generative Transformationsgrammatik", die davon ausgeht, daß die Beherrschung einer natürlichen Sprache nicht bloß in der Speicherung einer langen Liste von Wörtern und Sätzen im Gehirn besteht, sondern wesentlich in der Fähigkeit, beliebig neue Sätze zu erzeugen (daher „generativ" = erzeugend, hervorbringend) und nie gehörte Sätze zu verstehen. (8)

Text 12: Aspekte der Syntax-Theorie, Suhrkamp Verlag, Frankfurt am Main 1969, suhrkamp taschenbücher wissenschaft Bd. 42, 13-15.

Dempe, Hellmut, Philosoph, Schüler Karl Bühlers

Text 19: Was ist Sprache? — Eine sprachphilosophische Untersuchung im Anschluß an die Sprachtheorie Karl Bühlers, Verlag Herrmann Böhlaus Nachfolger, Weimar 1930, 1-7 mit Auslassungen (insbesondere der Zitatangaben).

Diodor von Sizilien, griechischer Geschichtsschreiber des 1. Jahrhunderts v. Chr.

Text 30 a: Hans Arens, Sprachwissenschft, Verlag Karl Alber, Freiburg 1955, 16-17.

Eibl — Eibesfeldt, Irenäus, geb. 1928, österreichischer Verhaltensforscher, seit 1970 Professor für Zoologie in München. Beschäftigt sich vor allem mit den Mechanismen der Bindung zwischen Gruppenmitgliedern und der Kontrolle von Aggressionen.

Text 17: Grundriß der vergleichenden Verhaltensforschung — Ethologie, R. Piper & Co. Verlag München,[5] 1969, 127-131. 477-478 in Ausschnitten und ohne genaue Zitatangaben.

Freud, Sigmund, 1856-1939, österreichischer Mediziner und Begründer der Psychoanalyse, Kultur- und Religionskritiker. In *Text 1* und *Text 18.*

Gehlen, Arnold, 1904-1976, Philosoph, 1934-45 Professor in Leipzig, seit 1947 in Speyer und an der TH Aachen; sein Hauptarbeitsgebiet ist eine an empirische Forschungsergebnisse anknüpfende philosophische Anthropologie, welche die menschliche Kultur und Gesellschaftsform als Kompensation der Instinktunsicherheit des Menschen darzustellen versucht.

Text 20: Anthropologische Forschung, Rowohlt Verlag, Reinbek b. Hamburg 1961 (rde Bd. 138), 50-53.

Text 32: Der Mensch — Seine Natur und seine Stellung in der Welt, Athenäum Verlag, Frankfurt am Main 1962, 267-272 in Auszügen.

Gipper, Helmut, Sprachwissenschaftler, geb. 1919, Professor in Münster, setzt sich in seinem Buch „Gibt es ein sprachl. Relativitätsprinzip?" kritisch mit der Sapir-Whorf-Hypothese (T. 44) auseinander.

Text 25 aus: Denken ohne Sprache? Pädagogischer Verlag Schwann, Düsseldorf 1971, 18-26 (in Auszügen).

Goos, Gerhard, geb. 1937, Studium der Mathematik in Erlangen und Berlin, seit 1970 Professor für Informatik in Karlsruhe.

Text 24: s. Bauer.

Graumann, Carl Friedrich, geb. 1923, 1947-1952 Psychologiestudium in Köln und Bonn, seit 1963 Professor für Psychologie an der Universität Heidelberg; arbeitet vor allem über Sozialpsychologie und Theoretische Psychologie.

Text 9c: Franz E. Weinert u. a. (Hrsg.), Funk-Kolleg Pädagogische Psychologie (Band I) Fischer Taschenbuch Verlag, Frankfurt am Main 1974 — Fischer TB 6115, 319-321, 323-326 (in Auszügen und ohne die Zwischenüberschriften und die genauen Zitatangaben).

Text 34: a.a.O. 254-256, 260-262, 265-267 (in Auszügen und ohne die Zwischenüberschriften und genauen Zitatangaben)

Grimm, Jacob Ludwig Carl, 1785-1863, Sprach- und Altertumsforscher, zunächst Professor in Göttingen (einer der politisch engagierten „Göttinger Sieben"), später in Berlin, 1948 in die Frankfurter Nationalversammlung gewählt; schuf die erste wissenschaftliche „Deutsche Grammatik", verfaßte eine Geschichte der deutschen Sprache und begann mit seinem Bruder Wilhelm Carl 1854 das „Deutsche Wörterbuch"; mit diesem sammelte und veröffentlichte er auch die „Kinder- und Hausmärchen". (8) — In *Text 1* und *Text 18*.

Habermas, Jürgen, geb. 1929 in Düsseldorf, Philosoph und Soziologe, lehrte in Heidelberg und Frankfurt am Main, jetzt Direktor am Max-Planck-Institut zur Erforschung der Lebensbedingungen der wissenschaftlich-technischen Welt (Starnberg); gilt als einer der entschiedensten Kritiker des Neupositivismus und der spätkapitalistischen Gesellschaft.

Text 10: Merkur 32 (1978) 328-330.

Hayakawa, Samuel I., 1906 in Kanada geboren, Sprachwissenschaftler, lehrte an verschiedenen Hochschulen Amerikas und arbeitet jetzt als Professor of English am San Francisco State College. Hayakawa gehört zu den führenden Mitgliedern der Internationalen Gesellschaft für Allgemeine Semantik, die sich gegen alle Sprachbetrachtungen wendet, die zu sehr von der alltäglichen Verwendungsweise sprachlicher Ausdrücke abstrahieren. Eins seiner Hauptwerke ist „Language in Thought and Action", dem die hier abgedruckten Texte entnommen wurden und das in viele Sprachen übersetzt wurde (die ursprüngliche Fassung erschien 1941).

Text 4: Semantik — Sprache im Denken und Handeln, Verlag Darmstädter Blätter Schwarz, Darmstadt o. J., 2. Aufl., 167-170.

Text 21: a.a.O., 9-13 und 86-89.

Text 26: a.a.O., 92-93.

Heidegger, Martin, Philosoph, 1889-1976, von 1928 bis 1945 Professor in Freiburg; durch Analyse des menschlichen Daseins (dargelegt vor allem in seinem Hauptwerk „Sein und Zeit") wurde er zu einem der bedeutendsten Vertreter der Existenzphilosophie. In *Text 1*.

Text 2: Unterwegs zur Sprache, Verlag Günther Neske, Pfullingen 1959, 11.

Herder, Johann Gottfried, 1744-1803, Theologe und Philosoph; während seines Studiums in Königsberg stand er unter dem Einfluß des Schriftstellers und mystischen Denkers Hamann und des kritischen Philosophen Kant, gegen den Herder sich in seinen späteren Jahren wandte. Seit 1770 befreundet mit Goethe, auf dessen Betreiben er 1776 Generalsuperintendent in Weimar wurde. Bedeutend als Sprachphilosoph und als Erforscher ursprünglicher Volksdichtungen und Volksbräuche, besonders der slawischen.

Text 3: Sprachphilosophie — Ausgewählte Schriften, Felix Meiner Verlag, Hamburg 1960, 171-176 (in Auszügen).

Humboldt, Wilhelm von, 1767-1835, Philosoph, Sprachforscher, Politiker, gilt als Hauptvertreter des Humanismus und des Gedankens der Humanität zur Zeit des deutschen Idealismus. Im Sinne dieses Gedankens war Humboldt sowohl ideell als auch praktisch an der Gründung der Universität Berlin 1811 beteiligt, aus seiner Reform des Schulwesens ging das humanistische Gymnasium hervor. Die Erforschung von Sprache und Geschichte ist für ihn nicht allein Aufgabe des Intellekts, sondern erfordert die Mitwirkung der ganzen Person und aller ihrer Seelenkräfte; so muß etwa der Sprachforscher die Sprache als Äußerung und Werkzeug des Volksgeistes und der ganzen Sprachgemeinschaft begreifen. (8); in *Text 1*.

Text 31: Werke in fünf Bänden — Band III: Schriften zur Sprachphilosophie, Wissenschaftliche Buchgesellschaft, Darmstadt 1963, 10-11.

Kamlah, Wilhelm, geb. 1905, Philosoph, Professor in Hannover (1951) und Erlangen (ab 1954); arbeitete hauptsächlich über philosophische Anthropologie, Entstehung des neuzeitlichen Denkens und Sprachphilosophie.

Text 43: Wilhelm Kamlah / Paul Lorenzen, Logische Propädeutik oder Vorschule des vernünftigen Redens, Bibliographisches Institut, Mannheim 1967, 45-51.

Kemper, Werner, Psychoanalytiker.

Text 28 b: Der Patient schweigt, Psyche 1 (1948) 503-504

Keutner, Thomas, geb. 1946, M. A., Studien in Philosophie, Linguistik, Kommunikationsforschung und Psychologie an der Universität Bonn; arbeitet über Wissenschaftstheorie und Sprachanalytische Theorie.

Text 8: Originalbeitrag.

Kraus, Karl, 1874-1936, politisch engagierter Schriftsteller und Kulturkritiker, seit 1911 Herausgeber der satirischen Wiener Kultur-Zeitschrift „Die Fackel", in der er seine Arbeiten veröffentlichte. — In *Text 1.*

Leibniz, Gottfried Wilhelm, 1646-1716, Philosoph, Physiker, Mathematiker, Historiker und Diplomat, einer der genialsten und produktivsten Gelehrten des 17. Jahrhunderts. Seine bekannteste Lehre ist seine Monadenlehre (Monadologie). Monaden sind dynamische Einheiten, ohne Gestalt und Ausdehnung, voneinander unterschieden durch ihre unterschiedlichen Vorstellungen, jede ein lebendiger Spiegel des Universums; z. B. ist jede menschliche Seele eine Monade. Seine zahlreichen Überlegungen zu den verschiedensten Problemen veröffentlichte er nur in Gelegenheitsschriften. In allem suchte er eine klare, anschauliche Systematik, wobei ihm die mathematische Methode vorbildlich zu sein schien. (8) — In *Text 1.*

Lorenzen, Paul, geb. 1915, Mathematiker und Philosoph, Professor in Bonn (1952), Kiel (1956) und Erlangen (seit 1962). Arbeitete hauptsächlich über mathematische Logik und Wissenschaftstheorie und ist Mitbegründer der sogenannten „Erlanger Schule"; versuchte von der alltäglichen Lebenswelt und Praxis ausgehend, Logik, Mathematik und Theorien der Wissenschaft zu konstruieren und entwickelte so eine „konstruktive" Logik und Wissenschaftstheorie.

Text 43: s. Kamlah.

Lukrez (Lucretius Carus), ca. 96 bis 55 v.Chr.,römischer Dichter und Philosoph, bedeutsamster und wirksamster Vertreter Epikurs in Rom. Seine Anschauungen stellte er in dem Lehrgedicht „De rerum natura" (Über die Natur) dar, in dem er die Entstehung der Welt und ihre Geschichte durch ein streng kausal wirkendes, gegen die Menschen gleichgültiges Schicksal schildert.

Text 30 b: Hans Arens, Sprachwissenschaft — Der Gang ihrer Entwicklung von der Antike bis zur Gegenwart, Verlag Karl Alber, Freiburg 1955, 17.

Mackensen, Lutz (eigentlich *Ludwig)* geb. 1901, Sprachforscher und Volkskundler, Professor in Riga (1932), Gent (1941) und Posen (1942-45); seit 1957 Leiter der Deutschen Presseforschung.

Text 6: Verführung durch Sprache — Manipulation als Versuchung, Paul List Verlag, München 1973, 7-8.

Text 9 a: a.a.O. 182-185.

Montaigne, Michel de, französischer Jurist, Politiker und Moralphilosoph, 1533-1592; von seiner Weltanschauung her ein Skeptiker — seine ständige Frage: Que sais-je? (Was weiß ich?). Er bekämpfte die Eitelkeit des Menschen und des menschlichen Vernunftgebrauchs durch immer erneuten Hinweis auf die Fragwürdigkeit der menschlichen Existenz. — In *Text 1.*

Morris, Desmond, amerikanischer Verhaltensforscher.

Text 27: Der nackte Affe, Droemersche Verlagsanstalt Th. Knaur Nachf., München/Zürich 1968, 103-106.

Piaget, Jean, geb. 1896, bedeutender schweizerischer Kinderpsychologe, der vor allem die geistige Entwicklung des Kindes (hinsichtlich Zahl, Raum, Zeitbegriff, Sprache, Kausalität usw.) untersuchte und experimentell erforschte. Seine These hinsichtlich der Sprachentwicklung des Kindes lautet, daß die Kinder zunächst eine egozentrische, monologische Sprache sprechen und erst allmählich zu einer wirklich kommunikativen Sprache finden. Piaget lebt und arbeitet in Genf, ist Professor der dortigen Universität, Mitdirektor des Instituts Jean Jacques Rousseau und Direktor des Bureau International d'Education in Genf. — In *Text 1.*

Text 9 b: Sprechen und Denken des Kindes, Pädagogischer Verlag Schwann, Düsseldorf 1976, 192-196 (gekürzt).

Pitcher, George, amerikanischer Philosoph. Arbeitsschwerpunkt: Sprachanalytische Philosophie.

Text 45: Die Philosophie Wittgensteins — Eine Kritische Einführung in den Tractatus und die Spätphilosophie, Verlag Karl Alber, Freiburg 1967, 225, 230, 235, 245-249 (gekürzt und ohne genaue Zitatangabe).

Porzig, Walter, 1895-1961, Sprachforscher (vor allem Arbeiten über das Indogermanische), Professor in Bern (1925), Jena (1935), Straßburg (1941), Mainz (1951).

Text 7: Das Wunder der Sprache, A. Francke Verlag Bern ²1957, 13-14, 16-17

Text 16: a.a.O. 213, 235-240, 242-243 (gekürzt)

Text 38: a.a.O. 20-21, 23-24, 25, 30-32, 39-42, 48-49 (gekürzt).

Platon, ca. 427-347 v. Chr., einer der bedeutendsten griechischen Philosophen, Schüler des Sokrates (ca. 469-399 v. Chr.), durch den er vom Dichter zum Philosophen wurde. Entscheidend wirksam wurden für die weitere Entwicklung der Philosophie seine Lehre von den „Ideen", den Gestalten hinter dem mit den Sinnen Wahrnehmbaren, und seine Staatsphilosophie. Seine Philosophie stellte er meist in Dialogform dar, in denen in der Regel Sokrates der Hauptredner war.

Text 37: Sämtliche Werke, Band 2, Rowohlt Taschenbuch Verlag, Reinbek bei Hamburg 1965, 126-127, 163-165 (gekürzt).

Ryle, Gilbert (1900-1976), englischer Philosoph, seit 1945 Professor in Oxford, einer der Hauptvertreter der „Oxford Philosophy", eines Zweigs der Sprachanalytischen Philosophie. (8)

Text 46: Der Begriff des Geistes, Philipp Reclam jun., Stuttgart 1969 (Reclams Universalbibliothek Nr. 8331-36), 3-5, 14-17, 7-8, 9-10, 18-19, 22 (mit Auslassungen).

Sartre, Jean Paul, geb. 1905, französischer Schriftsteller und Philosoph, Hauptvertreter des französischen Existenzialismus, später auch Verfechter marxistischer Ideen. — In *Text 1.*

Saussure, Ferdinand de, 1857-1913, schweizerischer Sprachforscher und Indogermanist. Seine Vorlesungen als Professor in Genf (seit 1891), die nach seinem Tode von seinen Schülern veröffentlicht wurden („Cours de linguistique générale", herausgegeben 1916) und in denen es Saussure vor allem um die Trennung unterschiedlicher Sprachaspekte ging, gaben der Sprachwissenschaft völlig neue Impulse. (8)

Text 11: Hans Arens, a.a.O. 389 f.

Schlick, Moritz, 1882-1935, Physiker, Mathematiker, Logiker und Philosoph. Um ihn bildete sich nach seiner Berufung auf einen Lehrstuhl für Philosophie an der Universität Wien (1922) ein Kreis von fortgeschrittenen Schülern und philosophisch interessierten Gelehrten (vor allem Mathematiker und Naturwissenschaftler) zur Diskussion logischer und erkanntnistheoretischer Fragen. Dieser Kreis wurde später berühmt als der „Wiener Kreis" und Ausgangspunkt für eine internationale philosophische Bewegung, die man als „logischen (Neo-)Positivismus" oder „logischen Empirismus" bezeichnet und die sich als oberstes Ziel die Verwissenschaftlichung der Philosophie gesetzt hatte, insbesondere durch Verwendung der modernen Logik.

Text 39: Gesammelte Aufsätze, Wien 1938, 153-158 (gekürzt) *zitiert nach:* Friedrich Waismann, Logik, Sprache, Philosophie, Philipp Reclam jun., Stuttgart 1976, 441-445.

Stalin, Josef Wissarionowitsch, 1875-1953, sowjetischer Staatsmann, Sohn eines Schuhmachers, maßgeblich beteiligt an der Oktoberrevolution von 1917, wurde 1924 als Nachfolger Lenins Leiter der sowjetischen Politik. Auch in der Weiterbildung des Marxismus war er Lenins Nachfolger, jedoch weniger theoretisch als vielmehr praktisch orientiert. Die Artikelserie, aus der der hier abgedruckte Text stammt, wurde zuerst 1951 in der „Prawda" veröffentlicht. Die Urheberschaft Stalins ist nicht unumstritten.

Text 22: Über den Marxismus und die Sprachwissenschaft, in: J. W. Stalin, Der Marxismus und die Fragen der Sprachwissenschaft, hrsg. von P. Bulthaup, Rogner und Bernhard Verlag, München 1972, 23-25.

Stegmüller, Wolfgang, geb. 1923, seit 1958 Professor für Philosophie in München; Hauptforschungsgebiete: Wissenschaftstheorie und Sprachphilosophie, Logik.

Text 35: Hauptströmungen der Gegenwartsphilosophie, Bd. II, Alfred Kröner Verlag, Stuttgart 1975, 3-7, 31.

Steinthal, Hajim, 1823-1899, Philosoph, Sprachforscher und Völkerpsychologe, lehrte ab 1863 in Berlin.

Text 33: Hans Arens, a.a.O. 255-256.

Waismann, Friedrich, 1896-1959, Philosoph, führendes Mitgied des „Wiener Kreises" (s. Schlick) und einer der Hauptgesprächspartner Wittgensteins in den Dreißiger Jahren.

Text 48: Logik, Sprache, Philosophie, Verlag Philipp Reclam jun., Stuttgart 1976, 99-104.

Weinrich, Harald, geb. 1927, studierte in Münster, Toulouse und Madrid Romanistik, Philosophie und lateinische Philologie; Professor in Kiel (1959), Köln (1965) und jetzt in Bielefeld. Zahlreiche Veröffentlichungen zu linguistischen und literarischen Fragen.

Text 14: Linguistik der Lüge, Verlag Lambert Schneider, Heidelberg 1966, 14-25 (in Auszügen).

Weisgerber, Leo, geb. 1899, Sprachwissenschaftler, Professor in Rostock (1927), Marburg (1938), Bonn (1942-66); untersuchte die Bedeutung der Muttersprache für den Aufbau der Weltansicht und begründete die Bonner Schule der Sprachinhaltsforschung.

Text 42: Grundzüge der inhaltsbezogenen Grammatik, Pädagogischer Verlag Schwann, Düsseldorf ³1962, 41-45.

Whorf, Benjamin Lee, 1897-1941; Studium der Chemie am Massachusetts Institute for Technology. Seine sprachwissenschaftlichen Studien, verbunden mit Forschungsreisen nach Mexiko und in die Indianergebiete Nordamerikas, betrieb er nur privat; hauptberuflich war er Zeit seines Lebens (mit kurzen Unterbrechungen) als Brandverhütungsingenieur einer großen Versicherung tätig. Veröffentlichte zahlreiche Einzelarbeiten.

Text 44: Sprache, Denken, Wirklichkeit — Beiträge zur Metalinguistik und Sprachphilosophie, Rowohlt Taschenbuch Verlag, Reinbek bei Hamburg 1963, 8-15, 64-66, 132 (in Auszügen).

Wittgenstein, Ludwig, 1889-1951, Ingenieur, Mathematiker, Logiker und Philosoph, bemühte sich durch genaueste Analyse der logischen und der alltäglichen Sprache um die Lösung philosophischer Probleme. Große Teile der modernen Philosophie sind von Wittgensteins Methode und von seinen Ideen beeinflußt, insbesondere der „Wiener Kreis" und die „Sprachanalytische Philosophie". (8)

Text 40: Tractatus Logico-philosophicus, Schriften 1, Suhrkamp Verlag, Frankfurt am Main 1960, 9, 11, 14-17, 19, 25-26, 82-83 (vermerkt werden nur Kürzungen innerhalb einer Satznummer).

Text 41: Philosophische Untersuchungen, Suhrkamp Taschenbuch 14, Suhrkamp Verlag, Frankfurt am Main 1971, 13-20, 24-26, 32-33, 35 (vermerkt werden nur Kürzungen innerhalb einer Satznummer).

Text 47: a.a.O. 48-51 (gekürzt).

Text 49: a.a.O. 66-70 (gekürzt).